新编21世纪法学系列教材

总主编 曾宪义 王利明

国家赔偿法

第三版

State Compensation Law

主 编 胡锦光 余凌云 吴 鹏

撰稿人（以撰写章节先后为序）

胡锦光 徐文新 余凌云 任 进

张献勇 刘飞宇 傅思明 吴 鹏

中国人民大学出版社

·北京·

主编简介

胡锦光 法学博士，中国人民大学教授，博士研究生导师，法学院副院长，公共政策研究院副院长，国家重点学科中国人民大学宪政与行政法治研究中心主任，中国人民大学宪政与行政法治研究中心中国宪法研究所所长。

余凌云 清华大学法学院教授、博士研究生导师，清华大学法学院公法研究中心主任。

吴　鹏 法学博士，中国人民大学政府管理与改革研究中心主任，公共管理学院副教授。

内容简介

国家赔偿法是一部重要的人权保障法，是一个国家政治文明和法治文明的标志。国家赔偿法的制定和实施，对于保障公民、法人和其他组织依法取得国家赔偿的权利，促进国家机关及其工作人员依法行使职权，化解官民之间的矛盾纠纷，维护社会和谐稳定，具有重要意义。

本书第三版力求准确反映国家赔偿立法的最新变化，以及国家赔偿理论研究的最新发展。

总　序

曾宪義

在人类文明与文化的发展中，中华民族曾作出过伟大的贡献，不仅最早开启了世界东方文明的大门，而且对人类法治、法学及法学教育的生成与发展进行了积极的探索与光辉的实践。

在我们祖先生存繁衍的土地上，自从摆脱动物生活、开始用双手去进行创造性的劳动、用人类特有的灵性去思考以后，我们人类在不断改造客观世界、创造辉煌的物质文明的同时，也在不断地探索人类的主观世界，逐渐形成了哲学思想、伦理道德、宗教信仰、风俗习惯等一系列维系道德人心、维持一定社会秩序的精神规范，更创造了博大精深、义理精微的法律制度。应该说，在人类所创造的诸种精神文化成果中，法律制度是一种极为奇特的社会现象。因为作为一项人类的精神成果，法律制度往往集中而突出地反映了人类在认识自身、调节社会、谋求发展的各个重要进程中的思想和行动。法律是现实社会的调节器，是人民权利的保障书，是通过国家的强制力来确认人的不同社会地位的有力杠杆，它来源于现实生活，而且真实地反映现实的要求。因而透过一个国家、一个民族、一个时代的法律制度，我们可以清楚地观察到当时人们关于人、社会、人与人的关系、社会组织以及哲学、宗教等诸多方面的思想与观点。同时，法律是一种具有国家强制力、约束力的社会规范，它以一种最明确的方式，对当时社会成员的言论或行动作出规范与要求，因而也清楚地反映了人类在各个历史发展阶段中对于不同的人所作出的种种具体要求和限制。因此，从法律制度的发展变迁中，同样可以看到人类自身不断发展、不断完善的历史轨迹。人类社会几千年的国家文明发展历史已经无可争辩地证明，法律制度乃是维系社会、调整各种社会关系、保持社会稳定的重要的工具。同时，法律制度的不断完善，也是人类社会文明进步的显著体现。

由于发展路径的不同、文化背景的差异，东方社会与西方世界对于法律的意义、底蕴的理解、阐释存有很大的差异，但是，在各自的发展过程中，都曾比较注重法律的制定与完善。中国古代虽然被看成是“礼治”的社会、“人治”的世界，被认为是“只有刑，没有法”的时代，但从《法经》到《唐律疏议》《大清律例》等数十部优秀成文法典的存在，充分说明了成文制定法在中国古代社会中的突出地位，唯这些成文法制所体现出的精神旨趣与现代法律文明有较大不同而已。时至20世纪初叶，随着西风东渐、东西文化交流加快，中国社会开始由古代的、传统的社会体制向近现代文明过渡，建立健全的、符合现代理性精神的法律文明体系方成为现代社会的共识。正因为如此，近代以来的数百年间，在西方、东方各主要国家里，伴随着社会变革的潮起潮落，法律改革运动也一直呈方兴未艾之势。

从历史上看，法律的文明、进步，取决于诸多的社会因素。东西方法律发展的历史均充分证明，推动法律文明进步的动力，是现实的社会生活，是政治、经济和社会文化的变迁；同时，法律内容、法律技术的发展，往往依赖于一大批法律专家以及更多的受过法律教育的社会成员的研究和推动。从这个角度看，法学教育、法学研究的发展，对于法律文明的发展进步，也有着异常重要的意义。正因为如此，法学教育和法学研究在现代国家的国民教育体系和科学研究体系中，开始占有越来越重要的位置。

中国近代意义上的法学教育和法学研究，肇始于19世纪末的晚清时代。清光绪二十一年（公元1895年）开办的天津中西学堂，首次开设法科并招收学生，虽然规模较小，但仍可以视为中国最早的近代法学教育机构（天津中西学堂后改名为北洋大学，又发展为天津大学）。三年后，中国近代著名的思想家、有"维新骄子"之称的梁启超先生即在湖南《湘报》上发表题为《论中国宜讲求法律之学》的文章，用他惯有的富有感染力的激情文字，呼唤国人重视法学，发明法学，讲求法学。梁先生是清代末年一位开风气之先的思想巨子，在他的辉煌的学术生涯中，法学并非其专攻，但他仍以敏锐的眼光，预见到了新世纪中国法学研究和法学教育的发展。数年以后，清廷在内外压力之下，被迫宣布实施"新政"，推动变法修律。以修订法律大臣沈家本为代表的一批有识之士，在近十年的变法修律过程中，在大量翻译西方法学著作，引进西方法律观念，有限度地改造中国传统的法律体制的同时，也开始推动中国早期的法学教育和法学研究。20世纪初，中国最早设立的三所大学——北洋大学、京师大学堂、山西大学堂均设有法科或法律学科目，以期"端正方向，培养通才"。1906年，应修订法律大臣沈家本、伍廷芳等人的奏请，清政府在京师正式设立中国第一所专门的法政教育机构——京师法律学堂。次年，另一所法政学堂——直属清政府学部的京师法政学堂也正式招生。这些大学法科及法律、法政学堂的设立，应该是中国历史上近代意义上的正规专门法学教育的滥觞。

自清末以来，中国的法学教育作为法律事业的一个重要组成部分，随着中国社会的曲折发展，经历了极不平坦的发展历程。在20世纪的大部分时间里，中国社会一直充斥着各种矛盾和斗争。在外敌入侵、民族危亡的沉重压力之下，中国人民为寻找适合中国国情的发展道路而花费了无穷的心力，付出过沉重的代价。从客观上看，长期的社会骚动和频繁的政治变迁曾给中国的法治与法学带来过极大的消极影响。直至70年代末期，以"文化大革命"宣告结束为标志，中国社会开始用理性的目光重新审视中国的过去，规划国家和社会的未来，中国由此进入长期稳定、和平发展的大好时期，以这种大的社会环境为背景，中国的法学教育也获得了前所未有的发展机遇。

从宏观上看，实行改革开放以来，经过二十多年的努力，中国的法学教育事业所取得的成就是辉煌的。首先，经过"解放思想，实事求是"思想解放运动的洗礼，在中国法学界迅速清除了极左思潮及苏联法学模式的一些消极影响，根据本国国情建设社会主义法治国家已经成为国家民族的共识，这为中国法学教育和法学研究的发展奠定了稳固的思想基础。其次，随着法学禁区的不断被打破、法学研究的逐步深入，一个较为完善的法学学科体系已经建立起来。理论法学、部门法学各学科基本形成了比较系统和成熟的理论体系和学术框架，一些随着法学研究逐渐深入而出现的法学子学科、法学边缘学科也渐次成型。1997年，国家教育主管部门和教育部高校法学学科教学指导委员会对原有专业目录进行了又一次大幅度调整，决定自1999年起法学类本科只设一个单一的法学专业，按照一个专业招生，从而使法学学科的布局更加科学和合理。同时，在充分论证的基础上，确定了法学专业本科教学的14门核心课程，加上其他必修、选修课程的配合，由此形成了一个传统与更新并重、能够适应国家和社会发展需要的教学体系。法学硕士和博士研究生及法律硕士专业学位研究生的专业设置、课程教学和培养体系也日臻完善。再次，法学教育的规模迅速扩大，层次日趋齐全，结构日臻合理。目前中国有六百余所普通高等院校设置了法律院系或法律本科专业，在校本科学生和研究生已达二十余万人。除本科生外，在一些全国知名的法律院校，法学硕士研究生、法律硕士专业学位研究生、法学博士研究生已经逐步成为培养的重点。

众所周知，法律的进步、法治的完善，是一项综合性的社会工程。一方面，现实社会关系的发展，国家政治、经济和社会生活的变化，为法律的进步、变迁提供动力，提供社会的土壤。另一方面，法学教育、法学研究的发展，直接推动法律进步的进程。同时，全民法律意识、法律素质的提高，则是实现法治国理想的关键的、决定性的因素。在社会发展、法学教育、法学研究等几个攸关法律进步的重要环节中，法学教育无疑处于核心的、基础的地位。中国法学教育过去二十多年所走过的历程令人激动，所取得的成就也足资我们自豪。随着国家的发展、社会的进步，在21世纪，我们面临着更严峻的挑战和更灿烂的前景。“建设世界一流法学教育”，任重道远。

首先，法律是建立在经济基础之上的上层建筑，以法治为研究对象的法学也就成为一门实践性很强的学科。社会生活的发展变化，势必要对法学教育、法学研究不断提出新的要求。经过二十多年的奋斗，中国改革开放的前期目标已顺利实现。但随着改革开放的逐步深入，国家和社会的一些深层次问题，比如说社会主义市场经济秩序的真正建立、国有企业制度的改革、政治体制的完善、全民道德价值的重建、环境保护和自然资源的合理利用等等，也已经开始浮现出来。这些复杂问题的解决，无疑最终都会归结到法律制度的完善上来。建立一套完善、合理的法律制度，构建理想的和谐社会，乃一项持久而庞大的社会工程，需要全民族的智慧和努力。其中的基础性工作，如理论的论证、框架的设计、具体规范的拟订、法律实施中的纠偏等等，则有赖于法学研究的不断深入，以及高素质人才特别是法律人才的养成，而培养法律人才的任务，则是法学教育的直接责任。

其次，21世纪是一个多元化的世纪。20世纪中叶发生的信息技术革命，正在极大地改变着我们的世界。现代科学技术，特别是计算机网络信息技术的发展，使传统的生活方式、思想观念发生了根本的改变，并由此引发许多人类从未面对过的问题。就法学教育而言，在21世纪所要面临的，不仅是教学内容、研究对象的多元化问题，而且还有培养对象、培养目标的多元化、教学方式的多元化等一系列问题，这些问题都需要法学界去思考、去探索。

中国人民大学法学院建立于1950年，是新中国诞生后创办的第一所正规高等法学教育机构。在半个多世纪的岁月中，中国人民大学法学院以其雄厚的学术力量、严谨求实的学风、高水平的教学质量以及丰硕的学术研究成果，在全国法学教育领域处于领先地位，并开始跻身于世界著名法学院之林。据初步统计，中国人民大学法学院已经为国家培养法学专业本科生、硕士生、博士生一万余人，培养各类成人法科学生三十余万人。经过多年的努力，中国人民大学法学院形成了较为明显的学术优势，在现职教师中，既有一批资深望重、在国内外享有盛誉的法学前辈，更有一大批在改革开放后成长起来的优秀中青年法学家。这些老中青法学专家多年来在勤奋研究法学理论的同时，也积极投身于国家的立法、司法实践，对国家法制建设贡献良多。

有鉴于此，中国人民大学法学院与中国人民大学出版社经过研究协商，决定结合中国人民大学法学院的学术优势和中国人民大学出版社的出版力量，出版一套“21世纪法学系列教材”。自1998年开始编写出版本科教材，包括按照教育部所确定的法学专业核心课程和其所颁布印发的《全国高等学校法学专业核心课程教学基本要求》而编写的14门核心课程教材，也包括法学各领域、各新兴学科教材及教学参考书和案例分析在内，到2000年12月3日在人民大会堂大礼堂召开举世瞩目的“21世纪世界百所著名大学法学院院长论坛暨中国人民大学法学院成立五十周年庆祝大会”之时，业已出版了50本作为50周年院庆献礼，到现在总共出版了80本。为了进一步适应高等法学教育发展的形势和教学改革的需要，最近中国人民大学法学院与中国人民大学出版社决定将这套教材扩大为四个系列，即：“本科生用书”“法学研究生用书”“法律硕士研究生用书”以及“司法考试用书”，总数将达二百多本。我们设想，本套教材的编写，将更加注意“高水准”与“适用性”的合理结合。首先，本套教材将由中国人民大学法学院具有全国影响的各学科的学术带头人领衔，约请全国高校优秀学者参加，形成学术实力强大的编写阵容。同时，在编写教材时，将注意吸收中国法学研究的最新的学术成果，注意国际学术发展的最新动向，力求使教材内容能够站在21世纪的学术前沿，反映各学科成熟的理论，体现中国法学的水平。其次，本套教材在编写时，将针对新时期学生特点，将思想性、学术性、新颖性、可读性有机结合起来，注意运用典型生动的案例、简明流畅的语言去阐释法律理论与法律制度。

我们期望并且相信，经过组织者、编写者、出版者的共同努力，这套法学教材将以其质量效应、规模效应，力求成为奉献给新世纪的精品教材，我们诚挚地祈望得到方家和广大读者的教正。

2006年7月1日

序　言

法学教育是高等教育的重要组成部分，是建设社会主义法治国家、构建社会主义和谐社会的重要基础，并居于先导性的战略地位。在我国社会转型的新世纪、新阶段，法学教育不仅要为建设高素质的法律职业共同体服务，而且要面向全社会培养大批治理国家、管理社会、发展经济的高层次法律人才。近年来，法学教育取得了长足的进步，法科数量增长很快，教育质量稳步提高，培养层次日渐完善，目前已经形成了涵盖本科生、第二学士学位生、法学硕士研究生、法律硕士研究生、法学博士研究生的完整的法学人才培养体系，接受法科教育已经成为莘莘学子的优先选择之一。随着中国法治事业的迅速发展，我们有理由相信，中国法学教育的事业大有可为，中国法学教育的前途充满光明。

教育的基本功能在于育人，在于塑造德才兼备的高素质人才。法学教育的宗旨并非培养只会机械适用法律的"工匠"，而承载着培养追求正义、知法懂法、忠于法律、廉洁自律的法律人的任务。要完成法学教育的使命，首先必须认真抓好教材建设。我始终认为，教材是实现教育功能的重要工具和媒介，法学教材不仅仅是法学知识传承的载体，而且是规范教学内容、提高教学质量的关键，对法学教育的发展有着不可估量的作用。

第一，法学教材是传授法学基本知识的工具。初学法律，既要有好的老师，又要有好的教材。正如冯友兰先生所言："学哲学的目的，是使人作为人能够成为人，而不是成为某种人。其他的学习（不是学哲学）是使人能够成为某种人，即有一定职业的人。"一套好的教材，能够高屋建瓴地展示法律的体系，能够准确简明地阐释法律的逻辑，能够深入浅出地叙述法律的精要，能够生动贴切地表达深奥的法理。所以，法学教材是学生学习法律的向导，是学生步入法律殿堂的阶梯。如果在入门之初教材就有偏颇之处，就可能误人子弟，学生日后还要花费大量时间与精力来修正已经形成的错误观念。

第二，法学教材是传播法律价值理念的载体。好的法学教材不仅要传授法学知识，更要传播法律的精神和法治的理念，例如对公平、正义的追求，尊重权利的观念。本科生、研究生阶段的青年学子，正处在人生观、价值观形成的阶段，一套优秀的法学教材，对于他们价值观的塑造和健全人格的培养具有重要意义。

第三，法学教材是形成职业共同体的主要条件。建设社会主义法治国家，有赖于法律职业共同体的生成。一套好的法学教材，向法律研习者传授共同的知识，这对于培养一个接受共同的价值理念、共同的法律思维、共同的话语体系的法律共同体，具有重要的作用。

第四，法学教材是所有法律研习者的良师益友。没有好的教材，一个好的教师或可弥补教材的欠缺和不足，但对那些没有老师指导的自学者而言，教材就是老师，其重要作用是显而易见的。

长期以来，在我们的评价体系中，教材并没有获得应有的注重，对学术成果的形式优先考虑的往往是专著而非教材。在不少人的观念中，教材与创新、与学术精品甚至与学术无缘。其实，要真正写出一部好的教材，其难度之大、工作之艰辛、影响之深远，绝不低于一部优秀的专著，它甚至可以成为在几百年甚至更长的时间内发挥作用的传世之作。以查士丁尼的《法学阶梯》为例，所谓法学阶梯，即法学入门之义，就是一部教材。但它概括了罗马法的精髓，千百年来，一直是人们研习罗马法最基本的著述。日本著名学者我妻荣说过，大学教授有两大任务：一是写出自己熟悉的专业及学术领域的讲义乃至教科书；二是选择自己最有兴趣、最看重的题目，集中精力进行终生的研究。实际上，这两者是相辅相成的。写出一部好教材，必须要对相关领域形成一个完整的知识体系，还要能以深入浅出的语言将问题讲清楚、讲明白。没有编写教材的基本功，实际上也很难写出优秀的专著。当然，也只有对每一个专题都有一定研究，才能形成对这个学术领域的完整把握。

虽然近几年我国法学教育发展迅速，成绩显著，但是法学教育也面临许多挑战。各个学校的师资队伍和教学质量参差不齐，这就更需要推出更多的结构严谨、内容全面、角度各有侧重、能够适应不同需求的法学教材，为提高法学教学和人才培养质量、保障法学教育健康发展提供前提条件。

长期以来，中国人民大学法学院始终高度重视教材建设。作为新中国成立后建立的第一所正规的法学教育机构，中国人民大学法律系最早开设了社会主义法学教学课堂，编写了第一套社会主义法学讲义，培养了新中国第一批法学本科生和各学科的硕士生、博士生，产生了新中国最早的一批法学家和法律工作者。中国人民大学法律系因此被誉为“新中国法学教育的工作母机”。半个多世纪以来，中国人民大学法学院为社会主义法制建设培养了大批优秀的法律人才，并为法学事业的振兴和繁荣作出了卓越贡献，也因此成为引领中国法学教育的重镇、凝聚国内法律人才的平台和沟通中外法学交流的窗口，并在世界知名法学院行列中崭露头角。为了对中国法学教育事业作出更大的贡献，我们有义务也有责任出版一套体现我们最新研究成果的法学教材。

承蒙中国人民大学出版社的大力支持，我们组织编写了本套教材，其中包括本科生用书、法律硕士研究生用书、法学研究生用书和司法考试用书四大系列，分别面向不同层次法科教育需求。编写人员以中国人民大学法学院教师为主，反映了中国人民大学法学院整体的研究实力和学术视野。相信本套教材的出版，一定能够为新时期法学教育的繁荣发展发挥应有的作用。

是为序。

2006年7月10日

第三版修订说明

国家赔偿法是一部重要的人权保障法，是一个国家政治文明和法治文明的标志。国家赔偿法的制定和实施，对于保障公民、法人和其他组织依法取得国家赔偿的权利，促进国家机关及其工作人员依法行使职权，化解官民之间的矛盾纠纷，维护社会和谐稳定，具有重要意义。

《中华人民共和国国家赔偿法》于1994年5月12日经第八届全国人民代表大会常务委员会第七次会议通过，自1995年1月1日起施行；根据2010年4月29日第十一届全国人民代表大会常务委员会第十四次会议通过，自2010年12月1日起施行的《全国人民代表大会常务委员会关于修改〈中华人民共和国国家赔偿法〉的决定》第一次修正；根据2012年10月26日第十一届全国人民代表大会常务委员会第二十九次会议通过，自2013年1月1日起施行的《全国人民代表大会常务委员会关于修改〈中华人民共和国国家赔偿法〉的决定》第二次修正。

2015年12月，最高人民法院审判委员会、最高人民检察院检察委员会先后通过了《最高人民法院、最高人民检察院关于办理刑事赔偿案件适用法律若干问题的解释》。2016年2月，最高人民法院审判委员会通过了《最高人民法院关于审理民事、行政诉讼中司法赔偿案件适用法律若干问题的解释》。

为了准确反映国家赔偿立法的最新变化，以及国家赔偿理论研究的最新发展，本教材进行了第二次修订。修订工作是由胡锦光、吴鹏完成的。

胡锦光　吴　鹏

2017年4月12日

第一版前言

本教材为21世纪法学系列教材之一，适用对象为高等院校法学专业本科生。国家赔偿是落实依法行政、人权保障和国家责任的重要制度保障。1995年1月1日起施行的《中华人民共和国国家赔偿法》确立了我国的国家赔偿制度。该法的颁行不仅完善了我国社会主义法治体系，也有效保障了我国公民基本权利。本教材比较全面、系统地阐述了我国国家赔偿制度的基本原理和具体制度；不仅对国家赔偿的基础理论做了比较全面的分析，而且对现行国家赔偿的范围、归责原则、国家赔偿构成要件、行政赔偿、司法赔偿、国家追偿、国家补偿等问题都进行了全面、系统的介绍和分析。

然而，由于历史和现实等诸多因素的限制，现行的《国家赔偿法》在经历十多年的适用后，无论在指导思想、基本框架、具体制度还是现实作用等方面，都出现了诸多问题，其面临着前所未有的挑战。在此背景下，本书还采用比较分析、规范分析和文献研究等方法，对各国现有的国家赔偿制度进行研究和分析，注意反映国家赔偿制度的发展进程，力图为我国《国家赔偿法》的下一步修改提供理论参考。

本书各撰稿人（按章节顺序）分工如下：

胡锦光：第一章；

徐文新：第二、九章；

余凌云：第三、四章；

任　进：第五章；

张献勇：第六章；

刘飞宇：第七章；

傅思明：第八章。

编　者

2008年5月1日

目　录

第一章

国家赔偿法的基础理论

本章概要

国家赔偿是由国家承担因国家机关及其工作人员的行为所造成的侵权赔偿责任，它与民事赔偿、国家补偿等相关概念不同；国家赔偿的制度发展经历了否定、相对肯定和完全肯定等阶段；国家赔偿的理论基础主要建立在人民主权、法治、人权保障、国家责任等原则上。

关键术语

国家赔偿　民事赔偿　国家补偿　人权保障　国家责任

第一节　国家赔偿的基本含义

一、国家赔偿的概念与特征

一般意义上的国家赔偿，是指由国家承担因国家机关及其工作人员的行为所造成的侵权赔偿责任。近代以来，各国通过制定国家赔偿法建立了国家赔偿制度。各国的国家赔偿制度在适用范围上存在着较大的差异。由小及大，可以分为以下几种：

1. 最狭义的国家赔偿，即国家赔偿国家机关及其工作人员因违法实施公务行为而造成的侵害。这一适用范围排除了以下方面：(1) 国家机关及其工作人员的非公务行为，特别是在私法领域内的行为所造成的侵害赔偿责任；(2) 国家机关及其工作人员的合法行为所造成的侵害，实际上是将国家补偿排除在国家赔偿之外。

2. 狭义的国家赔偿，即国家赔偿国家机关及其工作人员实施的公务行为而造成的侵害。这一适用范围与上述最狭义国家赔偿相比较，同样排除了非公务行为所造成的侵害，但包括了国家补偿，即只要是国家机关及其工作人员的公务行为所造成的侵害，不论其行为是否合法，国家均应承担赔偿责任。

3. 广义的国家赔偿，即国家赔偿因国家机关及其工作人员违法实施的行为造成的侵害。

这一适用范围与上述最狭义国家赔偿和狭义国家赔偿相比较，包括了国家机关及其工作人员在私法领域实施的行为，而不限于公务行为；与狭义国家赔偿相比较，将国家机关及其公务员合法行为造成的损害排除在国家赔偿的范围之外。

4. 最广义的国家赔偿，即国家赔偿因国家机关及其工作人员以国家的名义实施的行为所造成的损害。既包括国家机关及其工作人员的违法行为造成的损害，也包括国家机关及其工作人员合法行为造成的损失；既包括国家机关及其工作人员公务行为造成的损害，也包括国家机关及其工作人员在私法领域的行为所造成的损害。

在上述国家赔偿范围中，我国《国家赔偿法》采用的是最狭义的概念和范围。《国家赔偿法》第 2 条第 1 款规定："国家机关和国家机关工作人员行使职权，有本法规定的侵犯公民、法人和其他组织合法权益的情形，造成损害的，受害人有依照本法取得国家赔偿的权利。"根据这一规定，在我国，国家承担赔偿责任的基本要点有二：一是必须为国家机关和国家机关工作人员的职权行为；二是国家机关和国家机关工作人员的侵权行为必须符合国家赔偿法的规定。

就一般意义上的国家赔偿而言，其基本特征是：

第一，国家赔偿的主体为国家。实施侵权行为的主体虽为具体的国家机关及其工作人员，但由国家从国家财政即国库中支付赔偿费用。实施具体侵权行为的虽为具体的国家机关或者国家机关工作人员，并且一些国家的国家赔偿法规定，在具体的国家赔偿程序中，由实施侵权行为的国家机关或者国家机关工作人员所在的国家机关作为赔偿义务机关，但这些国家机关只是作为具体办理国家赔偿事宜的主体，而并不是实际向受害人支付国家赔偿费用的主体。国家作为国家机关及国家机关工作人员所实施的侵权赔偿责任的主体是国家赔偿的主要特征。

第二，国家所承担的国家赔偿侵权责任的范围限于国家机关及其工作人员以国家的名义实施的行为所造成的损害。近代以来，无论资本主义国家还是社会主义国家，国家权力均存在着一定而必要的分工，即都把国家权力分为立法权、行政权和司法权，相应的，国家机关也分为立法机关、行政机关和司法机关。各国通常只承担因行政机关及其工作人员和司法机关及其工作人员的行为所造成的侵权赔偿责任，而不承担立法机关的积极立法行为和消极立法不作为所造成的侵权赔偿责任。立法机关的立法行为被认为属于立法机关的立法裁量行为范畴，同时，立法是议员们以少数服从多数的原则共同表决的结果。因此，立法机关的立法行为难以确定赔偿的标准和承担责任的主体。

国家机关在作出某种行为时通常是以机关的名义进行的。在实行不同范围的国家赔偿的国家，国家所承担赔偿责任的前提都必须是以机关的名义，所不同的仅仅在于其行为合法与否及是否承担在私法领域实施的行为所造成的损害的赔偿责任。国家机关工作人员以机关的名义实施的行为即公务行为所造成的损害由国家承担赔偿责任，而如果以个人的名义实施的行为即个人行为造成的损害由其个人承担民事赔偿责任。

国家除承担由上述国家机关及其工作人员的行为造成的损害之赔偿责任外，绝大多数国家将公有公共设施因设置不当和管理不善所造成的损害也纳入国家须承担的侵权赔偿责任范围之中。根据我国国家赔偿法的规定，这一领域未被纳入国家赔偿的范围，而属于民事赔偿的范围。换言之，即使公有公共设施因设置不当或者管理不善而造成损害，国家并不对此承担国家赔偿责任，而是由相应的主体承担民事赔偿责任。

第三，国家只承担因国家机关及其工作人员的公务行为所造成的侵权赔偿责任。国家机关的行为包括行政机关和司法机关的行为绝大多数都是公务行为，但特殊情况下，也存在私法上的行为，国家只承担行政机关和司法机关所实施的公务行为造成的侵权赔偿责任。国家机关工作人员同时也是公民，因此，其在身份上既可能是国家机关工作人员，也可能是公民，当其作为国家机关工作人员的身份所实施的行为为公务行为，后果由其所在国家机关承担，在国家赔偿上由国家承担；但当其作为公民身份所实施的行为为个人行为，后果由其自身承担。

第四，国家通常只承担国家机关及其工作人员的公务行为中的具体行为所造成的侵权损害责任。公务行为根据其所针对的对象可以分为具体的公务行为和抽象的公务行为，国家通常只承担由前者造成的侵权损害责任，而不承担由后者造成的侵权损害责任。

第五，国家赔偿具有法定性。国家赔偿的主体、国家赔偿的程序、国家赔偿的范围、国家赔偿的方式、国家赔偿的标准等都必须根据法律规定。

第六，国家承担侵权赔偿责任的形式主要是物质性的赔偿，而且这种物质性的赔偿标准是法定的。国家机关及其工作人员的公务行为可能给当事人的精神造成损害，也可能给当事人的生命、健康、人身自由造成损害，也可能给当事人的财产造成损害，无论给何者造成损害，国家赔偿的基本形式是物质性的赔偿，包括返还财产、恢复原状和支付赔偿金。对于国家机关及其工作人员的行为所造成的精神损害，国家通常并不以物质的形式进行赔偿，而采用赔礼道歉、恢复名誉、消除影响的方式给予精神性的慰藉。

二、国家赔偿与国家补偿

在以损害结果为归责原则的国家，国家赔偿与国家补偿之间并不存在差异，都是按照国家机关及其工作人员的行为是否造成了损害结果而判定。

在以违法为归责原则的国家，国家赔偿与国家补偿之间存在着差异主要是归责原则不同。国家承担国家赔偿责任的基本前提是国家机关及其工作人员的公务行为因违法而给当事人造成侵害，而国家承担国家补偿责任的基本前提是国家机关及其工作人员的公务行为因合法而给当事人造成损失。例如，工商行政管理机关在无事实根据的情况下，对当事人作出查封、扣押决定或者作出吊销许可证、执照的行政处罚决定，所造成的损失，国家应当承担赔偿责任。而工商行政管理机关在依法颁发了许可证、执照以后，因公共利益的需要，撤销许可证、执照，则需要对由此给当事人造成的损失进行补偿。这是国家赔偿与国家补偿的本质性区别。此外，国家赔偿与国家补偿在适用范围、赔偿标准和赔偿方式上也存在着差异。

三、国家赔偿与民事赔偿

民事赔偿是指针对发生在平等的民事主体之间的侵权行为造成的侵害结果而承担的赔偿责任。国家机关绝大多数情况下是以公权力的身份进行活动，但特殊情况下，也可能以民事主体的身份进行活动。若以民事主体的身份进行活动而给对方造成侵害后果，则承担的是民事赔偿责任。如司法机关和行政机关在修建办公大楼时，与建筑公司之间签订协议，在履行协议过程中，司法机关或者行政机关的行为给开发商造成侵害，它们承担的是民事赔偿责任而非国家赔偿责任。

第一，主体的性质不同。国家赔偿是国家机关以公权力的身份所实施的行为造成的侵害而承担的赔偿责任，它是国家责任的一种表现。在现代，公权力行使的主体主要是国家机关，因此，实施需要由国家承担赔偿责任的行为主体主要是国家机关。民事赔偿是民事主体以私权利的身份所实施的行为造成的侵害而承担的赔偿责任，它是私人责任的一种表现。如上所述，国家机关在特殊情况下，也可能以私权利的主体身份进行活动。因此，国家机关的行为造成的侵害，需要判断是以公权力主体还是以私权利主体身份实施的，或者说，是以公共目的还是以私人目的实施的，而加以判断是应当承担国家赔偿责任，还是应当承担民事赔偿责任。

第二，归责原则不同。我国现行《国家赔偿法》确定的国家赔偿归责原则是一种包括违法归责原则、结果归责原则在内的“多元化归责”原则，而我国民法确定的民事赔偿归责原则为过错原则。即在国家赔偿中，有些情形适用违法归责原则，有些情形则适用结果归责原则；在民事赔偿中，民事主体必须在主观上存在过错（故意或者过失）的情形下承担民事赔偿责任，而不论其行为是否违法。

第三，赔偿的标准不同。在我国，国家赔偿的赔偿标准是直接损失，而民事赔偿的赔偿标准是实际损失。“直接损失”即由国家机关及其工作人员的公务行为造成的直接的既得利益的损失，而不包括能够以证据证明的可得利益的损失。“实际损失”则既包括既得利益的损失，也包括可以证据证明的可得利益的损失。

第四，行为与结果的因果关系不同。我国《国家赔偿法》虽然没有对因果关系作出明确的规定，但在理论上和实践中实际一直采用的是直接因果关系原理，即必须是国家机关及其工作人员的公务行为所直接造成的侵害后果。近期由于考虑到实践中出现的一些案例，主要在国家机关不履行法定职责和国家机关不作为的案件中，所产生的侵害后果并不是国家机关及其工作人员的公务行为直接作为的结果，国家机关及其工作人员的公务行为只是其中的主要条件，根据原有的因果关系原理，国家对这些侵害后果并不需要承担赔偿责任。但在理论上和实践中，国家对这些侵害后果不承担任何赔偿责任似乎又不合理。因此，行政法学界提出了主要条件因果关系理论，即如果国家机关的公务行为是造成侵害后果的主要条件，就需要承担相应的赔偿责任。而在民事赔偿中所采用的因果关系，通说是相当因果关系说。也就是某种原因导致某种结果，而且其间关系符合普遍社会观念，则它们之间存在因果关系。换而言之，如果某项事实仅于现实情形下发生某项结果，还不足以判断它们之间存在因果关系。还必须依据社会一般见解认为有发生结果之可能性，才能认为有因果关系，那些依人们日常生活经验看来是偶然的条件行为则不是法律的原因。

四、国家赔偿的种类

近代以来，按照国家权力分工的原理，国家机关通常分为立法机关、行政机关和司法机关，因此，国家赔偿的种类通常也是按照这一分类展开的。

1. 立法赔偿，即国家承担因立法机关的积极立法行为和消极立法不作为而造成的损害的赔偿责任。传统理论是否定国家应对立法行为承担国家赔偿责任的。其基本的理由是：(1) 就积极立法而言，它是民意代表机关意志的体现，在一些国家甚至将作为立法机关立法行为产物的法律直接视为民意的体现，即是人民的意志和利益的体现。(2) 法律是立法机关之成员按照“多数决”原则形成的。因此，追究其责任缺乏合理的根据和正当性。此外，立法机关作为一个实行合议制的集合体，在法律违反宪法的情况下，是追究投赞成票的立法机关成员的责任还是追究整个立法机关的责任，均难以确定。(3) 法律是以规范的形态表现出来的并调整社会关系的，它并不直接指向特定的社会成员而是指向不特定的社会成员。因此，在目前世界上所建立的任何类型的违宪审查/合宪性审查制度下，当违宪审查/合宪性审查机关认为法律与宪法规定相冲突时，只是不适用与宪法规定相冲突的法律，国家并不对与宪法规定相冲突的法律承担赔偿责任。

作为国家专门的立法机关，其职责当然是制定法律，通过制度性规定以保证宪法规范的实施，特别是宪法关于基本人权的规范，在缺乏制度性规定时实际上是不可能实施的。但就立法不作为而言，在理论和制度范畴上，必须肯定立法机关具有立法裁量权，即可以根据自己的判断决定先制定什么法律，后制定什么法律，那么，立法机关未制定法律达到何种程度才构成立法不作为，在制度层面是非常难以判断的。因此，国家也就难以对立法不作为承担赔偿责任。

尽管在各国的国家赔偿法上一般仍未将立法行为纳入国家赔偿的范围。但是，在现代某些国家也出现了单行法上的特例和新的学说。例如，德国于第二次世界大战后通过立法对因纳粹政权时期的立法而受到的损害承担国家赔偿责任；美国于 1988 年通过《人民自由法》对第二次世界大战中因强制日裔美国人集中居住于美国西海岸和夏威夷而造成的损害承担赔偿责任。同时，对于立法机关的立法不作为的判断标准形成了相对比较成熟的理论，某些国家也开启了对因立法不作为而造成的损害承担国家赔偿责任的先例，如日本：其宪法明确规定公民具有生存权，而对于保证具有人的基本尊严的生活的生存权，国会长期未制定法律明确其最低标准，在司法实务中曾经判决国家应承担立法不作为而造成损害的赔偿责任。

2. 行政赔偿。在各国的国家赔偿法上，行政赔偿是国家赔偿的主体部分。所谓行政赔偿，是指国家赔偿因行政机关及其工作人员的公务行为所造成的损害，包括行政机关以机关名义所实施的行为造成的损害和行政机关工作人员以公务员身份所实施的行为所造成的损害。行政机关作为行政主体所实施的行为，按照其是否针对特定的对象可以分为抽象行政行为（在一些国家称为行政规范行为）和具体行政行为。通常情况下，国家对抽象行政行为所造成的损害并不承担赔偿责任，只承担因具体行政行为所造成的损害的赔偿责任。

3. 司法赔偿。在各国的国家赔偿法上，司法赔偿也是国家赔偿的主体部分。所谓司法赔偿，是指国家赔偿因司法机关及其司法工作人员的公务行为所造成的损害。在不同法系的国家，司法机关的范围有所不同，因此，司法赔偿的范围也就有所不同。在英美法系国家，司法机关仅指行使司法权的普通法院；在大陆法系国家，司法机关包括行使司法权的普通法院和行使检察权的检察机关，不包括行使违宪审查权的宪法法院和行使侦查权的机关。在我国，司法机关包括行使审判权的法院、行使法律监督权的检察院、行使侦查权的公安机关以及监狱管理机关。因此，司法赔偿的范围包括了上述国家机关所实施的职权行为造成的损害。

4. 公有公共设施致害赔偿。所谓公有公共设施致害赔偿，是指国家承担公有公共设施因设置不当或者管理不善而给公民、法人或者其他组织造成的损害的赔偿责任。公有公共设施包括国家和地方政府所有并直接管理的公共设施，而不包括国家和地方政府所有但并不由国家和地方政府直接管理的公共设施。国家承担此类赔偿责任，包括两个方面的原因：一是由国家和地方政府所有并承担直接管理责任的公共设施在设置上存在瑕疵、不当、缺陷，而导致损害的发生；二是国家或者地方政府负有管理的法定职责和义务，却怠于管理或者管理方法不妥当，而导致损害的发生。在法律上，公有公共设施主要由行政机关设置和管理，因此，因公有公共设施设置不当或者管理不善而造成的损害赔偿，属于行政赔偿的范畴。但是，我国《国家赔偿法》上未将公有公共设施致害赔偿纳入国家赔偿的范围，而将其作为民事赔偿的一部分。

第二节 国家赔偿制度的历史演进

从历史上看，国家赔偿制度大体经历了否定阶段、相对肯定阶段和肯定阶段。

一、否定阶段

在19世纪70年代以前，各国并不存在统一的国家赔偿法或者单行法律规定的国家赔偿制度。主要原因是：

第一，在奴隶制社会和封建制社会，实行君主专制制度。在奴隶制社会，奴隶为奴隶主的财产，不具有独立的人格，并不是权利的主体。在封建制社会，农民与奴隶相比较，虽然在社会地位上有了较大改变，但农民仍然不具有独立的人格。同时，在奴隶制社会和封建制社会实行君主专制制度，君主至高无上，君主的权力不受限制。因此，即使以国家的名义给社会成员的合法权益造成了损害，国家也不可能承担赔偿责任。

第二，早期资本主义国家排除国家赔偿责任。从理论上说，资本主义社会实行民主制度、法治和奉行人权保障的理念，与奴隶制社会和封建制社会实行截然不同的政治制度和政治理念，国家应当承担赔偿责任。但是，事实上，在这一历史阶段，在资本主义国家并没有形成国家赔偿制度：（1）近代资本主义国家普遍奉行“自由放任主义原理”，即“管的越少的政府就是越好的政府”或者说“政府管的越少越好”。因此，国家权力相对于现代而言，不仅很小，而且处于消极的地位。相应的，作为社会成员的公民的基本自由非常广泛，在宪法上，规定了一系列公民的基本自由。政府通常只采取事后的、消极的方法管理社会，即政府处于“消极行政”的状态。这样，国家权力侵犯公民权利的可能性非常小，建立国家赔偿制度的必要性也就并不迫切。（2）大陆法系国家，在相对长时间里，公权力并不是诉讼的对象。受资产阶级革命进程中资产阶级的体验和大陆法系成文法的特点所决定，普通法院的地位比较低，既无权对立法行为进行审查，也无权对行政行为进行审查。在经历了很长时间后，才设立了专门的行政法院，审查行政行为的合法性。20世纪20年代再设立专门的宪法法院审查立法行为的合宪性。既然公权力不具有可诉性，在没有对公权力的合法性作出判断的情况下，公民就无法要求国家对公权力的侵权行为承担赔偿责任。（3）在英美法系国家，普通法院的地位非常高，有权对公权力进行审查。但进行审查的理论基础，并不是因为它们是公权力，而是认为公权力与私权利一样都要按照相同的原则承担法律责任。这样，建立独立的国家赔偿制度的必要性仍然缺乏。

二、相对肯定阶段

19世纪70年代以后至第一次世界大战，为国家赔偿的相对肯定阶段。在这一历史阶段，传统上的国家不承担赔偿责任的理论基础仍然存在。因此，国家对国家权力的侵权行为基本上仍然是不负赔偿责任的。

大陆法系国家一直实行“公法”与“私法”的划分。国家的公法行为基于它的特性，国家不对它的侵权行为承担赔偿责任。在这一阶段，国家赔偿只限定在国家机关及其工作人员的公法行为在私法领域所造成的损害。英美法系国家，仍然按照与私法相同的原则，要求国家承担赔偿责任。

三、肯定阶段

第一次世界大战至今为国家赔偿的肯定阶段。国家承担赔偿责任进入肯定阶段的主要标志是：

第一，许多国家的宪法对国家赔偿制度作了原则性的规定。以德国1919年《魏玛宪法》规定为最早。该宪法第131条规定："官吏就其所受委任之职务行使公权力，而违反对第三人之职务义务时，原则上由该官吏所属的国家或者公共团体负其责任，但对于官吏有求偿权，上述损害赔偿，得以非常司法手续请求之。"第二次世界大战后制定或者修改的宪法基本上都对国家赔偿制度作出了规定。

第二，第二次世界大战后各国通常依据宪法制定了统一的国家赔偿法，即使是英美法系的美国也制定了统一的国家赔偿法。如1910年德国制定了《德意志联邦责任法》，1946年美国制定了《联邦侵权赔偿法》，1947年英国制定了《王权诉讼法》，1947年日本制定了《国家赔偿法》，1949年奥地利制定了《国家赔偿法》，1967年韩国制定了《国家赔偿法》，1981年德国制定了《国家赔偿法》等。国家赔偿法通常只适用于行政赔偿领域，就刑事赔偿领域，一些国家单独制定了专门的法律，如1950年日本制定了《刑事补偿法》，1969年奥地利制定了《刑事赔偿法》，1971年德国制定了《刑事追诉措施赔偿法》等。

这一阶段在世界范围内之所以比较普遍地建立国家赔偿制度，不仅承认国家应当对私法领域的行为承担国家赔偿责任，而且承认国家应当在公法领域也同样承担国家赔偿责任，其主要原因是：

第一，公民基本权利扩大，同时扩大了公民基本权利性质。如前所述，在自由资本主义阶段，人们所理解的人权主要为自由，因此，宪法上所规定的公民基本权利通常为公民的各种基本自由。自由在性质上属于一种防御权，即防御国家权力的侵犯。从国家权力的角度看，在宪法上将公民基本权利仅仅规定为公民基本自由时，国家只需要做到尊重公民基本自由和在事后保障公民基本自由，而不需要在事前为保障公民基本自由做什么。换言之，公民基本自由需要由公民自己依据自身的能力予以保障。但到了自由资本主义阶段后期，这种看似公平的自由而平等的发展逐渐造成了社会的两极分化，即贫者愈贫、富者愈富。在进入垄断资本主义阶段之后，宪法需要在原有的公民基本自由的基础上增加公民的基本权利。增加这种基本权利的基本目的是保障贫者作为人的基本尊严的生活。这类基本权利包括受教育权、劳动权、休息权、劳动者的团结权、劳动者的集体交涉权、生存权等。这类基本权利与基本自由的不同之处在于，它是一种请求权，即需要国家通过积极的作为，以保障这种基本权利的实现，在这种基本权利未能得以实现时，公民有权向国家提出请求，要求满足这种权利的实现。1919年德国的《魏玛宪法》即是资本主义由自由资本主义阶段向垄断资本主义阶段转变的标志，因此，这部宪法第一次在原有公民基本自由的基础上增加了公民基本权利。

第二，国家权力扩大。与公民基本权利扩大、要求国家权力有积极的作为相适应，国家权力也相应扩大。国家权力扩大主要表现为行政权力扩大：（1）获得一部分原属于立法机关的立法权，即委任立法权；（2）行政权力大量增加；（3）行政裁量权增加；（4）获得一部分司法权。总体上说，行政机关由原来的消极行政演变为积极行政，行政权力侵犯公民基本权力的可能性增强。

第三，大陆法系国家，建立了判断公权力合法与否和合宪与否的制度。在这一阶段，大陆法系国家形成了成熟的行政诉讼机制，即行政法院已经由行政机关性质演变为司法机关性质的机构和审判程序，并且已经完全从行政机关中独立出来。行政法院受理的行政案件的范围大大扩大，行政机关可以豁免审查的范围缩小到最低限度。作为公权力的行政权力免受审查的时代已一去不复返。第二次世界大战以后，大陆法系国家还比较普遍地建立了宪法法院制度，由专门的宪法法院审查宪法行为是否符合宪法。作为公权力免受审查的最后一个堡垒的立法行为，也需要接受审查。英美法系国家对于公权力的损害赔偿采用与私权利同等原则和标准，但在审判实际中逐渐意识到两者之间存在着较大差异，因此，也有必要形成专门的国家赔偿制度。

四、我国国家赔偿制度的演进

与世界其他国家相同，在长期的奴隶制社会和封建制社会里，我国同样没有建立国家赔偿制度。1912 年孙中山先生领导辛亥革命，推翻了封建专制制度，建立了资产阶级共和国，制定了《中华民国临时约法》。但在当时的社会背景之下，国家赔偿制度的建立缺乏相应的政治、经济和社会条件。直至 1947 年 1 月 1 日，国民政府颁布的《中华民国宪法》，才正式承认了国家赔偿制度。① 而当时的历史条件和社会现状决定了其建构与实施举步维艰，此时的国家赔偿制度失去了实质意义。

中华人民共和国成立后，1954 年《宪法》第 97 条对国家赔偿做了原则性规定："由于国家机关工作人员侵犯公民权利而受到损失的人，有取得赔偿的权利。"这一时期，有关国家赔偿的政策和法规也陆续出台。如 1953 年中共中央发布的《关于处理各级人民法院过去时期所发生的错捕、错判、错杀问题的指示》，1954 年《中华人民共和国海港管理暂行条例》②，1956 年司法部对新疆司法厅关于"冤狱补助费"开支问题所做的批复等，这些条例与解释对新中国国家赔偿制度的构建、无辜受害人权利的保障起到了积极的规范作用。然而，我国的法制建设在 1957 年以后遭到极大破坏，刚刚起步的国家赔偿制度受到毁灭性打击。1975 年《宪法》与 1978 年《宪法》均未规定国家赔偿问题，其他法律法规更无相关内容。直到党的十一届三中全会以后，1982 年《宪法》公布实施，国家赔偿制度才又重新回到法制建设的进程中来。根据《宪法》精神，1986 年《民法通则》第 121 条对赔偿问题作出了原则性的规定："国家机关或者国家机关工作人员在执行职务中，侵犯公民、法人的合法权益造成损害的，应当承担民事责任。"1988 年最高人民法院《关于贯彻执行〈中华人民共和国民法通则〉若干问题的意见（试行）》第 152 条进一步明确了赔偿主体："国家机关工作人员在执行职务中，给公民、法人的合法权益造成损害的，国家机关应当承担民事责任。"

1989 年《行政诉讼法》的颁布，第一次专章规定了国家行政机关的侵权赔偿责任。至此，不断摸索中的国家赔偿制度终于上了一个新台阶，但其仍未能全面解决国家赔偿所应调整的问

---

① 1947 年《中华民国宪法》第 24 条规定：凡公务员违法侵害人民之自由或权利者，除依法律受惩戒外，应负刑事及民事责任，被害人就其所受损害，并得依法律向国家请求赔偿。

② 1954 年《中华人民共和国海港管理暂行条例》第 20 条规定：港务局如无任何法令根据，擅自下令禁止船舶离港，船舶得向港务局要求赔偿由于禁止离港所受之直接损失，并得保留对港务局之起诉权。

题。在日益紧迫的现实需求和追求法治社会的政治、经济大环境下，统一性的国家赔偿立法被提上规划日程，1992年由全国人大常委会法制工作委员会组织专家人员开始起草《国家赔偿法》，并于第八届全国人大常委会第七次会议上通过，于1994年5月12日公布，自1995年1月1日起正式施行。《国家赔偿法》的通过与实施，标志着我国国家赔偿制度正式建立，并开始了不断完善和发展的新进程。当然，由于法律具有一定的滞后性，经过十多年来的法律实践，《国家赔偿法》也逐渐暴露出一些与社会发展不适应的地方，《国家赔偿法》的修改逐渐被提上日程。

2010年4月29日，第十一届全国人大常委会第十四次会议审议通过了《关于修改〈中华人民共和国国家赔偿法〉的决定》，并于2010年12月1日起施行。2012年10月26日，第十一届全国人大常委会第二十九次会议审议通过了《关于修改〈中华人民共和国国家赔偿法〉的决定》，并于2013年1月1日起施行。修改后的《国家赔偿法》畅通了受害人请求国家赔偿的渠道，更新了国家赔偿的机构建制，扩大了国家赔偿范围，完善了国家赔偿程序，提高了赔偿标准。

第三节　国家赔偿制度的理论基础

国家赔偿制度的产生和发展具有深刻的社会经济根源和政治思想根源。同时，各种有关国家赔偿的理论学说也不断推动着国家赔偿制度的发展和完善。长期以来，关于国家赔偿理论基础的研究，各国学者有着不同的认识，较为典型的有国库理论说、国家责任说、特别牺牲说、公共负担说、法律拟制说、国家危险责任说、社会保险说等。[①] 我国学界关于此问题的认识，目前主要从以下几方面理解。

一、人民主权原则

我国现行《宪法》第2条第1、2款规定："中华人民共和国的一切权力属于人民。人民行使国家权力的机关是全国人民代表大会和地方各级人民代表大会。"《宪法》第3条第2、3款规定："全国人民代表大会和地方各级人民代表大会都由民主选举产生，对人民负责，受人民监督。国家行政机关、审判机关、检察机关都由人民代表大会产生，对它负责，受它监督。"由此规定可知，我国的国家权力来自人民，人民是国家的主人，人民的支持和拥护是执政权的本源性权力，人民的利益是国家一切活动的出发点和归宿。国家机关执掌的公权力是人民赋予权力的结果和实现的具体形式[②]，它只是代表人民来行使。因此，对人民负责，受人民监督是所有国家机关应尽的义务，当国家机关及其工作人员行使职权侵害到公民的合法权益，必然要承担法律后果，并承担相应的侵权赔偿责任。这不仅是国家赔偿法的理论基础，也是我国政治制度的基石。

---

① 刘嗣元，石佑启编著．国家赔偿法要论．北京：北京大学出版社，2005：16－18.

② 杨小君．国家赔偿法律问题研究．北京：北京大学出版社，2005：3.

二、法治原则

《宪法》第5条中规定："中华人民共和国实行依法治国，建设社会主义法治国家……一切国家机关和武装力量、各政党和各社会团体、各企业事业组织都必须遵守宪法和法律。一切违反宪法和法律的行为，必须予以追究。"这一规定确立了依法治国的大政方略，也为国家赔偿制度的构建铺平了道路。从国家赔偿的角度看，这一原则要求一切违法行为都要承担法律责任，法律面前人人平等，任何公民、法人、其他组织都没有凌驾于体现社会公共意志的法律之上的特权，代表国家行使公权力的国家机关及其工作人员也不例外。一切违反宪法和法律的行为，都必须予以追究。任何组织和个人都不得拥有超越宪法和法律的特权。当国家机关违反法律规定对公民、法人、其他组织的合法权益造成损害时，国家应当承担赔偿责任，而不能享有免责的特权，这也是法治原则的基本要求和具体体现。

三、人权保障原则

《宪法》第33条第3款明确规定："国家尊重和保障人权。"所谓人权，我国学者将其分为两个层次：一是指权利；二是指人类社会如何对待人、尊重人的命题或准则，或称"人道"。人权的主要内容包括"生存权、自由权、财产权、文化权、有关公民个人地位的各种权利以及涉及政府行为的权利"① 等。作为一个民主国家，保障人权是其基本性的目的与任务之一。"人民权利之保障为国家之基本任务，负责损害赔偿，乃法治国家应有的责任。"② 这一理念相伴并促进着国家赔偿制度的诞生与发展，成为国家赔偿制度重要的理论基石。在这一理论基础下，国家有责任保障享有合法权益的公民排除侵害，并使其得到应有的赔偿，来自国家自身的侵害也不例外。因为国家机关及其工作人员以国家名义从事社会管理活动，代表国家行使公权力，当其违法行使职权的行为给公民的合法权益造成损害时，必然要求国家承担赔偿责任，以求对公民所享人权的尊重与满足。从这个角度上说，《国家赔偿法》也是一部人权保障法，是实现社会主义人权的重要法制保障。

四、国家责任原则

国家责任原则本来是国际法范畴的概念，它要求作为国际法主体的国家对其国际违法的国家行为承担国际责任。对国内而言，国家权力由人民赋予，国家行为必须对人民负责。其责任涵盖两方面：一是维护和调整社会公平是政府的职责，二是人民受到损害时国家应当承担政治与法律责任。③ 从国家赔偿的角度来说，因为国家公权力的行使，公民的合法权益受到损害，国家违反了应负的保证不为不法行为的义务，自然难辞其咎，理应予以赔偿。这是国家基于主权基础上对自身责任的承担，既体现了对民众应负的责任义务，又体现出国家权力在民众面前的自我限制。

---

① 夏勇．人权概念起源．北京：中国政法大学出版社，1992：4.

② 管欧．中国行政法总论．修订本第19版．台北：蓝星打字排版有限公司，1981.

③ 郭道晖．社会公平与国家责任．法治研究，2007（1）.

问题与思考

1. 国家赔偿的含义与特征是什么?

2. 国家赔偿与国家补偿、民事赔偿的区别体现在哪些方面?

3. 从世界范围来看，你认为国家赔偿的进一步发展趋势是什么?

4. 人民主权原则作为国家赔偿的理论基础之一，存在的理由是什么?

5. 为何说国家赔偿制度是落实人权保障的重要制度之一?

6. 你认为国家责任与国家赔偿之间的关系是什么?

7. 除人民主权原则、法治原则、人权保障原则、国家责任原则四个基础理论外，你认为还有什么原则可以作为国家赔偿法的理论基础?

第二章

国家赔偿范围

本章概要

国家赔偿的范围是指国家对国家机关及其工作人员在行使职权中的侵权行为承担赔偿责任的范围。它是国家赔偿法的核心问题，直接影响到国家对公民合法权益的保护的范围和程度。本章从国家赔偿范围的含义及界定出发，讨论行政赔偿范围，民事、行政司法赔偿范围及刑事赔偿范围。

关键术语

国家赔偿范围　行政赔偿　民事、行政司法赔偿　刑事赔偿　公有公共设施损害赔偿　精神损害赔偿

第一节　概述

一、国家赔偿范围的含义及界定

国家赔偿的范围，是指国家对国家机关及其工作人员在行使职权中的侵权行为承担赔偿责任的范围。它是国家赔偿法的核心问题，直接影响到国家对公民合法权益的保护程度。对公民而言，国家赔偿范围意味着其在国家公权力行使中受到的损害，在多大范围内和程度上可以求偿。从宪政意义上而言，国家赔偿的范围是衡量一个国家民主法治以及人权保障状况的重要标准。

关于赔偿范围的界定，学界多从两种意义上理解：一是指导致国家赔偿责任相关行为的范围，或者说国家赔偿责任应当界定在哪些事项上。二是指损害的赔偿程度，即赔偿是否仅限于直接损失，是否包括间接损失；是否只包括物质损害赔偿，是否还有精神损害的赔偿等。我国《国家赔偿法》所指的赔偿范围主要是指前一种情况。该法第 2 条规定："国家机关和国家机关工作人员行使职权，有本法规定的侵犯公民、法人和其他组织合法权益的情形，造成损害的，受害人有

依照本法取得国家赔偿的权利。本法规定的赔偿义务机关，应当依照本法及时履行赔偿义务。”

二、国家赔偿范围的类别

国家赔偿范围可以从不同角度进行划分。例如，以损害结果为标准，可分为人身损害赔偿、财产损害赔偿；若以侵害主体为标准，则可分为行政赔偿，刑事赔偿，民事、行政司法赔偿。

按照现行《国家赔偿法》的立法体例，我们将国家赔偿范围的类别以侵害主体为标准进行划分：

（一）行政赔偿范围

根据《国家赔偿法》第 3 条和第 4 条，行政机关及其工作人员在行使职权时有侵犯人身权和财产权行为的，受害人有权获得赔偿。主要包括：

第一，侵犯人身权的情形：（1）违法拘留或违法采取限制公民人身自由的行政强制措施的；（2）非法拘禁或者以其他方法非法剥夺公民人身自由的；（3）殴打、唆使殴打或者唆使、放纵他人以殴打、虐待等行为造成公民身体伤害或者死亡的；（4）违法使用警械、武器造成公民伤害或死亡的；（5）造成公民身体伤害或者死亡的其他违法行为。

第二，侵犯财产权的情形：（1）违法实施罚款、吊销许可证和执照、责令停产停业、没收财物等行政处罚的；（2）违法对财产采取查封、扣押、冻结等行政强制措施的；（3）违法征收、征用财产的；（4）造成财产损害的其他违法行为。

这两类行为造成人身和财产损害的，均属国家赔偿范围之列，可以要求国家予以赔偿，保障受害人的合法权益。

（二）刑事赔偿范围

根据《国家赔偿法》第 17 条和第 18 条的规定，行使侦查、检察、审判职权的机关以及看守所、监狱管理机关及其工作人员在行使职权时有侵犯人身权和财产权行为的，受害人有取得赔偿的权利。具体而言：

第一，侵犯人身权的情形：（1）违反刑事诉讼法的规定对公民采取拘留措施的，或者依照刑事诉讼法规定的条件和程序对公民采取拘留措施，但是拘留时间超过刑事诉讼法规定的时限，其后决定撤销案件、不起诉或者判决宣告无罪终止追究刑事责任的；（2）对公民采取逮捕措施后，决定撤销案件、不起诉或者判决宣告无罪终止追究刑事责任的；（3）依照审判监督程序再审改判无罪，原判刑罚已经执行的；（4）刑讯逼供或者以殴打、虐待等行为或者唆使、放纵他人以殴打、虐待等行为造成公民身体伤害或者死亡的；（5）违法使用武器、警械造成公民身体伤害或者死亡的。

第二，侵犯财产权的情形：（1）违法对财产采取查封、扣押、冻结、追缴等措施的；（2）依照审判监督程序再审改判无罪，原判罚金、没收财产已经执行的。

（三）民事、行政司法赔偿范围

根据《国家赔偿法》第 38 条及最高人民法院制定的《关于审理民事、行政诉讼中司法赔偿案件适用法律若干问题的解释》第 2 条至第 6 条的规定，人民法院在民事诉讼、行政诉讼过程中，违法采取对妨害诉讼的强制措施、保全措施、先予执行措施，或者对判决、裁定及其他生效法律文书执行错误，侵害公民、法人、其他组织合法权益并造成损害的，赔偿请求人可以依法向人民法院申请赔偿。

第一，违法采取对妨害诉讼的强制措施，包括以下情形：对没有实施妨害诉讼行为的人采取罚款或者拘留措施的；超过法律规定金额采取罚款措施的；超过法律规定期限采取拘留措施的；对同一妨害诉讼的行为重复采取罚款、拘留措施的；其他违法情形。

第二，违法采取保全措施，包括以下情形：依法不应当采取保全措施而采取的；依法不应当解除保全措施而解除，或者依法应当解除保全措施而不解除的；明显超出诉讼请求的范围采取保全措施的，但保全财产为不可分割物且被保全人无其他财产或者其他财产不足以担保债权实现的除外；在给付特定物之诉中，对与案件无关的财物采取保全措施的；违法保全案外人财产的；对查封、扣押、冻结的财产不履行监管职责，造成被保全财产毁损、灭失的；对季节性商品或者鲜活、易腐烂变质以及其他不宜长期保存的物品采取保全措施，未及时处理或者违法处理，造成物品毁损或者严重贬值的；对不动产或者船舶、航空器和机动车等特定动产采取保全措施，未依法通知有关登记机构不予办理该保全财产的变更登记，造成该保全财产所有权被转移的；违法采取行为保全措施的；其他违法情形。

第三，违法采取先予执行措施，包括以下情形：违反法律规定的条件和范围先予执行的；超出诉讼请求的范围先予执行的；其他违法情形。

第四，对判决、裁定及其他生效法律文书执行错误，包括以下情形：执行未生效法律文书的；超出生效法律文书确定的数额和范围执行的；对已经发现的被执行人的财产，故意拖延执行或者不执行，导致被执行财产流失的；应当恢复执行而不恢复，导致被执行财产流失的；违法执行案外人财产的；违法将案件执行款物执行给其他当事人或者案外人的；违法对抵押物、质物或者留置物采取执行措施，致使抵押权人、质权人或者留置权人的优先受偿权无法实现的；对执行中查封、扣押、冻结的财产不履行监管职责，造成财产毁损、灭失的；对季节性商品或者鲜活、易腐烂变质以及其他不宜长期保存的物品采取执行措施，未及时处理或者违法处理，造成物品毁损或者严重贬值的；对执行财产应当拍卖而未依法拍卖的，或者应当由资产评估机构评估而未依法评估，违法变卖或者以物抵债的；其他错误情形。

第五，人民法院工作人员在民事、行政诉讼过程中，有殴打、虐待或者唆使、放纵他人殴打、虐待等行为，以及违法使用武器、警械，造成公民身体伤害或者死亡的，适用《国家赔偿法》第 17 条第 4 项、第 5 项的规定予以赔偿。

（四）国家不承担赔偿的情形

国家赔偿制度的设立并非意味着国家对所有与行使职权有关的行为所造成的损失都进行赔偿。虽然随着时代的变迁，国家赔偿不断扩大赔偿范围，但无论何时，国家都不可能无原则地将公民的损失全面覆盖。从这个意义上说，国家赔偿责任是一种有限责任，国家只对特定的行为造成的损害责任赔偿，而对特定行为之外的其他侵权损害免责。[①] 我国《国家赔偿法》对国家不承担赔偿的范围作出了明确规定，具体而言：

在行政赔偿范围方面，根据《国家赔偿法》第 5 条的规定，具有下列情形之一予以免责，

---

① 刘嗣元，石佑启编著．国家赔偿法要论．北京：北京大学出版社，2005.

阻却国家赔偿责任的负担：对行政机关工作人员与行使职权无关的个人行为；因公民、法人和其他组织自己的行为致使损害发生的；法律规定的其他情形，如不可抗力、紧急避险、正当防卫、第三人过错等原因造成的损害。

在刑事赔偿范围方面，《国家赔偿法》第 19 条规定，属于下列情形之一，国家不承担赔偿责任：因公民自己故意作虚伪供述，或者伪造其他有罪证据被羁押或者被判处刑罚的；依照《刑法》规定不负刑事责任的人被羁押的；依照《刑事诉讼法》规定不追究刑事责任的人被羁押的；行使侦查、检察、审判职权的机关以及看守所、监狱管理机关的工作人员与行使职权无关的个人行为；因公民自伤、自残等故意行为致使损害发生的；法律规定的其他情形。

在民事、行政司法赔偿范围方面，除训诫、责令退出法庭、责令悔过之外，最高人民法院《关于审理民事、行政诉讼中司法赔偿案件适用法律若干问题的解释》第 7 条规定，具有下列情形之一的，国家不承担赔偿责任：属于《民事诉讼法》第 105 条（申请有错误的，申请人应当赔偿被申请人因保全所遭受的损失），第 107 条第 2 款（人民法院可以责令申请人提供担保，申请人不提供担保的，驳回申请。申请人败诉的，应当赔偿被申请人因先予执行遭受的财产损失）和第 233 条（执行完毕后，据以执行的判决、裁定和其他法律文书确有错误，被人民法院撤销的，对已被执行的财产，人民法院应当作出裁定，责令取得财产的人返还；拒不返还的，强制执行）规定情形的；申请执行人提供执行标的物错误的，但人民法院明知该标的物错误仍予以执行的除外；人民法院依法指定的保管人对查封、扣押、冻结的财产违法动用、隐匿、毁损、转移或者变卖的；人民法院工作人员与行使职权无关的个人行为；因不可抗力、正当防卫和紧急避险造成损害后果的；依法不应由国家承担赔偿责任的其他情形。

此外，在我国目前的国家赔偿立法中，涉及抽象行政行为引起的赔偿、公有公共设施致害的国家赔偿、军事赔偿等事项均未涵盖于国家赔偿的现行立法范畴之内。毋庸讳言，从世界各国国家赔偿范围的立法规定和发展趋势来看，我国的赔偿范围是相对狭窄的，尤其是 2010 年、2012 年《国家赔偿法》修订依然没有得到突破。这其中既有国家赔偿立法时的社会、政治与经济条件因素的影响，也有法律规定模式的立法技术等的影响。但是，可以肯定的是，扩大国家赔偿范围是必然趋势。尤其是经过十多年来的发展，国家赔偿法所面临的社会背景已发生了较大变化，如何适应新的社会需要，尤其是在建设和谐社会的背景下，如何使国家赔偿制度不断改革和完善，使其能够有效落实法治国家、人权保障和责任政府等基本原则，这是我们必须考虑的。

三、国家赔偿范围的法律规定模式

我国的国家赔偿范围，即国家可以赔偿的行为和事项，由《国家赔偿法》以成文法形式予以规定。国家赔偿范围的法律规定模式会直接影响到国家赔偿范围的界定。

根据《国家赔偿法》，我国国家赔偿范围的模式是：

1. 概括式与列举式相结合的混合式规定。即在概括性规定的基础上，列举符合赔偿要求的具体情形。

首先，《国家赔偿法》第 2 条规定："国家机关和国家机关工作人员行使职权，有本法规定的侵犯公民、法人和其他组织合法权益的情形，造成损害的，受害人有依照本法取得国家赔偿的权利。”从整部法典来看，这一条位于“总则”之中，是国家赔偿范围的概括性规定，具有彰显立法精神、体现立法目的的指导和统率作用。尤其是在对具体条文理解发生模糊时，其应该起到指导性的作用。

其次，在规定行政赔偿范围的第二章中分别列举了 9 项行为应予以国家赔偿，其中，侵犯人身权的有：违法拘留或者违法采取限制公民人身自由的行政强制措施的；非法拘禁或者以其他方法非法剥夺公民人身自由的；以殴打、虐待等行为或者唆使、放纵他人以殴打、虐待等行为造成公民身体伤害或者死亡的；违法使用武器、警械造成公民身体伤害或者死亡的；造成公民身体伤害或者死亡的其他违法行为。侵犯财产权的有：违法实施罚款、吊销许可证和执照、责令停产停业、没收财物等行政处罚的；违法对财产采取查封、扣押、冻结等行政强制措施的；违法征收、征用财产的；造成财产损害的其他违法行为。

再次，除了肯定列举之外，还有不属于国家行政赔偿范围之外的否定列举，即行政机关工作人员与行使职权无关的个人行为，因公民、法人和其他组织自己的行为致使损害发生的，法律规定的其他情形。

最后，在规定刑事赔偿范围的第三章中也有着类似形式的肯定列举与否定列举规定。从理论层面而言[①]，这种规定方式明确了这样一种立法意图，即对于列举式中明确规定的事项，按照其规定予以赔偿；对于列举式规定没有涉及的事项或者发生争议的事项，可以从概括式规定的角度，在符合立法总体精神的前提下进行解释，如果符合概括式规定的，国家应当承担赔偿责任。

2. 肯定列举与否定列举相结合的并列规定。在国家赔偿法中，存在着肯定列举和否定列举。一方面，明确规定国家承担赔偿责任的情形，如《国家赔偿法》第 3 条、第 4 条、第 17 条、第 18 条；另一方面，同时明确规定了国家不承担赔偿责任的排除性规定，如第 5 条与第 19 条。肯定列举和否定列举以正反互补状态并列于国家赔偿法之中，这种方式简单明了地界定了我国国家赔偿的范围。

3. 开放式与封闭式相结合的双向规定。《国家赔偿法》在赔偿范围的规定上，对“兜底条款”的设置采取了有限规定的方式。《国家赔偿法》第 3 条第 5 项规定了“造成公民身体伤害或者死亡的其他违法行为”，第 4 条第 4 项规定了“造成财产损害的其他违法行为”。在属于排除性规定的第 5 条第 3 项和第 19 条第 6 项也设置了“法律规定的其他情形”，这些兜底条款使相应的法律条文有了不局限于列举式规定的法律适用空间，具有一定的开放性。而同属赔偿范围的相关规定的《国家赔偿法》第 17、18 条，却作出了有限的列举式规定，没有兜底条款，使其规定范围限于法条列举的情形，成为封闭式的严格适用条款。

综上所述，我国国家赔偿范围的立法模式是一种混合模式，即概括式与列举式相结合；肯定式与否定式相结合；开放式与封闭式相结合。当然，从司法实践来看，主要是按照肯定列举模式进行的，也就是如果属于肯定列举内的行为，当然属于国家赔偿范围；如果属于否定列举范围的行为，则当然不属于国家赔偿范围；如果既不属于肯定列举范围，也不属于否定列举范围，则不属于国家赔偿的范围。

---

① 从司法实践层面来看，国家赔偿范围的确定主要是列举式而非概括式，也就是在肯定列举范围内的就属于赔偿范围，如果不属于肯定列举范围就不属于国家赔偿范围。

第二节 行政赔偿范围

一、行政赔偿范围界定

行政赔偿是行政机关及其工作人员在行使职权过程中侵犯公民、法人或其他组织的合法权益并造成损害，且这种情形符合我国国家赔偿法的规定，国家对此承担的赔偿责任。① 而行政赔偿的范围则意味着国家对行政职权造成损害承担责任并予以赔偿的领域。它一般包括两个方面：一是赔偿的行为范围，即哪些行为国家予以赔偿；二是赔偿的损害范围，即哪些损害国家予以赔偿，如人身损害还是财产损害，物质损害还是精神损害，直接损害还是间接损害等。

二、行政赔偿范围的法律规定模式

从世界各国立法例来看，确定行政赔偿范围的方式大致有以下三种：

一是概括式，指国家赔偿立法对行政赔偿范围进行概括规定，不具体列举赔偿事项。在这种立法例下，行政赔偿的范围很广，凡符合概括规定的，均可要求赔偿。如《日本国家赔偿法》第 1 条第 1 款规定："行使国家或者公共团体公权力之公务员，就其执行职务，因故意或者过失不法加害于他人者，国家或者公共团体对此应负赔偿责任。"显然，这种概括式规定能较大限度地保护相对人的权益，但也给执法机关留下了较大的裁量空间，哪些事项可被判定加害，哪些情况可属赔偿之列，往往只能由执法机关具体裁量。

二是列举式，指国家赔偿法对行政赔偿范围进行列举规定，具体指出应予以行政赔偿的事项。列举式分为肯定列举和否定列举两种：肯定列举把属于行政赔偿范围的事项逐一列举，凡列举事项均属可予以赔偿的范畴。否定列举也称为排除列举，凡列举的事项都不在行政赔偿的范围之内。法国是典型的行政赔偿列举式立法例国家，其优点在于具体、明确、易操作，不足之处是法条虽精细烦琐，但仍难以全面列举，难免挂一漏万。

三是混合式，即将概括式和列举式混合使用，既有列举性条文的详细规定，又有总则的概括条款。美国、英国、瑞士等世界上大多数国家都采取这种方式，我国也不例外。我国行政赔偿范围立法除《国家赔偿法》第 2 条予以概括规定外，有肯定性和否定性的列举规定，又以严格的肯定性列举规定为主。

三、对扩大我国行政赔偿范围的几点看法

（一）现行赔偿范围之缺陷

行政赔偿范围是国家赔偿范围的重要组成部分，从各国行政赔偿发展来看，逐步有序扩大

① 马怀德主编．国家赔偿问题研究．北京：法律出版社，2006：112.

赔偿范围是必然趋势。虽然2012年《国家赔偿法》修改内容较多，包括畅通赔偿请求渠道、完善赔偿办理程序、确定双方举证义务、明确精神损害赔偿、保障赔偿费用支付等。但总体而言，现行《国家赔偿法》所规定的行政赔偿范围依然存在着以下问题亟待改善：

1. 严格的肯定式列举立法模式，限制了行政赔偿范围的扩展。

虽然我国《国家赔偿法》在形式上采取的是概括式和列举式并存的混合式立法例，但在司法实践中，以列举式规定为主，尤其以肯定列举为主。这种模式实质上是对赔偿范围的限制，使列举之外的相对人权益被排除在行政赔偿范围之外，必然会导致一些既不属于肯定列举也不属于否定列举规定的事项落入赔偿保护的“真空”，无法确定是否属于行政赔偿范围，挂一漏万，不利于切实保护公民、法人、其他组织的合法权益。因此，不仅在理论上，而且在实践层面都应该确立混合模式。

2. 侵权行为范围狭窄，属于赔偿范围的侵权行为较少。

根据《国家赔偿法》第3条和第4条的规定，共有9项侵权行为属于行政赔偿范畴，此外还有“其他违法行为”的兜底条款。而关于“其他违法行为”的界定，学界尤其是实务界一直有较大争议。在具体应用中，对这一条款的理解对行政赔偿范围的适用范围产生了极大影响。而实践表明，由于实务部门对法律的狭义理解，这一条款正被逐渐虚化，大量的其他违法行为被排除在行政赔偿之外，使相对人的权利救济出现空白。实际上，按照最高人民法院《关于审理行政赔偿案件若干问题的规定》第1条，《国家赔偿法》第3条、第4条规定的其他违法行为，包括具体行政行为和与行政机关及其工作人员行使行政职权有关的，给公民、法人或者其他组织造成损害的，违反行政职责的行为，这些行为都应该在国家赔偿的范围内。

3. 损害范围界定狭窄，局限于人身权与财产权的损害赔偿。

我国《国家赔偿法》在行政赔偿的损害范围方面，仅规定了行政机关及其工作人员行使职权造成的公民人身权、财产权损害，而对诸如受教育权、政治权利等其他实体权利以及一些重要的程序性权利则被排除在外。

（二）扩大行政赔偿范围之思考

虽然2012年修改的《国家赔偿法》较之旧法在许多方面都有所突破，但就赔偿范围而言，我国行政赔偿的范围依然较为狭窄。由于行政赔偿范围的扩大受到多种因素影响，我们从以下几个方面对扩大行政赔偿范围给予理论上的思考。

1. 从立法模式角度

受制于严格的列举式是我国行政赔偿范围过窄的主要原因。我们认为，国家赔偿范围应该随着社会经济的发展逐渐有序扩展，具体可以采取两种方法①：一种就是通过司法解释，对当前《国家赔偿法》的模式进行解释；另一种就是修改《国家赔偿法》，把立法模式明确为肯定的概括式规定与否定的列举式规定。就立法技术而言，采用以肯定概括式和否定列举式相结合的立法例将能够最大限度地使行政机关及其工作人员给相对人造成的损害纳入行政赔偿的范畴。只要是违法行使职权造成损害的，一律属于赔偿范围，无须逐一肯定列举；而确实需要排除的事项或行为，采用否定列举的形式予以排除。二者是此消彼长的反比关系，排除范围越大，赔偿范围越小，反之，凡不属于列举排除的事项，一律予以赔偿。

---

① 杨小君．国家赔偿法律问题研究．北京：北京大学出版社，2005：16-17.

2. 从侵权行为范围角度

目前行政赔偿的侵权行为范围，《国家赔偿法》规定为具体行政行为和事实行为。这一规定范围无疑过于狭窄。我们可从以下方面予以扩大：

（1）抽象行政行为。抽象行政行为，是指行政机关以不特定的人或事为对象所实施的具有普遍约束力的行政行为，即行政机关制定和颁布普遍性行为规范的活动。我国《行政诉讼法》将其排除在受案范围之外，《国家赔偿法》对抽象行政行为侵犯相对人合法权益造成的损害也不予以赔偿。然而，抽象行政行为也是行政行为，其同样会直接侵犯行政相对人的权益。目前，我国抽象行政行为“部门立法”现象严重，制定主体混乱，职权交叉、制定主体越权情况严重，以抽象行政行为之名行具体行政行为之实的现象也大量存在。如果相对人的合法权益受到抽象行政行为侵害却无法得到保护和救济，明显有失公允，是不符合现代法治精神的。而且，随着行政复议法中关于“行政复议可以附带抽象行政行为”规定的实践，将抽象行政行为中规章以下的规范性文件纳入行政赔偿的范围，具有现实可行性，也符合行政法治发展的必然趋势。

（2）自由裁量行政行为。按照当前国家赔偿法的规定，自由裁量行政行为并没有被纳入行政赔偿范围。在自由裁量行政行为中，合法但不当的自由裁量行政行为所引发的侵权是大量存在的。既然对相对人合法权益造成了损害，本着“有损害即有赔偿”的精神，就理应给予赔偿或者补偿。当然，由于行政管理活动的复杂性与多变性，并不是所有的自由裁量行为都将引起行政赔偿，只有那些违背了公平公正精神、合乎情理要求，超越了可容忍范围的严重不当自由裁量行为，才应被纳入行政赔偿的范围之中。

3. 从损害范围的角度

我国国家赔偿法对受到侵害后能够获得国家赔偿的权利内容、种类进行了规定和限制，这直接导致除了人身权、财产权之外其他权利遭到国家公权力侵害后无法得到有效的赔偿。如果说这种做法在立法当初尚有合理之处，能够与当时的社会经济文化相适应，那么经过这几十年的飞速发展，这种做法已经与当前社会经济的发展，与民主法治的要求格格不入了。因此，国家赔偿法应该适时将对人身权、财产权的保障拓展到其他权利的保障上。从实践来看，诸如“平等权”“知情权”等大量的新型权利对于行政相对人而言，其重要性并不逊色于传统的“人身权”“财产权”，因此，国家赔偿法的赔偿范围应该逐渐拓展到所有的权利，及时取消国家赔偿范围对权利的限制。①

第三节　刑事赔偿范围

国家赔偿由行政赔偿与司法赔偿两部分组成，而司法赔偿由司法损害所引起。所谓司法损害，是指国家司法机关在行使司法权的过程中违法侵犯公民、法人和其他组织的合法权益而造成的损害。以司法损害所发生的领域为标准，司法赔偿包括刑事赔偿与民事、行政诉讼中的侵权损害赔偿。

---

① 杨小君．国家赔偿法律问题研究．北京：北京大学出版社，2005：48.

一、刑事赔偿范围界定

刑事赔偿是司法机关在行使刑罚权过程中，因刑事司法侵权而应对受害人承担的赔偿责任。[①] 也就是指行使国家侦查、检察、审判职权的机关、看守所、监狱管理机关及其工作人员在刑事诉讼过程中违法行使职权，造成公民、法人和其他组织的人身权或者财产权损害而产生的国家赔偿责任。而刑事赔偿范围，即指国家应当对哪些刑事司法侵权行为造成的哪些损害承担赔偿责任。

根据《国家赔偿法》第17条和第18条的规定，国家承担刑事赔偿的范围主要包括侵犯人身权和侵犯财产权的事项，而侵犯人身权主要有侵犯人身自由权和侵犯生命健康权两种情形，具体而言：

1. 侵犯人身权的赔偿范围

（1）违反刑事诉讼法的规定对公民采取拘留措施的，或者依照刑事诉讼法规定的条件和程序对公民采取拘留措施，但是拘留时间超过刑事诉讼法规定的时限，其后决定撤销案件、不起诉或者判决宣告无罪终止追究刑事责任的。主要包括，侦查机关明知被拘留的人没有犯罪或缺少证明其犯罪的证据，仍将其拘留的；侦查机关拘留被拘留人后，经讯问发现不应拘留，但不予释放的或延期释放的；侦查机关实施拘留时，有一定事实证明被拘留人有重大嫌疑，但是经讯问仅属于一般违法行为，不应拘留的，而仍然不予释放等。根据《刑事诉讼法》的规定，拘留都是针对紧急状况，一般10天，案件重大、复杂的不超过14天，对流窜作案、多次作案、结伙作案的重大嫌疑分子的拘留期限不超过37天。在相应的情形下，若侦查机关对公民的拘留时间超过第69条所规定的时间，并且最后终止追究刑事责任的，侦查机关应当承担赔偿责任。

（2）对公民采取逮捕措施后，决定撤销案件、不起诉或者判决宣告无罪终止追究刑事责任的。根据《刑事诉讼法》第163条的规定，公安机关在侦查过程中，发现不应对犯罪嫌疑人追究刑事责任的，应当撤销案件；犯罪嫌疑人已被逮捕的，应当立即释放，发给释放证明，并且通知原批准逮捕的人民检察院。同样，如果人民检察院在直接受理的案件侦查终结后认为，犯罪嫌疑人没有实施犯罪行为，或者虽然实施了犯罪行为，但依法应当不予追究，则应撤销案件；不起诉是指人民检察院对公安机关侦查终结移送起诉的案件和自行侦查终结的刑事案件进行审查后，认为犯罪嫌疑人的行为不构成犯罪或依法不应追究刑事责任，以及不需要判处刑罚或者免除刑罚的，决定不将犯罪嫌疑人移交人民法院审判的一种诉讼活动。具体包括：法定不起诉、存疑不起诉和酌定不起诉。不起诉决定的法律效力在于不将案件交付法院审判最终终止刑事诉讼。无罪判决是人民法院作出的确认被告人的行为不构成犯罪或者因证据不足，不能认定被告人有罪的判决。无罪判决分为两种：一种是《刑事诉讼法》第200条第2项规定的，即依据法律认定被告人无罪的，应当作出无罪判决；另一种是第200条第3项规定“证据不足，不能认定被告人有罪的，应当作出证据不足、指控的犯罪不能成立的无罪判决”。

（3）依照审判监督程序再审改判无罪，原判刑罚已经执行的。审判监督程序，是指人民法

---

① 房绍坤，毕可志编著．国家赔偿法学．北京：北京大学出版社，2004：238.

院、人民检察院对已经发生法律效力的判决、裁定，发现在认定事实或者适用法律上确有错误，依法提出并由人民法院进行重新审理的诉讼程序。只有审判监督程序中确认被告人无罪，而撤销原判决的，国家才能予以赔偿。尤其值得注意的是，只有是无罪被错判才涉及国家赔偿。

(4) 刑讯逼供或者以殴打、虐待等行为或者唆使、放纵他人以殴打、虐待等行为造成公民身体伤害或者死亡的。

(5) 违法使用武器、警械造成公民身体伤害或者死亡的。

2. 侵犯财产权的赔偿范围

(1) 违法对财产采取查封、扣押、冻结、追缴等措施的。在刑事侦查、审判、执行等过程中，对财产采取查封、扣押、冻结、追缴等措施，是法律赋予有关国家机关的一项职权，其目的在于保证刑事诉讼正常进行。但是，有关机关如果违反相关法律规范，则应该对违法采取各种措施所造成的财产损失进行赔偿。

(2) 依照审判监督程序再审改判无罪，原判罚金、没收财产已经执行的。罚金、没收财产是我国刑罚中的两种附加刑。对无罪错判的案件，除了对刑事部分进行赔偿外，对于判处罚金或没收财产等附加刑并已经执行的，国家也要予以赔偿。

二、对刑事赔偿范围的几点思考

(一) 现行赔偿范围之缺陷

我国目前的刑事赔偿范围立法，除了在立法模式上采取严格列举方式，总体而言比较狭窄外，还存在某些对赔偿范围造成深刻影响的缺陷，具体体现在：

1. 无罪羁押赔偿原则，对刑事赔偿范围构成极大限制。

我国实行无罪羁押赔偿原则，强调赔偿的“无罪”前提。这意味着当出现以下情形时，国家都不承担刑事赔偿责任：一是有罪羁押不赔，只要受害人实施了犯罪行为，即使拘留、逮捕和判处刑罚存在违法或错误的情形，如超期羁押、轻罪重判、免予刑事处罚或犯此罪而被宣判彼罪的，国家都不予赔偿；二是无罪未羁押不赔，即使对无罪受害人限制了人身自由或者对判处管制、缓刑、剥夺政治权利等未羁押的行为都不予赔偿。这一原则严重限制了刑事赔偿的范围，损害了受害人的合法权益。

2. 刑事赔偿请求人范围过于狭窄，排除了对其他人合法权益损害的赔偿。

从我国刑事赔偿范围的法律规定以及法学界和司法实践来看，刑事赔偿请求人范围仅仅局限于刑事被追诉者，即犯罪嫌疑人、被告人、罪犯，而刑事案件被害人、其他诉讼参与人和案外人等非刑事被追诉者，都不享有刑事赔偿请求人资格，对后者合法权益的损害，无法获得正当的保护与救济。

3. 刑事赔偿的侵权行为范围狭窄，诸多侵权事项未纳入刑事赔偿范围。

从刑事诉讼的全过程来看，即从立案、侦查、起诉、审判到执行等各个阶段，刑事侵权的可能性是一直存在的，而列入刑事赔偿范围的侵权行为仅有 7 项，对于违法立案，违法拘传、取保候审、监视居住，侦查和起诉阶段中的违法传唤、询问、讯问、勘验、检查、搜查等，审判阶段的无罪判有罪、轻罪重判等，执行阶段的超期服刑等，均没有纳入刑事赔偿范围，可以说对受害人合法权益的保护与救济是相当薄弱的。

4. 刑事赔偿范围中的合法权益范围、损害赔偿范围界定过窄。

根据《国家赔偿法》第 2 条的规定，刑事赔偿是对公民、法人和其他组织合法权益损害的赔偿。但目前，我国刑事赔偿的合法权益范围仅局限于人身自由权、生命健康权、财产权三种权利，对其他合法权益的损害无法得到赔偿。此外，对于公民有重大影响的刑事侵害，虽然《国家赔偿法》第 33、34、35、36 条规定的计算标准较之以前已经有所进步，但是，依然限于直接损失，而且在赔偿数额上还有法定最高额限制。

（二）扩大刑事诉讼赔偿范围的思考

公正是司法的生命，保障人权，凸显刑事诉讼法的价值所在。刑事赔偿立法应当以促进司法公正、保障人权为根本目的，进一步扩大刑事赔偿范围是法治国家实现刑事赔偿立法目的的必然要求。我们以为，可从以下方面予以改善：

1. 实行非法羁押赔偿原则。

我国长期以来强调刑事赔偿必须以“无罪”为前提，对其他不法羁押如有罪而超期羁押、轻罪重判等损害当事人合法权益的情形不予赔偿，限制了刑事赔偿范围。非法羁押是对人身自由权的严重侵犯，如果侵权而得不到救济，是与法治的要求背道而驰的，不符合国家赔偿法的立法目的。

2. 扩大刑事赔偿请求人范围。

在刑事诉讼中，当事人和其他诉讼参与人可以分为刑事被追诉者和非刑事被追诉者两类，但他们都可能成为刑事司法侵权的对象，如：强迫证人出庭作证，违法对其使用械具、暴力逼取证言；违法对取保候审保证人罚款；违法对诉讼参与人或者旁听人员采取拘留、罚款等排除妨害诉讼的强制措施；等等。将刑事赔偿请求人范围作扩大解释，既包括刑事被追诉者也包括非刑事被追诉者，对后者合法权益的非法侵犯，国家也应当给予赔偿，是符合国家赔偿立法精神的。

3. 扩大刑事赔偿的侵权行为范围和损害赔偿范围。

在刑事诉讼过程中，只要公安、司法机关实施侵害公民合法权益的任何行为，在符合相应要件的情况下，均应纳入赔偿范围。在损害赔偿范围内，除直接的物质损失赔偿外，还应有精神损害赔偿。

第四节　民事、行政司法赔偿范围

一、民事、行政司法赔偿范围界定

民事、行政诉讼中的侵权损害赔偿属于司法赔偿的重要组成部分，所谓民事、行政司法赔偿的范围，即指国家对在民事诉讼和行政诉讼过程中发生的，司法机关及其工作人员违法行使职权给公民、法人和其他组织的合法权益造成的哪些损害可以给予赔偿。

关于民事、行政诉讼司法赔偿范围的规定，我国现行《国家赔偿法》第 38 条做了肯定式列举：“人民法院在民事诉讼、行政诉讼过程中，违法采取对妨害诉讼的强制措施、保全措施或者对判决、裁定及其他生效法律文书执行错误，造成损害的，赔偿请求人要求赔偿的程序，适用本法刑事赔偿程序的规定。”根据最高人民法院《关于人民法院执行〈中华人民共和国国家赔偿法〉几个问题的解释》第 2 条规定，依照《国家赔偿法》第 38 条的规定，人民法院在民事诉讼、行政诉讼过程中，违法采取对妨害诉讼的强制措施、保全措施或者对判决、裁定及其他生效法律文书执行错误，造成损害，具有以下情形之一的，适用刑事赔偿程序予以赔偿：（1）错误实施司法拘留、罚款的；（2）实施《国家赔偿法》第 17 条第 4 项、第 5 项规定行为的；（3）实施《国家赔偿法》第 18 条第 1 项规定行为的。具体而言：

第一，排除妨害诉讼的强制措施所引发的赔偿。在民事、行政诉讼中强制措施主要有以下几种：（1）拘传。拘传是对于必须到庭的被告，经人民法院两次传票传唤，无正当理由拒绝出庭的，由人民法院派出司法警察，强制被传唤人到庭参加诉讼活动的一种强制措施。（2）责令具结悔过。责令具结悔过，是指在行政诉讼中如果当事人有轻微的妨害诉讼行为则审理行政诉讼的人民法院可以用书面方式责令违法者书面作出保证悔改的行为。该措施属于比较轻微的处罚形式，有时会和罚款、拘留等形式并用，目的是使得违法者认识自己行为的违法性和危害性并加以改正，保证不再犯。（3）训诫。训诫是指人民法院对轻微违反法庭规则的人，以口头方式予以严肃批评教育，并指出其行为的违法性和危害性，令其以后不得再犯的一种强制措施。（4）责令退出法庭。责令退出法庭是指人民法院对于违反法庭规则但程度不严重的人，强制其离开法庭的一种强制措施。（5）罚款。罚款是指人民法院对实施妨害诉讼行为情节比较严重的人，责令其在规定的时间内，缴纳一定数额的金钱的强制措施。（6）拘留。拘留是指人民法院对实施妨害诉讼行为情节相当严重的人，将其留置在特定的场所，在一定期限内限制其人身自由的强制措施。对于违法采取对妨害诉讼的强制措施最高人民法院《关于国家赔偿案件立案工作的规定》规定应当赔偿。最高人民法院《关于人民法院执行〈中华人民共和国国家赔偿法〉几个问题的解释》第 2 条中又规定了在民事、行政诉讼对妨害诉讼的强制措施中的错误司法拘留、罚款造成利益关系人损害，应予赔偿，对于其他形式的强制措施并没有明确规定。

第二，适用保全措施所引发的赔偿。保全措施分为证据保全和财产保全两种。证据保全是指在证据可能灭失或者以后难以取得的情况下，人民法院依诉讼参加人的申请或者依职权主动采取的保全措施。财产保全是指人民法院根据利害关系人的申请，或者依职权对与本案有关的财物采取的一种强制性措施。民事、行政诉讼司法赔偿中的违法保全一般仅限于违法财产保全。

第三，错误执行所引发的赔偿，即人民法院在对已经发生法律效力的判决、裁定、民事制裁决定、调解、支付令、仲裁裁决、具有强制执行效力的公证债权文书以及行政处罚、处理决定等进行执行过程中所引发的赔偿，具体包括：（1）查询、冻结、划拨被执行人的存款；（2）扣留、提取被执行人的收入；（3）查封、扣押、拍卖、变卖被执行人的财产；（4）搜查被执行人的财产；（5）强制被执行人交付法律文书指定的财物或者票证；（6）强制迁出房屋或者强制退出土地；（7）强制被执行人履行法律文书指定的行为。

由此可以看出，我国目前在民事、行政诉讼过程中，国家只对人民法院违法采取强制措施、保全措施，或者对判决、裁定及其他生效法律文书执行错误，对司法机关及其工作人员在民事诉讼、行政诉讼过程中的暴力行为与违法使用武器、警械行为造成的损害承担赔偿责任。

除此之外，按照最高人民法院《关于人民法院执行〈中华人民共和国国家赔偿法〉几个问题的解释》中的规定，在民事、行政诉讼中对以下两种行为不予赔偿：（1）民事、行政案件发生错判并已执行，依法应执行回转的。在此种情况下当事人因为法院在执行中所造成损失已经有了补偿就不用国家赔偿，否则可能会导致其因国家赔偿的存在而获利。(2) 当事人申请财产保全、先予执行错误的。在当事人申请的财产保全及先予执行中法律规定法院可以要求当事人提供担保，如果当事人不提供担保的，法院不实施财产保全或者先予执行。这样在当事人申请执行之时，如果发生错误则请求人所提供的担保可以对权利人提供保障。

二、关于民事、行政司法赔偿范围的思考

从上述法条规定模式可以看出，我国对民事、行政诉讼中发生的侵权损害行为，主要以列举式立法例的形式予以明确。按照现行《国家赔偿法》的规定，关于民事、行政诉讼司法赔偿首先是赔偿法定，也就是法律和司法解释明确规定属于赔偿范围的，才可以申请司法赔偿。其次，就是赔偿以所造成的直接损失为限。如最高人民法院赔偿委员会《关于人民法院错误执行造成的直接财产损失应当承担国家赔偿责任的批复》（[1998] 赔他字第 8 号）认为，蒲江县人民法院、彭州市人民法院应对错误执行造成的直接损失部分（差价部分、霉变坏损部分）承担国家赔偿责任。

那么，是否应该对民事、行政司法赔偿的范围进一步扩大并细化列举，或者增加兜底条款呢？这主要涉及两方面内容：一方面就是除刑事诉讼判决以外的其他裁判行为，如民事裁判、行政裁判等①；另一方面是除强制措施、裁判以外的“其他行使职权行为”。我们认为，回答这一问题要从国家赔偿的目的入手。从国家赔偿的产生、发展来看，构建国家赔偿制度，就是为了更妥帖地保护并救济受到国家公权力侵害的公民合法权益，而不是局限于法律明确设置的几个具体侵权行为中。即使是基于维护法院判决的既判力以及法院的独立性，也必须以合法裁判为前提。② 因此，只要在民事和行政诉讼过程中，法院行使公权力的职权行为使公民的合法权益受到侵害，就应当承担赔偿责任。

第五节　比较法上的赔偿范围

2012 年 10 月 26 日，第十一届全国人大常委会第二十九次会议审议通过了《关于修改〈中华人民共和国国家赔偿法〉的决定》(以下简称《决定》)。此次法律修改将更加有利于保障公民、法人和其他组织享有依法取得国家赔偿的权利，促进国家机关依法行使职权。但是，就国家赔偿范围而言，总体依然较为保守。本节从比较法角度，对国外主要国家赔偿范围情况加以梳理，以期有所借鉴。

---

① 民事、行政裁判行为不在国家赔偿范围之内，是因为“对于民事审判、行政审判中的错判，经法院改判后，应当按照改变后的判决，由一方当事人向对方履行义务，不宜列入国家赔偿的范围，国外一般也是这么做的”。见全国人大常委会法制工作委员会副主任胡康生 1993 年 10 月 22 日在第八届全国人民代表大会第四次会议上所作的《关于〈中华人民共和国国家赔偿法（草案）〉的说明》。

② 杨小君．国家赔偿法律问题研究．北京：北京大学出版社，2005：56－63.

一、立法赔偿

立法赔偿是指因法律规范本身违法给特定公民造成特别损害时，国家承担的赔偿责任。[①]我国目前因法律法规以及规范性文件对公民造成的利益损害不承担赔偿责任，而法国、德国等国家赔偿制度发达国家，立法赔偿早已是国家赔偿的重要组成部分。

法国立法赔偿的历史，可追溯到作为立法赔偿确立标志的 1938 年的 La Fleurette 案。法国政府为保护牛奶产业，立法禁止生产牛奶代制品，导致 La Fleurette 公司无法继续营业，遭受了特别损害，法国最高行政法院判决国家承担赔偿责任。[②] 但法国的立法赔偿有着严格的适用条件：仅针对涉及特定行业或特殊利益群体的立法；适用公平责任的归责原则，不审查立法的合法性；要求特定公民因该立法而受到特别重大损害，而且该损害是由立法直接造成的。

德国立法赔偿属于职务赔偿范围，只有在法律有明确规定的范围内才存在立法赔偿，主要针对规章、法规、命令、个案立法、措施立法和立法不作为等情况。而且如果立法机关尽到了应有的谨慎和注意，即使损害仍不可避免，也免除其赔偿责任。损害方面，财产损害包括可获得利益的损失，非财产损害限于人格、人身和生命。同时要求在立法与损害之间，存在着适当的因果关系。[③]

美国立法赔偿制度受其政体影响，区分为议会立法与行政立法，联邦政府和地方政府规定各有不同。如《美国联邦侵权赔偿法》将规章的制定排除在国家赔偿范围之外，但地方政府法令、条例和习惯违反宪法、法律的，承担赔偿责任。而且美国的立法赔偿范围受豁免权限制，在议员享有豁免权的范围内，国家不承担赔偿责任。[④]

从以上各国可以看出，立法赔偿不是绝对、全方位的国家赔偿，它只有在比较成熟、完善的法治条件下才能孕育发展，在适用上有着严格的限定条件。我国《国家赔偿法》虽然已经修订，但全面引入立法赔偿的时机还不成熟，还缺乏相应的政治理论支持和立法制度支持。但不是说，我国可以将此完全拒绝于国家赔偿范围之外，相反，应根据社会现实发展状况，逐步吸纳。我们认为，可首先从“其他规范性文件”入手，将其纳入国家赔偿范围体系，逐步开拓我国立法赔偿之新局面。

二、公共设施赔偿

公共设施赔偿是指因公共设施缺陷而导致公民权益受到损害的行政侵权赔偿。我国国家赔偿法目前对此没有相应的法律规定。但从有关国家和地区的规定来看[⑤]，普遍认为只有由公权力直接管理，并且直接以执行公权力任务为目的的公共设施赔偿，才属于国家赔偿的范畴。[⑥]

---

① 高家伟．国家赔偿法．北京：商务印书馆，2004：152.

② 王名扬．法国行政法．北京：中国政法大学出版社，1988：737－738.

③ 哈特穆特·毛雷尔．行政法学总论．高家伟译．北京：法律出版社，2000：623－634、647－650.

④ 王名扬：《美国行政法》．北京：中国政法大学出版社，1995：825、849.

⑤ 《德国国家赔偿法》第 1 条第 2 款，《日本国家赔偿法》第 2 条，《韩国国家赔偿法》第 5 条。

⑥ 高家伟．国家赔偿法．北京：商务印书馆，2004：160.

而已民营化的公共设施以及以合同形式独立经营管理的公共设施，以私法方式提供公共服务的，属于私法赔偿的范畴。不同的是，《德国国家赔偿法》认为在公共设施管理人能够证明自己没有过错的情况下，可以免责；而日本、韩国则认为，只要公共设施管理或本身存在缺陷，造成损害发生，除非公共设施管理人能够证明受害人有过错，或缺陷与损害之间没有因果关系，公共设施管理人都要承担赔偿责任。

我国目前国家赔偿立法中没有公共设施赔偿，而在现实生活中，因公共设施管理缺陷造成的公民人身、财产损害案件屡见不鲜，将公共设施赔偿纳入《国家赔偿法》的调整范围，更符合社会现实要求与国家赔偿立法精神。

三、精神损害赔偿

关于精神损害赔偿的理解，分为广、狭两义：广义的精神损害赔偿指因违法侵害人侵害人格权造成非财产性权益损害而产生的财产给付义务；狭义的精神损害赔偿限于因精神状态不正常而产生的财产给付义务。①

纵观世界各国，对精神损害进行国家赔偿已成各国通例。1900 年《德国民法典》将人格权和人身权分离，提出了非财产损害的抚慰金赔偿②，标志着精神损害赔偿制度的确立。《日本国家赔偿法》第 6 条规定："对侵害他人身体造成伤害的，应赔偿必要的疗养费、休业赔偿费及障害赔偿费；对侵犯生命权（造成死亡）的，应对被害人之继承人赔偿遗属赔偿费、殡葬费及慰抚金。"可见，《日本国家赔偿法》对人身侵权的精神损害赔偿持肯定态度。

法国国家赔偿的赔偿形式主要是金钱赔偿，精神损害赔偿也不例外。其精神损害赔偿的金额按损害的严重程度来确定。赔偿范围不仅包括了能以金钱计算的损害，也包括那些不产生物质后果，但确实能引起受害方巨大精神痛苦或个人尊严的损害，如对信仰、名誉、美观的损害和感情损害等。

在精神损害赔偿问题上，韩国法律规定：生命、健康受损害的被害者及近亲属可以在总统令所定的范围内，参照被害者的社会地位、过失程度、生活状况及损害赔偿额得到一定的精神慰问金。③

我国原来的国家赔偿法的损害范围中没有类似的规定。2001 年 3 月 10 日最高人民法院《关于确定民事侵权精神损害赔偿责任若干问题的解释》的出台表明我国在民事赔偿中确立了精神损害赔偿制度。经过社会各界人士的努力，此次修正后的新《国家赔偿法》吸收、借鉴了先进的理念。该法第 35 条明确规定："有本法第三条或者第十七条规定情形之一，致人精神损害的，应当在侵权行为影响的范围内，为受害人消除影响，恢复名誉，赔礼道歉；造成严重后果的，应当支付相应的精神损害抚慰金。"当然，国家支付精神损害抚慰金必须是"造成严重后果"，否则仍然适用消除影响、恢复名誉、赔礼道歉等手段作为救济措施。后果是否严重由赔偿义务机关或者法院来认定。

---

① 高家伟．国家赔偿法．北京：商务印书馆，2004：162.

② 《德国民法典》第 847 条。

③ 姜海顺．中韩两国国家赔偿法的比较．延边党校学报，2000（3）.

第六节 我国国家赔偿范围重构的展望

在中国法治进程中发挥了里程碑作用的《国家赔偿法》必须立足于我国国情，大胆吸收和借鉴西方发达国家关于赔偿范围的法律规定，扩大和重构我国的国家赔偿范围。虽然《国家赔偿法》的修订依然遵循原来立法的基本精神，在赔偿范围方面并没有较大的动作，但是，从比较法的角度以及理论层面而言，未来我国国家赔偿范围重构主要涉及以下方面：

一、改变国家赔偿范围立法模式，将严格的肯定列举式改为肯定概括与否定列举相结合的法律规定模式

目前我国主要是以肯定列举的方式来确定国家赔偿范围，这种方式在《国家赔偿法》的制定初期，适应了国家财力以及社会法律意识不高的现实状况，但随着社会经济形势的复杂化以及国家侵权情形的增加，暴露出严重的弊端。列举模式阻碍了国家赔偿范围的扩大，存在着“挂一漏万”的缺陷。因此，今后国家赔偿范围应该将“肯定列举式”改为“肯定概括与否定列举相结合”的法律规定模式，能够最大限度地使国家机关及其工作人员违法行使职权的行为以及因此造成的损害，都能纳入国家赔偿范围。在这一模式下，只要符合总的概括标准的行为或事项都属于国家赔偿范畴而无须逐一列举；而对于确实需要排除的事项和行为，用否定列举的方式进行逐一排除即可。这样就能使国家赔偿范围的模式成为肯定概括与否定列举的较完美结合，扩大国家赔偿的救济范围，真正起到保护公民、法人、其他组织合法权益的赔偿作用。

二、将受保障权利从“人身权、财产权”扩展到其他权利种类，扩展国家赔偿范围

我国《国家赔偿法》明确规定只有法定的权利种类——人身权和财产权受到侵害，国家才承担赔偿责任。即使是人身权的赔偿也仅仅限于人身自由权、生命权和健康权，其他人身权也并不在国家赔偿范围内。其与民法上的“人身权”概念体系相比要狭窄得多。尤其是随着社会经济的不断发展，人们已经越来越要求有全面的权利享受和权利保护，而不仅仅限于狭隘的人身自由、生命健康和财产权。[①] 因此，未来我国国家赔偿范围应该适时从人身权、财产权扩展到诸如选举权、公平竞争权等其他权利类型，最终只要其权利义务受到实际影响，就应该获得国家赔偿。

三、扩大行政赔偿的事项范围

目前行政赔偿的事项范围仅局限于《国家赔偿法》的列举性规定，而把大量的其他公务行

---

① 杨小君．国家赔偿法律问题研究．北京：北京大学出版社，2005：48.

为排除在外，导致行政赔偿范围的狭窄，不利于切实保障公民、法人和其他组织的合法权益。我们认为，应该扩大行政赔偿范围，具体包括：

（一）将制定规范性文件的抽象行政行为列入国家赔偿范围

我国国家赔偿法目前实行违法归责原则，那么国家机关职权行为，只要违法即可归责，抽象行政行为也不例外。而作为抽象行政行为的其他规范性文件，必然有其上位法的存在，也就有着违反上位法的可能。① 因此，将抽象行政行为纳入国家赔偿法的范畴是符合违法归责原则的，并没有理论上的太大障碍。而且，根据权利义务对等和公平负担原则，国家的立法行为造成公民、法人和其他组织合法权益损害的，也应予以赔偿。随着我国社会、经济的快速发展和国家赔偿制度的进一步完善，“有损害就有赔偿”应逐步成为国家赔偿立法精神的主流，法治社会、人权保障的理论基础要求国家应当对抽象行政行为承担相应的赔偿责任。

（二）公有公共设施造成的损害应该列入国家赔偿范围

公有公共设施损害是指由国家设置或管理的道路、河川、堤防、桥梁、铁路、下水道、自来水、煤气、纪念碑等公有公共设施因设置和管理上的缺陷而造成他人损害的情形。目前我国的国家赔偿法没有把公有公共设施造成的损害列入国家赔偿的范围。而公有公共设施服务于社会大众，明显体现了公共利益。由国家机关设立和管理的公共设施属于国有财产，始终有国家行政职能或者公共职能介于其中，当其管理或缺陷造成了相对人的损害，理应由公法性质的国家赔偿法调整，而不应由私法性质的民事法律调整。

（三）行政机关内部管理行为造成的损害应该列入国家赔偿范围

传统上认为，行政机关对其工作人员的违法奖惩任免等内部人事管理行虽然可能侵犯公务员的合法权益，但是基于行政法上的高权理论，行政公务人员不仅不能就此提起行政诉讼，也不属于国家赔偿的范围，因此严重影响了其合法权益。随着社会民主法治的不断发展和深化，人们越来越认识到，这些内部管理行为所造成的损害也应该被纳入国家赔偿的范围。

四、扩大刑事赔偿事项的范围

监视居住、取保候审、轻罪重判等行为也应该逐步纳入国家赔偿的范围。具体而言：第一，监视居住、取保候审等刑事强制措施虽然不如拘留、逮捕等措施对公民人身自由权利造成的侵害严重，但是，其也限制了人身自由，对公民的权利义务造成了一定的影响，只是程度不同而已。而且，这些刑事侦查措施必然会影响到公民的名誉权。因此，也应该将这些措施纳入国家赔偿法的范围。第二，按照现行法律规定，“依照审判监督程序再审改判无罪，原判刑罚已经执行的”属于国家赔偿的范围的，但是，前提条件是无罪判决，也就是人民法院作出的确认被告人的行为不构成犯罪或者因证据不足，不能认定被告人有罪的判决。除此之外，如轻罪重判，国家就不赔偿。显然，这种不予赔偿的做法无论从法理上还是从基本常识上都是站不住脚的。因此，未来国家赔偿法也应该将此类行为纳入赔偿范围。

---

① 杨小君．国家赔偿法律问题研究．北京：北京大学出版社，2005：25.

五、扩大民事、行政司法赔偿的范围

按照国家赔偿法的规定，人民法院在民事诉讼、行政诉讼过程中，违法采取对妨害诉讼的强制措施、保全措施或者对判决、裁定及其他生效法律文书执行错误，造成损害的，赔偿请求人要求赔偿的程序，适用本法刑事赔偿程序的规定。因此，纳入国家赔偿范围的民事、行政司法赔偿主要有以下几类：排除妨害诉讼的强制措施、保全措施和错误执行。但是，民事、行政诉讼过程中司法权还存在其他表现形式，例如，除刑事诉讼判决以外的其他裁判行为；除排除妨害诉讼的强制措施之外的其他权力行使方式。毫无疑问，法院的这些行为一样会影响到公民的权利义务关系。因此，国家赔偿范围也应该将这些在事实上侵害到公民权利义务关系的行为纳入国家赔偿的范围。

我国的国家赔偿制度产生较晚，而且受社会经济基础、国家政治体制、国家财力以及传统观念的影响，制度建构还很不成熟。而国家赔偿范围的大小在一定程度上反映了一个国家或者地区文明和社会发展的程度，也是衡量一个国家民主与法治程度的重要标尺。随着社会经济和民主法治建设的不断发展，国家赔偿范围的扩大不仅能够更好地促使国家机关依法行使职权，为权利主体提供有效的救济保障，也是公民社会的发展的必然要求，是真正达到维护社会公平、实现社会正义的重要途径。

问题与思考

1. 我国国家赔偿范围现行立法模式的缺陷在哪里？
2. 我国国家赔偿范围应该形成何种立法模式？
3. 我国国家赔偿范围较为狭窄的原因是什么？
4. 将抽象行政行为纳入国家赔偿范围的理由是什么？
5. 立法行为能纳入国家赔偿范围之中吗？
6. 精神损害赔偿的种类有哪些？
7. 公共公有设施的管理在现实生活中有哪些具体情况？带来了哪些法律问题？

第三章

国家赔偿的归责原则

本章概要

国家赔偿的归责原则（criterion of liability）为从法律价值上判断国家机关应否承担法律责任提供了最根本的依据和标准，它对于确定国家赔偿责任的构成及免责条件，举证责任的分担以及承担责任的程度都具有重大意义，因而，构成了国家赔偿法的理论基础。目前，归责原则主要有过错原则、无过错责任原则和违法原则三种，从发展趋势看，在一个国家之内采取混合的归责原则体系将成为一种常态。

关键术语

归责原则　过错原则　无过错责任原则　违法原则

第一节　概述

国家赔偿法上的归责原则就是指从法律价值上判断国家应否承担法律责任的最根本的依据和标准。在国家赔偿上之所以要研究和规定归责原则，就是要解决要求国家承担这种赔偿责任的最根本的原因是什么，或者说，判断和确认国家必须承担赔偿责任的最重要的、决定性的考量标准是什么。

在国家赔偿理论上，归责原则具有举足轻重的地位，它直接体现了国家赔偿法的立法目的，确定了国家承担赔偿责任的程度、范围和免责条件，对国家赔偿的其他具体制度也会产生重大影响。

首先，归责原则直接体现了国家赔偿法的立法目的。是以保护相对人的合法权益为主要目的，还是以监督国家机关及其工作人员依法行使职权为主要目的？还是兼而有之？[①] 无过错责任原则是一种客观归责，以结果论责任，不再纠缠造成损害的原因行为是否合法性，因

① 高家伟．国家赔偿法学．北京：工商出版社，2000：71－72.

此，其追求的目的显然就是注重补偿相对人的实际损失。而违法原则不仅关注对相对人损害的救济，而且也通过对致害行为的法律评价进一步监督国家机关及其工作人员依法行使职权。

其次，归责原则确定了国家承担责任的程度、范围和免责条件。如何确定归责原则，实际上是国家对财政支付能力、执法水平、社会诉求、国际影响等因素的综合考量结果。从深层次讲，这是与行政权博弈的过程与结果。行政法与其他法律是不一样的。在行政法上，国家本身成为行为规范与禁止的客体。要让具有绝对统治力的（imperium）、强有力的（powerful）国家来承担责任是不太容易的，不可能一蹴而就，在承担责任的范围与程度上必然会表现出一种渐进的发展过程。①

最后，归责原则对国家赔偿的其他制度也会产生重大影响。归责原则与国家赔偿的构成要件、举证责任分担、减轻责任等制度具有内在的关联性，也会对这些制度发挥影响与作用。②比如，在无过错责任原则、违法原则和过错原则之下，举证责任在当事人与国家机关之间的负担情况就会有差别。③

第二节 西方国家国家赔偿的归责原则

西方国家在国家赔偿制度中的归责原则体系的结构差异很大，比较有代表性的有三种：一是法国采用的以公务过错理论为主，无过错责任原则为辅的归责原则体系；二是德、日、英、美等国实行的以过错原则（主观过错）为归责原则的体系，但近年来无过错责任原则之适用也渐显端倪；三是瑞士独树一帜的违法原则体系。但不论归责原则体系结构如何，归责原则的种类不外乎过错原则、无过错责任原则与违法原则三种。

一、过错原则

近代国家赔偿理论是从民事侵权责任理论演绎而来，而民事侵权责任的理论基石是过错原则，许多深受民法学说影响的国家在确立国家赔偿制度时也援用了这项归责原则。④

根据对过错的衡量与认定标准，又可分为主观过错与公务过错两大流派。

1. 主观过错

自德国学者耶林创立“客观的不法与主观的不法”（objektive und subjektives Unrecht）的

---

① 比如，19世纪之后，法国行政法院很清楚地意识到，不可能把民法典（the Civil Code）适用到国家身上，让后者为其所有的过错承担赔偿责任。行政法院更愿意承认国家责任（state liability）既非一般也非抽象，而是因公务需要而有所不同。正是从这种谨慎的姿态出发，行政法院才能够一步一步地把国家责任拉平到（draw level with），甚至超过了（surpass）现在的民法责任水平（civil law liability）。Prosper Weil.“The Strength and Weakness of French Administrative Law”.（1965）*The Cambridge Law Journal*：244.

② 马怀德主编．国家赔偿问题研究．北京：法律出版社，2006：55.

③ 高家伟．国家赔偿法学．北京：工商出版社，2000：72－73.

④ 日本国会在制定《国家赔偿法》之际，终为保持与民法规定的一致性而采用过错原则，但对于公共营造物瑕疵所致损害的赔偿责任，则是以无过失原则为归责原则的。曹竞辉．国家赔偿法之理论与实务．台北：新丰文出版公司，1981：177－118.

概念之后，主观过错说在英、美、德、日等国的民法中逐渐占据主导地位。而这些国家赔偿理论演进的一个突出特点就是对民法的依附性极强。在这些国家中，国家对公务员不法行为承担国家赔偿责任的理论依据是民法中雇佣人对受雇佣人或代理人的义务。只有在受雇佣人或代理人（公务人员）执行职务行为构成国家侵权行为时，国家始负责任。而这种责任成立的关键在于确定受雇佣人或代理人执行职务时存在过错。这里，过错的含义与民法中规定的相同，指违法行为人对其违法行为及后果的一种心理态度（故意或过失）。

国家赔偿责任与民事侵权责任同属法律责任范畴，其法学原理有相通之处，且民事侵权理论历史源远流长，体系较为完善，因而，从历史发展的角度看，后起之国家赔偿理论援用民事侵权理论，这是很自然的。

但是，主观过错原则会造成追究国家赔偿责任的难度。这是因为，第一，根据主观过错理论，受害人要追究国家机关赔偿责任，必须首先确定具体的过错行为人，即指出过错出自何人。但在集体决策、程序复杂、不公开或者公务员行为系执行上级命令或经上级批准等情况下，很难做到这点。第二，从主观心理角度认定过错，对于法官和受害人都是沉重的负担，不利于实现国家赔偿责任保障相对人合法权益的目的。第三，以过错之有无作为国家赔偿责任成立与否的根本衡量标准，在不法行政但无过错的情况下，会导致救济的不周延。① 鉴此，实行主观过错说的国家的学者对此提出了批判。②

2. 公务过错

法国行政法院自 Pelletier 案后通过判例形成了独特的公务过错理论。所谓公务过错，是指公务活动欠缺正常的标准。③

这种过错与传统民法或刑法意义上的过错是有区别的，体现为：第一，公务过错与个人过错相脱离，它来源于公务人员，但不能归责于公务人员。正如法国学者 Viney 所指出的，个人的该受责备与行政法的过错无关。第二，公务过错为客观过错，其主观道德的应受谴责性则淡化，而成为虚拟的过错。法国学者 Benoit 就指出，主观和道德方面的过错在行政法的过错概念中只起第二层次的作用，这里的过错只意味着不当履行公务，对这种过错进行“拟人”的定义，只会是蹩脚的模仿。④

因此，在某种程度上说，公务过错概念与违法性概念趋于统一。但两者仍旧有些微差别。首先，公务过错的目的仍在“保护当事人的主观权利”，它仍未超出过错原则的藩篱；违法则是对行为的合法性评价，“目的在于保障法治原则的实现”⑤。其次，构成公务过错的客观方面不仅涵盖了违法行为，而且还包括某些合法但有瑕疵的行为。⑥ 因此，其概念外延要比违法性概念大。

法国在判例基础上建立的公务过错理论非常独特，有其优越性：第一，公务过错已完全从

---

① 英国行政法全面审查委员会报告中指出，显然，需要进行改革，以便向那些因不法行政但不涉及过错所致损害的当事人提供救济。*Administrative Justice-Some Necessary Reforms*（*Report of the Committee of the Justice-All Souls Review of Administrative Law in the United Kingdom*）. Oxford Clarendon Press，1988：p. 331.

② 美国哥伦比亚大学法学院乔治·贝尔蒙教授 1989 年来华演讲稿（行政立法研究组编．行政立法研究参考资料．第 14 辑）；周汉华，何峻．外国国家赔偿制度比较．北京：警察教育出版社，1992：203.

③ 王名扬．法国行政法．北京：中国政法大学出版社，1989：698.

④ 周汉华，何峻．外国国家赔偿制度比较．北京：警官教育出版社，1992：92.

⑤ 王名扬．法国行政法．北京：中国政法大学出版社，1989：701.

⑥ 周伟．法国行政赔偿制度．比较法研究，1990（2）.

个人主观过错中摆脱出来，而以不当履行职务为客观评价，这就使司法审判认定标准趋于客观化，便于实际操作。同时，过错推定技术的运用又大大减轻了受害人举证负担。第二，公务过错涵盖的范围极广，不仅包括违法行为，还包括某些合法但有瑕疵的行为。从救济角度讲，其给予受害人保护面很广，同时，法国行政法院还引入危险责任原则来弥补公务过错对行政危险救济的不周延，所有这些，使得法国国家赔偿范围之广，几乎世界各国无出其右者。正因如此，公务过错理论得到了西方国家许多学者的赞誉。

但是，公务过错理论也并非完美无瑕，其也存在缺点，或者更确切地说，是操作技术上的缺点。首先，公务过错概念的形成，主要是由于法国学者深受过失主义之影响，勉强将过失之概念附会于公法制度上之结果。因此，公务过错虽然不存在主观性，其内容及衡量标准都已走向客观化，但仍舍不得割断与过错原则相连的脐带，仍意在"保护当事人的主观权利"，这就使得公务过错客观化不够彻底，仍带有一些主观虚拟色彩。其次，法国自1873年Pelletier案始区分公务过错（faute de service）和个人过错（faute personnelle），但这两个概念含义如何，究竟如何区别，理论上歧见纷纭。而实务中认定的个人过错中，有许多情形都是假借职权实施的，例如，有权下令敲打教堂钟声的市长，明知僧侣举行丧葬仪式中禁止鸣钟，却故意鸣钟，使僧侣受到困扰。又如，警察存心报复，逮捕非犯罪嫌疑人。这些理应由国家对受害人承担责任，但法国却责令由有个人过错的公务员个人承担责任。由于公务员个人财力有限，往往不能充分满足受害人赔偿要求。为避免置受害人于不利地位，法国在判例法中又规定了过失重复与责任重复，而这涉及法院管辖问题，受害人为选择适格法院，又得花费大量时间，很不方便。因此，这种公务过错与个人过错的划分，非但没有简化赔偿问题，反而使之复杂化了。①

3. 对过错原则的修正

西方国家在援用过错原则的同时，也注意对其进行某些修正与弥补，以利于保障私人利益。具体表现为两方面：

（1）采用初步证明理论或过错推定技术，以减轻受害人的举证责任。

过错原则实行"谁主张，谁举证"的原则，要受害人对行政机关及其公务员的过错举证，在有些情况下（如需要专门技术或专业法律知识等）是非常困难的。为了弥补这一缺陷，德、日等国运用初步证明理论（theorie de prima facie，Beweis des ersten Anscheins），法国采用过错推定技术来减轻受害人举证负担。初步证明理论主张，受害人应先提出初步证据，这些证据虽不能直接证明被告故意或过失的待证事实，但足以推定待证事实之真伪存否，被告除能提出反证外，不能免责。②

过错推定是17世纪法国法官多马创立的，法国行政法院借鉴了这一法律技术。过错推定就是受害人只需证明损害是行政机关行为所致，法院即推定行政机关有过错，如行政机关不能证明自己无过错，就应负赔偿责任。③

从效果上看，过错推定和初步证明理论都能减轻受害人的举证负担，但两者的区别也是明

① 曹竞辉．国家赔偿法之理论与实务．台北：新丰文出版公司，1981：196、197、201.

② 诚仲模．行政法之基础理论．台北：三民书局，1983：585、618.

③ 王名扬．法国行政法．北京：中国政法大学出版社，1989：702.

显的，过错推定是采取举证责任倒置的方法，由被告负全部举证责任。而初步证明理论却要求原告负初步举证责任，然后推定指控事实成立，再由被告提出反证来最后确定事实真伪。相较而言，过错推定更有利于受害人。

（2）引入无过错责任原则、公平原则来弥补过错原则之不足。[①]

二、无过错责任原则

无过错责任原则产生的时代背景为 19 世纪下半叶，随着科学技术的迅猛发展以及政府权力的不断扩张，公务活动造成的异常危险状态剧增。在这种状态下，即使不存在过错或违法，亦有可能导致公民合法权益的损害。而过错原则对此种损害的救济则显得力不从心。为弥补过错原则对此种损害的救济不周延，无过错责任原则也就应运而生了。

无过错责任原则，也称危险理论或危险责任原则，这是一种独立于过错或违法概念之外的理论，根据这一理论，公民对于特定行为造成的损害有权请求赔偿，而不考虑该行为是违法还是合法，有过错还是绝对不受谴责。[②] 依通说，无过错责任原则的思想理论基础为社会连带主义思想与公共负担人人平等原则。

但是，无过错责任原则会极大地扩展国家承担赔偿的范围，增加国家财政的支出，所以，西方国家在适用无过错责任原则时都极力避免其一般化，而仅仅将其适用范围局限于危险行为之中，从而使该原则在整个归责原则体系中始终处于辅助与从属地位。

法国无过错责任的概念在《法国民法典》（第 1382 条以下）已发其端绪。但公法领域中的行政无过错责任原则是 19 世纪以后行政法院通过判例确立的，其最初仅适用于因公共财产造成的危险责任，后来逐渐扩展到因公共职业、相邻关系，拒绝执行法律判决和立法等产生的危险责任中。德国无过错责任的形成是受法国无过错责任理论的影响，早在魏玛宪法时代，在实务中就有关于无过错责任的判例。[③] 但与法国不同，德国无过错责任原则并未普遍采纳，仅在个别法规中予以例外适用。[④]《美国联邦侵权赔偿法》没有规定联邦政府无过错责任，对于联邦政府的危险行为（dangerous activity）造成的损害，受害人必须仰仗联邦政府官员出于维护行政机关的良好形象或为了避免激起不期望的立法行为等原因而予以救济，或者由议会采用私法（private law）予以救济。因此，该法后来受到了批判。但州侵权法（State Tort Law）已普遍地规定了政府无过错责任。[⑤]

---

① 德国在立法中运用公平原则来解决违法但无过错情况下的行政赔偿责任问题。1910 年《国家责任法》规定，官吏虽于无意识状态或于不能自由意识决定之精神障碍状态所致之损害，阻却其责任，国家仍应如同官吏有过失之情形，负赔偿之责，但以公平上有赔偿损害之必要者为限。

② Peter Cane，op. Cit.，p. 185.

③ 德国对于排泄物事件（Immissionsfalle），如铁路沿线居民因火车经过所受之煤烟污染，而享有损害赔偿请求权，通说认为该事件属于危险责任之一种，也可说是德国危险责任理论发展过程中之有力根据。曹竞辉．国家赔偿法之理论与实务．台北：新丰文出版公司，1981：172－173.

④ 诚仲模．行政法之基础理论．台北：三民书局，1983：572、621、622.

⑤ Peter L. Strauss. *An Introduction to Administrative Justice in the United States*. Carolina Academic Press，1989：pp. 274－275.

英国侵权法根据 Rylands v. Fletcher 案判决①，要求危险物泄漏者承担严格责任。② 严格责任（strict liability）指被告行为造成原告的某种明显（prima facie）的损害时，就要负责，而一般不考虑被告的过错。但是，将 Rylands v. Fletcher 案判决适用于行政机关，则要受到限制。首先，行政机关可以以其将危险物携带入本地区的行为系根据法律明文或必要默示授权进行的为理由，而免于承担责任。当然，如果行政机关存在过错，则应负责，但过错的举证责任由原告负担。③ 其次，严格责任还可以以自然原因为免责事由。例如，在 Dune vs. North Western Gas Board（1963）案中，法院判决被告煤气公司对煤气从管道中泄漏而引起爆炸造成的损害不负责任，因为煤气泄漏不是由于被告过失，而是自来水管破裂所致。④

然而，随着核能、煤气、电力等危险事业利用日益广泛，这种严格责任已无法周密地保障公民合法权益了，因此，英国法律委员会（Law Commission）对上述 Dune vs. North Western Gas Board（1963）案判决提出了异议：煤气爆炸的风险应该由受害人承担，还是应该尽可能地将这种负担扩大，由纳税者集体负担，或最低限度，通过调节税收由享用煤气的社会成员负担?⑤ 法律委员会倡议以无过错原则代替严格责任。在此推动下，英国在后来的立法中对无过错责任作了规定，例如，1965 年核装备法、煤气法，1972 年有毒废品安置法等。⑥

无过错责任原则在归责问题上完全摆脱了原因行为性质（过错或违法）的束缚，而采取结果责任主义，这就使得其适用范围的大小直接取决于公共利益与相对人权益保障价值的权衡，正如 Peter Cane 指出的，其实际上涉及对政府行政行为的价值判断问题，即对政府行政行为所涉及的利益与政府行为所要实现的目的的价值之间的权衡。⑦ 正是这种价值判断的艰难，使这一归责原则的适用范围极其有限。但是，只要确定下来危险责任适用的领域，那么，在这个领域中将大大简化救济的法律要求，受害人只需证明其所受损害系由于政府活动所致，便能够实现其求偿要求，而无须评价原因行为的性质与内容（违法性或过错性），这就使得整个诉讼程序更加有利于保障相对人权益免受危险行为的侵害。

此外，无过错责任原则的理论价值还体现为其提供了将国家侵权责任与国家补偿责任合流的新思路，为现代国家侵权法的发展指明了方向。

三、违法原则

违法原则是以职务违法行为为归责的根本标准，而不问其过错有无。采取违法原则的国家

---

① 该案判决如下："……凡为个人目的，在其所在地带入、收集和保存那些一旦泄漏便可能造成损害的物品者，必须承担保管这些危险物品的风险。如果他未保管好这些危险物品，就必须对该危险物品泄漏而必然造成的所有损害负责。" S. D. Hotop. *Principles of Australian Administrative Law*. North Ryde N. S. W：Law Book Co. Ltd.，1985：p. 484.

② Peter Cane 认为严格责任与危险责任相同（Peter Cane. *An Introduction to Administrative Law. Oxford*：Clarendon Press，1992：p. 185）。其实不然，下文还会专门比较两者的差别。

③ S. D. Hotop，op. Cit.，p. 484.

④⑤ David Foulkes. *Administrative Law*. Butterworths，1982：pp. 374-376.

⑥ 王名扬 . 英国行政法 . 北京：中国政法大学出版社，1987：221.

⑦ Peter Cane，op. Cit.，pp. 185-186.

首推瑞士。① 1959年《瑞士联邦责任法》第3条规定："联邦对于公务员执行职务时，不法侵害他人权利者，不问该公务员有无过失，应负赔偿责任。"这种立法例显然是受到瑞士民法的影响，1911年修正的《瑞士债法典》规定："任何人以一种违法的方法给他人造成损害，不管是蓄意的，还是出于疏忽或大意，都必须赔偿损害。"瑞士联邦责任法中所指的违法，包括以下情形：(1) 违反法律秩序，明示或默示保护某种法益之法令或禁令；(2) 违反为避免执行职务时发生损害而设置的内部业务规定；(3) 滥用自由裁量权。

违法原则以职务违法行为为归责的根本标准，实现了认定标准的客观化，其在摆脱过错原则羁绊方面无疑比公务过错理论更加干净、彻底，不再带有丝毫主观虚拟色彩。在追究行政侵权责任方面，为当事人和法院提供了更大的便利。

但是，违法原则也存在着一些问题需要从理论与立法上予以解决：一是职务违法行为的判断标准如何界定更为合理？由于违法原则是以职务违法行为为归责的基础的，所以对这一概念的不同理解，会直接反映到救济范围的广狭。因而必须在立法上对此作出妥善之解释。二是违法的概念外延小于公务过错，从救济角度看，其提供的救济范围必然不如公务过错宽，如何在适用违法原则的同时拓宽救济范围，是立法者必须考虑的问题。三是瑞士联邦责任法贯彻违法原则不够彻底，其对法院认定赔偿金额及对非财产上损害的赔偿，仍须审酌加害公务员执行职务时有无过失，因而招致学者的批评。② 以此为鉴，以违法原则取代过错原则而为国家赔偿的归责原则，务使其精神自始至终贯彻于国家赔偿制度中，用违法原则的要求与精神来解决国家赔偿制度中原来由过错原则解决的问题，如共同侵权行为，受害人存有过错的情况下的责任承担问题，举证责任分配问题，等等。但怎样从理论及立法上予以圆满解决呢？这也是立法者必须回答的问题。

第三节　我国国家赔偿的归责原则

一、立法规定与理由

在我国国家赔偿法草拟过程中，尽管学者对国家赔偿的归责原则之选择众说纷纭，但主导性意见是采用违法原则③，该意见也为立法机关所采纳。现行的《国家赔偿法》第2条第1

---

① 有学者认为，瑞士联邦责任法采用的是无过失责任主义或无过错责任原则。曹竞辉．国家赔偿法之理论与实务．台北：新丰文出版公司，1981；肖胜喜．瑞士国家责任法评述．比较法研究，1990 (2)。本书认为，不宜混淆无过错责任原则（亦称危险责任原则）与违法原则，两者是有区别的，无过错责任原则是从损害结果出发，不考虑行为人是否存在过错或原因行为是否违法；而违法原则从原因行为出发，以行为违法为归责的基础。

② 曹竞辉．国家赔偿法之理论与实务．台北：新丰文出版公司，1981：222.

③ 对于我国国家赔偿法应采用什么归责原则问题，学术界曾进行热烈讨论。有的主张实行过错原则，如张辉．建立我国行政损害赔偿制度的几个问题．法律科学，1990 (1)；陈曾侠等．当前我国国家赔偿立法需要研究的几个问题．法学评论，1993 (3)。有的主张采用违法原则，如应松年，马怀德．国家赔偿立法探索．中国法学，1991 (5)。有的主张实行违法与明显不当责任原则，如罗豪才，袁曙宏．论我国国家赔偿的原则．中国法学，1991 (2)。还有的主张采取无过错责任原则，混合责任原则（即过错兼采无过错责任原则）等，如许崇德，皮纯协主编．新中国行政法学研究综述．北京：法律出版社，1991：552-556。

款规定："国家机关和国家机关工作人员行使职权，有本法规定的侵犯公民、法人和其他组织的合法权益的情形，造成损害的，受害人有依照本法取得国家赔偿的权利。"立法的理由是：

第一，实行违法原则，使之与行政诉讼法规定的合法性审查原则相呼应，保证了国家赔偿立法与行政诉讼法之间的内在和谐、统一，也符合法治原则、依法行政原则。

第二，违法原则简单明了，操作性强，方便诉讼，适应法院要求。国家赔偿的根本目的在于保障相对人的合法权益。这就要求国家赔偿制度中各项内容、措施的选择与设计必须围绕着这一目的进行。这就要求我们在抉择各项具体制度、原则时必须以这个标准作为衡量尺度。违法原则能够避免过错原则在认定上的困难，减轻原告的举证负担，原告无须证明侵权行为人主观上有无过错。①

与此同时，《国家赔偿法》还确定了无过错责任原则作为例外补充。《国家赔偿法》第 17 条、第 18 条规定，"依照审判监督程序再审改判无罪，原判刑罚已经执行的"和"依照审判监督程序再审改判无罪，原判罚金、没收财产已经执行的"，只要发生上述结果的，均适用国家赔偿。

二、违法的含义及判断标准

法哲学理论告诉我们，不同的方法论对违法概念的理解是不同的。用实证或规范分析的方法来理解违法概念，也许是最易为人们所接受的，也较符合法治和依法行政的理念。法治的理念就是通过法律规范的形式界定政府活动的空间来保障相对人权益不受非法侵害。因此，所谓违法，就是指政府活动违反法律规范，或者更严格地说，就是政府实施的行为违反了严格意义上的法律所规定的界限与规则。

一方面，这种对违法概念的实证主义认识，要想在社会现实中有功效，必须存在两个前提：一是社会中存在着完善的法律规范体系；二是假定这些法律规范体系是符合道德与正义的，能够适应社会发展的需要，并能达到促进社会的目的。这种对违法概念的实证主义认识的最大优点在于，它有利于维护现存的法律秩序，符合机械意义上的法治主义要求，因而为任何社会所不可缺少。但其缺点在于，限制与否定了法官在适用法律中的司法能动性，使案件的审理变为机械地套用现有法律，而不是机动地适用现有法律。

另一方面，规范分析或实证意义上的违法概念发挥功效的两个前提，在社会现实中并非完全存在。也就是说，在社会现实中总是存在着这样或那样的法律空白，存在着僵硬的法律条文与变动的社会生活之间的矛盾，如何使法律更加适应社会现实的需要，发挥其调节与规范作用呢？这就需要将自然法的正义与道德的观念、社会法学中的注重法律的社会效果的研究方法引入违法概念之中。也就是说，所谓违法，不但指违反法律规范，而且指违反法律原则，违反正义，道德或者不能产生良好的社会效益。但是，这样一来，我们很可能会遇到一个十分棘手的问题，那就是违法原则怎么与过错原则相区分。因为对违法的理解一旦进入实质意义，就会和过错原则发生交叉，至少从审判的具体标准与尺度的把握上讲，会有这样的问题。这是我们必须解决的。

---

① 应松年主编．国家赔偿法研究．北京：法律出版社，1995：83-84.

从目前的有关理论研究和行政审判实践看，对违法的理解基本上是套用《行政诉讼法》第70条规定的各种违法情形，包括认定事实错误、超越职权、违反法定程序、滥用职权等。[1] 但是，从《最高人民法院公报》收入的行政审判案件看，违反法律原则，同样会构成违法。比如，在“兰州常德物资开发部不服兰州市人民政府收回土地使用权批复案”（载《最高人民法院公报》2000年第4期）、“宋某某诉宿迁市建设局房屋拆迁补偿安置裁决案”（载《最高人民法院公报》2004年第8期）、“张某某诉徐州市人民政府房屋登记案”（载《最高人民法院公报》2005年第3期）中，都是在没有法律明确规定的情况下，法院直接依据正当程序原则，确认了原告应当享有告知、听取辩解和陈述等程序权利，而被告因没有实际履行上述程序，构成违法。

当然，由于《国家赔偿法》没有在立法上对什么是“违法”作出具体明确的解释，也造成了司法操作上的很多争议和问题，所以，建议在将来的《国家赔偿法》修改中，如果还要继续坚持违法原则，就务必作出详细的立法解释。

三、用违法原则解释国家赔偿中的相关制度问题

归责原则的价值并不仅仅体现为其是判断责任构成的最终界点，还应当体现为对责任承担的程度、责任分担以及举证责任分配问题的理论作用上。违法原则要在国家赔偿制度中确立其归责原则的地位，就必须在上述领域中消除过错原则的影响，取而代之。

1. 法院如何适用违法原则来认定赔偿金额及对非财产上的损害赔偿

对行为合法性评价（违法）的作用在于为国家赔偿责任的确立提供法律前提，即作为实现救济过程的启动机制。一旦救济程序启动，我们就无须对违法的程度再作进一步分析（严重违法或轻微违法），因为国家赔偿责任的根本目的在于弥补或恢复相对人权益因不法侵害所遭受的损失，这种损失弥补或恢复的程度不取决于违法程度，而取决于违法行为所产生的实际损害结果的大小。

对这种损害大小的衡量判定，我们可以分为以下两种情况：第一，对于财产损害，其损害程度可以表现为直接损失与间接损失，至于国家机关承担这种损失的程度与范围如何，则完全取决于国家财政。如果财政许可，那么承担两种损失为好。如果财政有限，那么可考虑先承担直接损失。第二，对于非财产上损害，则可根据一定的客观标准来确定赔偿数额，例如，对违法拘留的公民，可按其正常工作的平均日收入乘以违反拘留时间（以日计算）或其他合理的计算公式来确定赔偿金额。在赔偿金额的认定中，一律不考虑过错问题。

2. 举证责任如何分配

一般而言，由于违法行为是由国家机关主动实施的，更由于国家赔偿责任的意旨在于保障私人利益，因而在诉讼中，原则上应由国家机关对其行为的合法性负举证责任。

3. 共同侵权行为责任如何承担

对于两个以上国家机关或国家机关与其他公民、组织共同实施侵权行为致相对人合法权益

---

① 朱新力，余军．国家赔偿归责原则的实证分析．浙江大学学报（人文社会科学版），2004（2）（第35卷）．

损害的，由上述侵权人共同对受害人承担连带赔偿责任，他们之间的责任分担并非按照各自的过错程度，而是按照各自违法行为对损害发生所起的作用大小来决定。如果无法确定各自的作用，则按照平均分担原则处理。

4. 受害人存在过错时责任如何分担

不适用“过错相抵”原则，而应根据各自违法行为对损害发生的作用大小而定。如无法确定各自作用，则按平均分担原则处理。

第四节　我国国家赔偿归责原则的重构

一、成就与问题

自 1995 年《国家赔偿法》实施以来，在监督国家机关及其工作人员依法行使职权和保障相对人的合法权益方面，取得了显著的成绩。全国各地法院国家赔偿案件受理情况，大多呈逐年增长趋势。

但是，与此同时，问题与成就并存。据最高人民法院统计，从 1992 年到 2002 年，全国各级人民法院共受理单独提起行政赔偿案件 19 083 件。从 1995 年至 2002 年，共受理司法赔偿案件 12 853 件，决定赔偿 5 072 件。2003 年全国法院共受理司法赔偿案件 3 016 件，决定赔偿 1 065 件。从上述统计数据可以看出，国家赔偿案件的实际赔偿率不足 40%。[①] 对国家赔偿法上的归责原则在立法上与实践中存在的问题，也逐渐有了比较一致和深入的认识，大致包括：

1. 强调与行政诉讼法相衔接的立法思路桎梏了国家赔偿法本来可以取得的更大的进展。正如有学者指出的：“国家赔偿法在考虑与有关法律尤其是行政诉讼法相协调的同时……对于一些本可以取得的突破囿于行政诉讼法的规定，强求统一，成为对已有法律的简单注解和具体化。”[②] 实践中，把违法归责等同于国家职权行为的可被司法审查性；对违法原则的理解，等同于《行政诉讼法》之规定。因此，无法将实践中国家机关不违法但存在过错的情形包容进来，造成了赔偿范围过窄。一些理应赔偿的，却不能得到赔偿。

2. 从立法技术上，《国家赔偿法》第 2 条的原则性规定显然无法包括该法认可的刑事赔偿上的无过错责任原则。而且，刑事赔偿上的一些规定标准与刑事诉讼法的有关规定不吻合，容易导致实践部门在适用和理解上的分歧。比如，原《国家赔偿法》第 15 条第 1、2 项规定的“对没有犯罪事实或者没有事实证明有犯罪重大嫌疑的人错误拘留的”“对没有犯罪事实的人错误逮捕的”，公安机关和检察机关认为，只有对那些没有犯罪事实或者没有事实证明有犯罪重大嫌疑的人进行拘留或者逮捕的，才属于错拘、错捕，才要承担国家赔偿责任。如果拘留或者

① 国家赔偿法修改启动 此举将标志着法治社会实现，http：//www.southcn.com/law/lfdt/200408060319.htm.

② 皮纯协，冯军主编．国家赔偿法释论．北京：中国法制出版社，1994：76.

逮捕当时是有犯罪事实或者有事实证明有犯罪重大嫌疑的，符合《刑事诉讼法》规定的逮捕、拘留条件，即使以后审查排除了嫌疑或者没有犯罪，解除拘留、逮捕措施，也不应该赔偿。但是，法院却认为，错拘、错捕不是违法与否的问题，只要对拘留、逮捕之人不追究刑事责任或者作无罪宣告的，就应当属于错拘、错捕，就应当赔偿。①

二、修改建议

有的学者洞察到，十多年来的国家赔偿实践显示出，有违法行为造成的侵害，也有过错行为造成的侵害。要使国家赔偿能够涵盖这些情况，归责原则应改为违法或者过错，这两个条件不要求同时具备，而是只要满足其中的一个就可以了。② 有的学者认为，《国家赔偿法》实施中遇到的问题，根源在于违法原则着重对国家机关的行为进行评价，而国家赔偿责任的产生，不是基于对行为的评价和对行为主体的追究，而是基于损失负担的理由或根据。只要这种由国家职权行为造成的损失在法律上和理论上，不应当由当事人自己负担，或者说我们没有让当事人自己负担的根据，就应当基于公平或公共负担的原则，由全社会来共同负担，即由代表全社会利益的国家承担相应的赔偿责任。因此，国家赔偿的归责原则，应当是无过错或无根据原则，即受害人对于损失的后果无过错，法律上无负担这种损失的根据。在此原则之下，国家承担赔偿责任具体形式的归责标准有：违法标准、过错标准、结果标准、无过错标准及风险标准等。这些归责标准分别适用于不同的国家赔偿事项范围。③

我们认为，由于国家赔偿只是侵权行为法中的一种特殊情形，从历史发展看，其归责的理论基础实际上早已为民事侵权法的发展所揭示④，因而没有必要在这种共性之外勉强地去寻求公法上赔偿的个性。而且，从制度实施的实际效果看，国家赔偿的程度与范围至少不应低于民事赔偿。因此，在国家赔偿上采取与民法相同的过错原则是理所当然的。但是，考虑到我国《国家赔偿法》是将行政赔偿、冤狱赔偿（也称刑事赔偿）等多种赔偿类型熔为一炉，其中冤狱赔偿比较复杂，仅过错原则无法涵盖所有情形，所以，可能要针对一些特殊情形规定结果归责原则，对于公有公共设施的损害赔偿，要引入无过错责任原则。

因此，我们认为，在将来的《国家赔偿法》修改中应当确立这样的国家赔偿归责原则体系：以过错原则为主，适用于一般国家侵权责任之中；以无过错责任原则为辅，适用于特定的冤狱赔偿、公有公共设施赔偿之中。

---

① 杨小君．国家赔偿法律问题研究．北京：北京大学出版社，2005：100-111.

② 应松年教授在北京大学“北大天同论坛”所做的讲座“国家赔偿法的修改”，http：//www.gongfa.net/Show.aspx？ID=1153.

③ 杨小君．国家赔偿的归责原则与归责标准．法学研究，2003（2）．

④ 周汉华．论国家赔偿的过错责任原则．法学研究，1996（3）（总第104期）．周汉华认为，即使不制定专门的《国家赔偿法》，我们仍可以与许多国家一样，根据民法规范建立我国的国家赔偿制度。他还作了专门的、有一定说服力的论证。

问题与思考

1. 归责原则在国家赔偿法上有哪些重要意义？
2. 请分别阐述和评价过错原则、无过错责任原则和违法原则。
3. 如何理解违法原则中的违法？
4. 当前国家赔偿法上确定的归责原则存在哪些主要问题？如何解决？

第四章

国家赔偿的构成要件

本章概要

我们虽然有了判断责任构成的“最后界点”（Endpunkt）的归责原则，但是，单凭归责原则，我们仍然无法合理、全面地判断出国家机关实施的行为是否构成侵权责任，这就需要有较之于归责原则更加具体明确的责任构成要件。国家赔偿责任理论源自民事侵权理论，但由于国家机关行使私人完全不具有的法律权力与职责，就需要对有关理论进行某些修正。这种修正体现在责任构成要件上就是突出了国家权力的特点。在我国，尽管有“三要件说”与“四要件说”，但它们之间没有本质差别。总体来讲，国家赔偿责任的构成要件不可能缺少主体要件、行为要件、损害结果要件和因果关系要件。

关键术语

构成要件　主体要件　行为要件　损害结果要件　因果关系要件

第一节　概述

我们虽然有了判断责任构成的“最后界点”的归责原则，但是，单凭归责原则，我们仍然无法合理、全面地判断出国家机关实施的行为是否构成侵权责任，“这就需要有较之于归责原则更加具体明确的责任构成要件”①。所谓国家赔偿的构成要件，就是指要求国家承担赔偿责任必须具备的前提条件。

如前所述，国家赔偿责任理论主要是借鉴了民事侵权理论，但由于国家机关“是行使私人完全不具有的法律权力与职责，在将普通侵权法适用于行政机关时，就需要对其进行某些修正”②。这种修正体现在责任构成要件上就是突出了国家权力的特点。

① 王利明．侵权行为法归责原则研究．北京：中国政法大学出版社，1992：33.

② David Foulkes：*Administrative Law*：Butterworths，1982：p. 371.

例如，德国在肯定民事侵权责任构成要件中的（主观）过错、损害与因果关系这三个要素的同时，还增加了担任公职者、行使公共职务、违背对第三个所应履行的公职义务这三个要件。法国行政法院则通过判例创立了公务过错的概念，其责任构成要件由公务过错、损害与因果关系组成。日本基于公权力行使所致赔偿责任的构成要件包括主观要件与客观要件两个，其中主观要件由“必须行使国家或公共团体公权力之公务员”和“须公务员于执行职务时有故意或过失”两部分组成，而客观要件则包括：(1) 必须是公务员之违法行为；(2) 须因加害行为发生损害。普通法国家（如英国、澳大利亚等）虽然没有规定统一的责任构成要件，而是根据不同类型的侵权行为要求不同的责任构成要件，但这些要件中往往都强调了违背公职义务，如违背法定职责（breach of statuary duty）、滥用职权（misfeasance in a public office）等。

在我国，关于国家赔偿的构成要件有哪些，也有一些争论。有的学者认为，构成要件有三个：即损害的存在、违法行使职权的行为、侵权行为与损害结果的因果关系。① 但多数学者则认为，国家赔偿应该包括四个要件。② 我们认为，上述“三要件说”与“四要件说”之间没有本质差别，“三要件说”在形式上缺少的那个要件，实际上在具体阐释的时候也必然会涉及。总体来讲，国家赔偿责任的构成要件不可能缺少主体要件、行为要件、损害和因果关系。③

第二节　主体要件

职务行为主体在各国中依其政治体制、实践需要等而略有差异，但一般均指国家机关及其工作人员。唯西方国家一般不对“工作人员”的含义与范围作出明确立法解释，其用意在于根据实际需要，灵活地扩大这类人员的范围④，以便尽可能地扩大对相对人的救济范围。

在法国，这类人员的范围除了公务员外，还包括私法上合同雇用人员，征用人员、事实上的公务员、志愿自动为行政主体工作的人员等。⑤ 在德国，行政法院对这个概念的解释一直是采取任意的态度，认为即使代表国家实施行为的个人并没有获得国家的正式任命，国家也应对其行为负责。例如，行政法院曾在一个案件中判决国家对于一个被国家承认的但在一个私人机构中工作的汽车专家故意错误地出具一个证明车辆适宜在道路上行驶的咨询意见承担对第三人责任。⑥

在我国，根据《国家赔偿法》第 2 条的规定，构成侵权行为主体的必须是国家机关及其工

① 张树义主编．国家赔偿法使用手册．北京：法律出版社，1994：13-21；胡建淼主编．国家赔偿法教程．杭州：浙江人民出版社，1994：113；皮纯协，胡锦光．行政法与行政诉讼法教程．北京：中国广播电视大学出版社，1996；等等。

② 张正钊主编．国家赔偿制度研究．北京：中国人民大学出版社，1996；皮纯协，冯军主编．国家赔偿法释论．北京：中国法制出版社，1994；姜明安主编．行政法与行政诉讼法．北京：高等教育出版社，北京大学出版社，1999；等等。

③ 我国台湾地区学者廖义男认为，国家赔偿的构成要件可分为两类：一是因公务员之违法行为而生的国家赔偿责任，其构成要件为：(1) 行为人须为公务员；(2) 须为执行公务行使公权力之行为；(3) 须行为系为不法；(4) 须人民之自由或权利受到侵害；(5) 不法行为与损害之发生须有相当因果关系。二是因公共设施之设置或管理有欠缺而生之国家赔偿责任，其构成要件为：(1) 须为公有之公共设施。(2) 须公共设施之设置或管理有欠缺。(3) 须人民之生命、身体或财产受到损害。(4) 人民受到损害须与公共设施之设置或管理之欠缺具有相当因果关系。廖义男．国家赔偿法．台北：三民书局，1996：24-69.

④ 曹竞辉．国家赔偿法之理论与实务．台北：新文丰出版公司，1981：107.

⑤ 周汉华，何峻．外国国家赔偿制度比较．北京：警察教育出版社，1992：127.

⑥ M. P. 赛夫．德国行政法——普通法的分析．周伟译．台北：五南图书出版公司，1991：333.

作人员，这是国家赔偿主体要件的基本内涵。国家机关包括组织意义上的国家机关，以及实质意义上的国家机关。前者指行政机关以及行使侦查、检察、审判、监狱管理职权的机关，也就是正式列入国家机关序列的机关。后者指法律、法规、规章授权的组织，尽管外在形式上不是国家机关，却因为行使着法律、法规、规章授予的公权力而成为事实上的国家机关。

所谓“工作人员”，除了应包括法律、法规已经首肯的公务员，法律、法规、规章授权的组织成员，受行政机关委托执行公务的人员外，还应当包括事实上协助执行公务的人员。例如，某公民自愿主动地协助消防队员灭火、打通防火道，或者协助公安机关追捕罪犯，他就属于事实上执行公务的人员。当然，在具体承担赔偿问题上，事实上协助执行公务的人员的情况比较复杂，一般是在执行过程中因违法造成的损害由国家赔偿，比如缉捕犯罪嫌疑人的方法严重不当，但是，如果是执行公务任务已告完毕之后实施的侵权行为，比如，已经将小偷抓到、制服，为了泄愤而殴打小偷，就应属于其个人行为了。

第三节　行为要件

职务违法行为是国家赔偿责任中最根本的构成要件，它说明了国家承担赔偿责任的最根本的原因。所谓职务违法行为，是指违法执行职务的行为。在这个概念中，需要说明的有两点：一是什么是违法。这是职务违法行为的核心。二是“执行职务”的含义、认定标准与范围。这主要是解决违法所发生的特定领域或阶段问题，以此区别于民事或刑事违法。

一、违法的含义

违法就是违反了法律规定以及法律原则，包括认定事实错误、违反法定程序、超越职权、滥用职权等。

二、执行职务的含义、认定标准与范围

（一）执行职务的含义

所谓执行职务，就是行使职权的过程，或者说，在职权范围内实施的活动。

（二）执行职务的认定标准

理论上有主观说与客观说两种。

1. 主观说

英国与美国似更倾向于主观说，即以雇佣人的意思为判断标准，执行职务的范围也仅限于雇佣人命令受雇佣人办理的事项范围。

例如，在美国，如果雇佣人仅告诉受雇佣人执行职务的地点，而未告诉具体前往路线，结果受雇佣人在途中发生车祸，这种情况就属于执行职务。[①] 反之，如果雇佣人明确告诉受雇佣

① 曹竞辉．国家赔偿法之理论与实务．台北：新文丰出版公司，1981：43、228、229、246.

人执行职务的地点及前往路线，而受雇佣人却自己另行选择前往路线而致第三人伤亡的，这就不属于执行职务范畴。

在英国，执行职务也是以雇佣人规定的业务范围为限的，在 G. vs. G 案中，被告所辖之铁路工人，误认为原告未购买车票而将其拘留，由于铁路对未购买车票的旅客，照例有拘留的习惯，因此，法院认为这种行为属于执行职务；而 E. vs. L 案件中，被告工人误认原告有盗窃嫌疑而将其逮捕，这种行为则超出了铁路日常业务范围，因此，法院认为其不属于执行职务。①

2. 客观说

德国与日本均采用客观说，即以行为之外观为准，只要行为从外观上可认为属于社会观念上执行职务的范畴即可。② 德国行政法院在判例中就指出："无论一个人的一个具体行为是否必须被认为是一种行使公职的行为，都是由这个人所从事的行为之特定目的是否应当被认为是一种主权活动所决定的。如果属于一种主权活动，则无论在该行为的目的与造成损害之行为之间是否存在着一种紧密的内部的联系和外部的联系，那么，这种活动同样地必须被认为属于主权活动的范围。"③

日本学者与法院近年来也倾向于采取外界标准理论，根据这种理论，如果行政官员实施行为的程序与官员的义务有联系或附带联系，那么，行为客观上便具有行政官员义务范围之内的外界特征，即使该行为目的是出于个人目的，也应由国家承担赔偿责任。④ 例如，某警察身着制服，为个人私欲，佯装执行职务，将某位从车站走出的旅客拦住，带往郊外射杀，该行为被认为是执行公务，理由是其客观上具有执行职务外形。

我国台湾地区学者也多赞成客观说，史尚宽先生认为，行为之外观，为执行职务之范围，其范围为雇佣人选任监督之范围，于此范围内，雇佣人扩张其社会活动，延展其支配，其责任亦应随之延展，微之报偿理论及危险理论，均应如此解释，从而外观上为职务行为，有牵连之关系者，皆可认系职务行为。台湾地区司法判例中也持这种观点。⑤ 我国大陆学者中也有主张客观说的。⑥

我们认为，国家赔偿责任的主旨在于保障相对人的合法权益，而主观说却将执行职务囿于雇佣人意思范围之内，将日常生活中常发生的越权行为、滥用职权等排斥在执行职务范围之外，致使受害人权益不能得到有效救济，这种态度显然与国家赔偿责任之精神相悖，故主观说不可取。客观说用外观认识将侵权行为与应然执行职务行为（或行使公权力行为）联系起来，从而大大延展职务违法行为发生的领域，更加有利于保障相对人的合法利益，因而较为可取。

对于客观说的司法运用，应指出两点：第一，客观说的司法运用必须排斥事实上存在着非具公务员资格的不当得利者，因为客观说之所以主张扩张执行职务的范围，是基于国家对其公务员负有监督选任之责，如果事实上侵权行为人不具有公务员资格，那么，国家就没有义务为其承担责任，受害人在这种情况下可以向该不具有公务员资格的不当得利者（侵权行为人）求偿。比如，假冒警察上街罚款，应按不当得利来处理，如果构成刑事罪，可以追究其责任。第二，客观说的司法运用，实际上就是要解决侵权行为与职权或职责之间的牵连关系问题，由于这种牵连关系是无法用语言予以定量描述的，因而只能由法官在审理具体案件时，根据实际情况以及国家赔偿责任的根本要求予以自由裁量。

---

①② 曹竞辉．国家赔偿法之理论与实务．台北：新文丰出版公司，1981：43、228、229、246.

③ M. P. 赛夫．德国行政法．周伟译．台北：五南图书出版公司，1991：342-343.

④⑤ 周汉华，何峻．外国国家赔偿制度比较．北京：警察教育出版社，1992：200.

⑥ 郭玉元．论行政侵权中的职务行为范围．法学与实践，1991（2）.

（三）执行职务的范围

在解决执行职务范围问题上，最基本的考虑是，尽量扩张国家赔偿的射程，理由是：第一，对于受害人来讲，国家是最大的财团，向国家提出赔偿要求比向工作人员个人要求赔偿更加容易得到及时、充分的满足。第二，由国家承担赔偿，有利于保护国家机关工作人员工作的能动性和积极性，不会因为惧怕犯错误而缩手缩脚。这在现代社会中尤其重要。现代社会中问题层出不穷，立法始终不能及时跟上实践的需求。而政府的职责又要求其对社会诉求要及时、妥当地回应。这就要求国家机关工作人员要充分发挥主观能动性，积极大胆地行使自由裁量权。假如在工作中出现不是故意或者重大过错的损害，都要工作人员个人去承担法律责任，显然不利于调动和发挥工作人员的主观能动性。因此，对于执行职务过程中非故意或者重大过错出现的损害，原则上要由国家来承担赔偿责任。

但这样的理论主张并不意味着纵容国家机关工作人员违法，因为在国家赔偿上存在着追偿制度，对有故意或重大过失的工作人员，国家在对外承担赔偿责任之后，可以向其行使追偿权。

属于执行职务范围的行为大致有：

1. 构成职务行为本身的行为，例如，公安机关违法拘留行为，违法扣留财物，等等。这类行为的特点是，其本身就是行政机关实施的职务行为。

2. 与职务行为有关联而不可分的行为。这类行为的特点是其本身不是职务行为，而是事实行为，但与职务内容密切相关。这类行为包括：（1）为执行职务而采取不法手段的行为，例如，讯问案犯时，警察予以刑讯逼供或者诱供。（2）利用职务之便，为个人的目的所为的行为，例如，某警察与甲有私仇，便趁甲因赌博被抓到派出所进行讯问之际，用警械将其打伤。（3）于执行职务时间或处所内实施的行为，例如，某行政机关工作人员前往某地执行公务，途中违反交通规则将第三人撞伤。

第四节　损害结果要件

确立国家赔偿责任的结果是对受害人进行赔偿，因此，损害（damage）的发生是国家赔偿责任产生的前提条件。

行政法上的损害与民法上的损害基本相同，指对受侵权人合法权益造成的不利益，包括人身损害与财产损害、物质损害与精神损害、直接损害与间接损害等。但行政法上的损害毕竟是公法上的损害，其还包括民法上的损害所不具有的范围，即对宪法规定的非财产性的基本权利（如受教育权、选举权等）的侵害。例如，英国法院在 Ashly vs. White 案中判决选举官对其错误阻止原告行使选举权的行为承担侵权责任。[①] 法国司法判例认为，对于被非法排除参加招聘晋升公职的竞争考试的机会的受害人，国家应负责赔偿。另一方面，行政法上的损害还应当是对特定人的异常损害。由于行政活动是代表公益进行的，根据公共负担平等原则，任何享有这种公益的人都应当忍受由此带来的合理的不利负担。只有当这种不利负担严重倾向于特定人时，才成为行政法上的损害。正如 Duguit 在其论著《宪法论》中指出的那样："国家行为是代

---

① S. D. Hotop. *Principles of Australian Administrative Law*. North Ryde N. S. W: Law Book Co. Ltd. , 1985: p. 485.

表整个社会的利益的，社会成员中的一部分人不应当承担比其他人更重的负担。因此，如果国家行为造成对特定公民的损害，国家就应赔偿。”①

我国现行国家赔偿法考虑到国家财政状况，将国家赔偿责任中的权利保障主要限定在人身权与财产权上。但是，这几年来行政复议与行政诉讼的实践发展很快，对公民权利的保障范围不断扩张，为适应这样的趋势，特别是随着国家财政的改善，渐进扩大损害范围，直至包括国家侵权行为可能造成的所有权利种类的损害，应当被列入即将到来的《国家赔偿法》的修改议题之中了。

根据《国家赔偿法》第 2 条的规定，国家赔偿保护的是合法权益。也就是说，受到法律保护的权益才能得到国家赔偿。如果是非法利益，即便受到损害，也不可能得到国家赔偿。正如有学者指出的：“涉及损害的特定性特征的还有一个受损害利益的保护性问题。受损利益的受保护性是指，只有当受损害的利益是受法律保护的情况下，国家才承担赔偿责任，违法的利益不发生损害赔偿责任问题。这一点似乎是各国赔偿实务上的通例。从不受保护的范围来说，违章建筑、非法所得、不当得利不受保护在各国大体相同。”②

在赔偿的程度上，我们现在只赔偿直接损失，那么，对于间接损失要不要赔呢？我们认为可以考虑，这不会给国家财政造成太大的负担，因为从实证的调查看，目前实际上的赔偿案件并不太多，有的地方每年财政拨给的国家赔偿专用款到年底还一分没花，甚至因用不上而被挪作他用。当然，其中的原因是多方面的，有行政官司比较难打的原因，也有因为国家机关推行的“一票否决制”“错案追究制”等带来的负面影响，还有刑事赔偿制度存在重大缺陷（比如确认制度违反了“自己不做自己案件的法官”这样最起码的正当程序要求）而造成即使侵权也不赔的问题。可以预计，即便《国家赔偿法》进行修改之后，国家赔偿的案件也不太可能大幅度地攀升。因此，增加对间接损失的赔偿规定问题不大。更何况即使增加了这样的规定，按照西方国家的经验，也是应当由受害人负举证责任，只有充分证明如果没有国家机关的侵权行为，则其间接损失是可以避免的，或者说，这些间接利益是一定能够获得的，才会获得国家赔偿，而要证明这一点，实际上是很困难的，因此，在西方国家的行政审判中，最后能够获得间接损失赔偿的情况实际上很少。这也从另一个角度证明了增加上述间接损失赔偿规定，不会太成问题。

另一个值得注意的问题是精神损害赔偿，因为陕西泾阳县 19 岁少女“嫖娼”案当事人要求赔偿精神损害 500 万元而再度被媒体与公众所关注。③ 从有关媒体上组织的专题讨论看，很多人都有一种误解，认为修正前的《国家赔偿法》中没有精神损害赔偿的规定。其实不然，修正前的《国家赔偿法》对精神赔偿有规定，那就是第 30 条，即对于国家机关违法拘留或错误逮捕等侵犯公民人身权的行为，如果造成受害人名誉权、荣誉权损害的，应当在侵权行为影响的范围内，为受害人消除影响，恢复名誉，赔礼道歉。我们只能说，修正前的《国家赔偿法》

---

① J. F. Garner & L. N. Brown. *French Administrative Law*. Butterworths, 1983: p. 121.

② 江必新．国家赔偿法原理．北京：中国人民公安大学出版社，1994：136.

③ 2001 年 2 月 8 日晚，陕西省泾阳县蒋路乡派出所民警王××与派出所聘用司机胡××到该乡一家美容美发店，将在那里为其姐姐帮忙的 19 岁少女麻××带回派出所轮流单独讯问，要求其承认与一吴姓男子有过卖淫行为。麻××被非法讯问 23 小时后，2 月 9 日，泾阳县公安局出具了一份《治安管理处罚裁决书》，该裁决书以“嫖娼”为由决定对麻××拘留 15 日。为证明自己清白，麻××到医院做了处女膜检查，结果是完好无损，并向上级公安机关申诉，咸阳市公安局法制处处长康××与劳教处梁××将麻××带到咸阳市第二人民医院，再次对麻××做了一次“处检”，医院证明麻××仍是处女后，当天下午，咸阳市公安局撤销了泾阳县公安局的错误裁决。此后，麻××一纸诉状将泾阳县、咸阳市两级公安局告上法庭，要求精神损害赔偿 500 万元。5 月 19 日，咸阳市秦都区法院一审判决，赔偿麻××因非法讯问造成的损失 74 元。这与麻××的诉讼请求相距甚远，麻××提起上诉。具体介绍以及有关精神赔偿的讨论．行政侵权，精神损害赔偿遇难题．北京青年报，[2001-07-24]；行政侵权能否适用精神损害赔偿．北京青年报，[2001-07-31]。

中没有规定对精神损害的金钱性赔偿。

那么，我们在当初为什么没有规定金钱性的精神损害赔偿呢？其中的原因可能是：第一，当时对这个问题的社会需求并不迫切，至少历史的经历会给人这样的印象。第二，用金钱方式来赔偿精神损害，会遇到一个审判技术上的难题，那就是：赔多少算够？一万元，十万元，还是一百万元？似乎缺乏可操作性的客观衡量标准。[①] 第三，在当时可能立法者有一种错误的预期，以为《国家赔偿法》一出台，赔偿案件会大幅度攀升，造成国家财政的过重负担。但是，现在反思起来，我们会发现，随着社会主义市场经济的建立，人们权利意识的增强，仅赔礼道歉、消除影响已远不能满足人们的要求，还必须表现为一定的货币形式。特别是最高人民法院已经就民事赔偿中的精神赔偿的计算问题作出了明确的司法解释，为在行政赔偿中引进精神赔偿奠定了很好的基础，使金钱性的精神赔偿不再是“雾里看花”，而是变成实实在在可以操作的制度。而且，考虑到我国传统文化背景以及司法体制等因素，“民告官”在一定时期内难度较大，因此，即便加入金钱性的精神赔偿也不会给国家财政带来太大的负担。

2012 年经修正后，《国家赔偿法》第 35 条明文规定，“……造成严重后果的，应当支付相应的精神损害抚慰金”。此条规定确定了精神损害的金钱补偿制度，是我国贯彻落实宪法基本权利，体现民主法治的发展，乃至政治文明发展与和谐社会构建的必然要求。

第五节　因果关系要件

因果关系是联结责任主体与损害的纽带，是责任主体对损害承担法律责任的基础与前提，而且从一定程度上决定了承担责任的大小。如果缺少这种因果关系，那么行为人就没有义务对损害负责。

由于因果关系的苛严程度会直接影响到对相对人合法权益救济的范围，所以，近些年来西方国家在实务中逐渐放松了对因果关系的严格要求，而倾向于采取直接因果关系。

在法国，行政司法判例认为因果关系应是行为和结果有直接的因果关系，或者说，恰当的因果关系。例如，由于车辆不按规定随处停车造成交通特别拥挤，致使救护车无法及时赶到得重病的居民处抢救，该居民因此而死亡，法国行政法院认为居民的死亡与交通管理不善之间存在着直接因果关系，因此，交通部门应对此负责。在美国，行为与结果是否具有因果关系则以两个条件来衡量：一是因果之间具有逻辑关系；二是因果之间具有直接的相关性，依据人的经验和正常理解，行为与结果之间有牵连。英国实务中也不乏适用直接因果关系的判例，例如，Read vs. Groydon Corporation 案中，原告由于饮用了受污染的水而得了伤寒，他向法院起诉，要求供应自来水的部门负赔偿责任，法院准许了他的请求。[②] 在该案中，被告未能提供洁净用水的行为只是导致原告生病的一个直接或间接主要原因，而非必然原因。

那么，我国国家赔偿责任构成要件中的因果关系应当采用什么样的因果关系呢？尽管理论上歧见纷纭，但最具代表性的观点是采用直接因果关系。[③] 从这些年的实践看，对因果关系的

---

① 在有关国家赔偿的权威著作中只提到这一个理由。应松年主编．国家赔偿法研究．北京：法律出版社，1995：85。但这是不是唯一的理由呢？值得探讨。

② S. D. Hotop，op. Cit.，p. 466.

③ 罗豪才主编．行政法学．北京：中国政法大学出版社，1989：273.

理解应当宽松一些，并不要求行为与结果之间存在着逻辑上必然的、直接的关系，而仅仅是导致结果发生的一个较近的原因，至于其间关联性紧密程度，则完全要由法官在审理具体案件时予以把握。

比如，某监管人员发现一在押犯因为喜欢吃炸酱面，乘监管人员不注意，偷偷往碗里多舀一勺炸酱，遂命令其将一桶炸酱通通吃尽，该人因口渴不断喝水，结果被撑死。再比如，某派出所抓来两名治安违法嫌疑人，对其中一名实施刑讯逼供，另一名在边上看着，后者因为惧怕夺路而逃，掉到门前的水井里死亡。在这两个案件中，国家机关工作人员的行为并不能必然地、内在地导致损害的发生，但是，却与损害发生有着很明显的直接关系，任何有理性的第三人都不会否定这种情况下国家应当承担责任。

问题与思考

1. 什么是国家赔偿的构成要件？包括哪些要件？
2. 如何理解“国家机关及其工作人员”？
3. 如何理解“职务违法行为”？
4. 如何理解“损害结果要件”？
5. 如何理解“因果关系要件”？

第五章

行政赔偿

本章概要

依据《国家赔偿法》，行政赔偿是指行政机关及其工作人员在行使职权过程中，侵犯公民、法人或其他组织的合法权益并造成损害，国家依法予以赔偿的行为。行政赔偿与行政补偿、司法赔偿和民事赔偿不尽相同。

行政赔偿的范围，一是涉及承担赔偿责任的侵权的损害；二是涉及国家承担赔偿责任的行为。目前，我国行政赔偿的侵权损害的范围主要是公民、法人或者其他组织的人身权和财产权，而且，行政赔偿中的“违法行使行政职权”主要是指违法的作为，如具体行政行为和事实行为。

行政赔偿请求人，主要是合法权益因行政机关及其工作人员行使职权行为侵犯受到损害而向赔偿义务机关请求行政赔偿的受害人。

行政赔偿义务机关主要有行政机关、法律法规授权组织、委托行政机关、行政机关被撤销后的机关、复议机关和共同赔偿义务机关等。

行政赔偿依单独提出行政赔偿请求和一并提出行政赔偿请求，分别适用不同的程序。

关键术语

行政赔偿　行政赔偿请求人　行政赔偿义务机关　行政赔偿程序

第一节　概述

一、行政赔偿的含义和特征

（一）行政赔偿的含义

关于行政赔偿的含义，有的观点认为，行政赔偿是指行政机关及其工作人员违法行使职权，侵犯公民、法人或其他组织的合法权益造成损害的，由国家承担赔偿责任的制度。[①]

而另一种观点则认为，行政赔偿是指行政机关及其工作人员违法行使职权侵犯了公民、法人或其他组织的合法权益并造成损害，依法由赔偿义务机关承担损害赔偿。[②]

实际上，具体而言，依据《国家赔偿法》的规定和行政法原理，在我国行政赔偿是指行政机关（含法律法规授权组织）违法行使职权，侵犯公民、法人或其他组织的合法权益并造成损害，由国家承担赔偿责任的制度。

（二）行政赔偿的基本特征

根据上述概念，行政赔偿具有下列基本特征：

1. 行政赔偿中的侵权主体是行使行政职权的行政机关、法律法规授权组织

行政赔偿中的侵权主体，必须是行政主体，即以自己的名义违法行使行政职权，侵犯公民、法人或其他组织的合法权益并造成损害的行政机关或法律法规授权组织。

行政机关，在我国是指根据宪法与有关组织法的规定设立并依法拥有行政权、行使行政职权的社会组织，是国家机关的一种。狭义的行政机关，是指各级人民政府；广义的行政机关，主要包括各级人民政府及其行政机构等。

法律法规授权组织，是指依具体法律、法规授权而行使特定行政职权的社会组织，主要是具有公共事务管理职能的事业单位等。[③]

2. 行政赔偿是对行政机关、法律法规授权组织行使职权时存在国家赔偿法规定的侵犯公民、法人和其他组织合法权益的情形并造成损害所给予的赔偿

行政机关或法律法规授权组织的行为是多方面的，其中有民事行为，也有行政行为或事实行为，有合法行为，也有违法行为。引起行政赔偿的是行政机关、法律法规授权组织违法行使行政职权并造成侵权损害的行为。也就是说，只有行政机关或法律法规授权组织行使行政职权并造成侵权损害才能引起行政赔偿，而且，行政机关或法律法规授权组织行使职权并造成侵权损害的行为属于国家赔偿法所规定的情形。行政赔偿是对行政机关、法律法规授权组织违法行使行政职权并造成侵权损害所给予的赔偿。

3. 行政赔偿的责任主体为国家

尽管引起行政赔偿的是行政机关、法律法规授权组织违法行使行政职权并造成侵权损害的行为，但行政机关、法律法规授权组织是代表国家行使行政职权，其违法的侵权行为最终由国家承担赔偿责任。这是由行政机关、法律法规授权组织与国家的关系决定的。行政机关、法律法规授权组织代表国家管理行政事务和社会公共事务，表现的是国家意志，其行为效果应归于国家，而非行政机关、法律法规授权组织本身。国家作为行政赔偿的责任主体，主要表现在赔

---

① 中宣部宣传教育司、人事部公务员管理司、司法部法制宣传司组织编写．公务员依法行政读本．北京：中国政法大学出版社，2001：206.

② 罗豪才，应松年主编．行政法学．北京：中国政法大学出版社，1996：325.

③ 行政机关或法律法规授权组织的工作人员，主要是指行政机关公务员，即依法履行公职、纳入国家行政编制、由国家财政负担工资福利的行政机关工作人员，以及经批准参照《公务员法》进行管理的法律法规授权的具有公共事务管理职能的事业单位中除工勤人员以外的工作人员。他们实施的职务行为实际上就是行政机关或法律法规授权组织实施的行为，因此，行政赔偿中的侵权主体是行使行政职权的行政机关、法律法规授权组织。

偿费用由国库支出，列入各级预算等。

二、行政赔偿与其他形式的赔偿

行政赔偿是对行政机关、法律法规授权组织行使行政职权并侵犯公民、法人或其他组织的合法权益而造成损害，由国家承担的赔偿。它是我国国家赔偿的一部分。行政赔偿与行政补偿、司法赔偿和民事赔偿等其他形式的赔偿不尽相同。

（一）行政赔偿与行政补偿

行政赔偿与行政补偿两者都是国家对行政机关或法律法规授权组织在行使行政职权过程中侵犯公民、法人或者其他组织合法权益而承担的责任，但是，引起行政赔偿的是行政机关或法律法规授权组织存在符合国家赔偿法规定的侵犯公民、法人和其他组织合法权益情形的行为，而引起行政补偿的是行政机关或法律法规授权组织的合法行为侵犯了国家赔偿规定之外的行为；行政赔偿的主要依据是《行政诉讼法》《国家赔偿法》等，而行政补偿的主要依据是单行的法律、法规。① 此外，行政赔偿与行政补偿在适用范围、标准、方式等方面也有所不同。

（二）行政赔偿与民事赔偿

行政赔偿是因行政机关或法律法规授权组织违法行使行政职权侵犯公民、法人或者其他组织合法权益引起的国家赔偿责任，而民事赔偿是由发生在平等主体的公民、法人或其他组织之间的侵权行为引起的赔偿责任，即行政赔偿的原因是行政侵权行为，而民事赔偿的原因是民事侵权行为；民事赔偿责任的归责原则多以过错责任原则为主、危险责任原则为辅，而行政赔偿责任的归责原则多种多样，有的国家实行（公务）过错原则，有的国家实行违法原则，有的国家实行违法或过错原则，有的还包括无过错行为。另外，两者在标准、程序、依据等方面也有所不同。

（三）行政赔偿与司法赔偿

根据国家赔偿法，行政赔偿与司法赔偿同属于国家赔偿的一部分，都是行使职权行为引起的国家责任，其责任性质、赔偿方式和标准是相同的。但在行政赔偿中，实施侵权行为的主体是具有国家行政职能的行政机关或法律法规授权组织；而在司法赔偿中，实施侵权行为的主体是履行刑事司法职能、检察职能、审判职能或司法行政职能的国家机关，包括公安机关或安全机关、检察机关、审判机关和监狱管理机关等。另外，两者在赔偿范围、程序等方面上也有所不同。

---

① 如根据我国《城市房地产管理法》第 6 条的规定，为了公共利益的需要，国家可以征收国有土地上单位和个人的房屋，并依法给予拆迁补偿。

第二节　行政赔偿范围

一、行政赔偿范围概述

（一）行政赔偿范围的含义

行政赔偿的范围，是指国家承担行政赔偿责任的领域，即国家对哪些违法行政行为造成的哪些损害予以赔偿。

通常，行政赔偿的范围包括两部分内容：一是国家承担赔偿责任的行为范围，二是承担赔偿责任的侵权损害的范围。前者指国家对哪些行为（作为或不作为）予以赔偿，哪些行为可以免予赔偿或不予赔偿；后者则指国家对哪类侵权损害予以赔偿，对间接损害、精神损害等是否赔偿。

（二）对行政赔偿范围的确定

确定行政赔偿的范围是许多国家赔偿立法的一项重要内容，但各国行政赔偿的范围是有差异的，这既有各国实行不同的行政赔偿的构成要件或归责原则的原因，也有与其他法律规定相协调或一些财政经济上的考虑。如根据 1946 年美国《联邦侵权赔偿法》第 1346 节，国家赔偿责任，限于行政机关职员过失或不法的行为或不行为，不包括无过错的行为，除非其他法律中另有规定，否则美国不负无过错的赔偿责任。

根据我国《国家赔偿法》，行政赔偿是国家对行政机关违法行使行政职权侵犯公民、法人或者其他组织合法权益造成损害的赔偿。一般认为，行政赔偿适用的侵权损害范围主要是公民、法人或者其他组织的人身权和财产权，一般不包括其他权利，如受教育权、休息权等[①]；而且，一般认为，行政赔偿中的“行使行政职权”的行为既包括法律行为，也包括事实行为，既包括积极的作为违法，也包括消极的不作为违法。《国家赔偿法》对行政赔偿范围的确定，主要是“在行政诉讼法规定的基础上，针对目前实际存在的问题”，对行政赔偿范围的适当规定。[②]

因此，我国《国家赔偿法》规定的行政赔偿限于行使行政职权过程中，存在国家赔偿法所规定的侵犯公民、法人或者其他合法组织合法权益的情形，并造成了损害；对其他方面的损害，没有纳入行政赔偿的范围。如军事赔偿，“主要是军队在演习、训练过程中，公民受到损失，需要采取适当方式补偿，由于这不是因违法行为造成的损害，不宜列入国家赔偿的范围”；

---

① 有学者认为，我国采取概括式规定与列举式规定相结合的混合模式来确定国家赔偿的范围，根据《国家赔偿法》第 2 条，国家机关和国家机关工作人员违法行使职权侵犯公民、法人和其他组织的合法权益造成损害的，受害人有依照本法取得国家赔偿的权利。因此，行政赔偿的范围，不限于人身权和财产权，还包括未列举的其他权利的侵害。杨小君．国家赔偿法律问题研究．北京：北京大学出版社，2005：12-14.

② 全国人大常委会法制工作委员会副主任胡康生．关于《中华人民共和国国家赔偿法（草案）》的说明——1993 年 10 月 22 日在第八届全国人大常委会第四次会议上的讲话。

又如，“关于邮电、医院等国有企业、事业单位，桥梁、道路等国有公共设施，因设置、管理欠缺发生的赔偿问题，不属于违法行使职权的问题，不纳入国家赔偿的范围”①。

可见，目前我国行政赔偿主要有两类：一类是有国家赔偿法规定的侵犯公民、法人和其他组织合法权益的具体行政行为，如行政处罚、行政许可、行政强制等。另一类是事实行为，如非法拘禁或者以其他方法非法剥夺公民人身自由、违法使用武器、警械造成公民身体伤害或者死亡等。

二、侵犯人身权的行政赔偿

人身权是指与公民人身不可分离而又没有直接经济内容的权益。公民的人身权大致有三类：一是人身自由权，指公民依法享有的本人的人身和行动完全由自己支配，不受任何组织和个人非法限制或侵害的权利；二是人格权，指以人格为利益的权利，包括生命健康权、名誉权、姓名权、肖像权等；三是身份权，指公民因特定身份而产生的权利，包括监护权、荣誉权、婚姻自主权等。

根据《民法典》的规定，公民享有的人身权具体有生命健康权、姓名权、名称权、肖像权、名誉权、荣誉权、婚姻自主权、男女平等权、监护权等。

依照《国家赔偿法》第 3 条和其他法律有关条款之规定，行政机关及其工作人员在行使行政职权时有下列侵犯人身权情形之一的，受害人有取得赔偿的权利。

（一）违法拘留或者违法采取限制公民人身自由的行政强制措施

人身自由是宪法赋予公民的基本权利。根据《行政处罚法》（2021 年修订）第 10 条和《立法法》（2023 年修订）第 11 条之规定，限制人身自由的行政处罚和行政强制措施，属于只能由全国人大及其常委会制定法律设定的事项。违法限制公民人身自由的行政行为，主要有违法拘留和违法采取限制公民人身自由的行政强制措施。

1. 违法拘留

在《行政处罚法》规定的行政处罚种类中，涉及人身权的是行政拘留。行政拘留是指特定行政机关对违法行为人实施的在短期内限制其人身自由的处罚形式。根据《行政处罚法》、《治安管理处罚法》和《国家安全法》的规定，实施行政拘留的机关只能是特定的行政机关即公安机关和国家安全机关，且由人民警察执行，其他行政主体或个人不得为之。② 行政拘留只对自

① 全国人大常委会法制工作委员会副主任胡康生．关于《中华人民共和国国家赔偿法（草案）》的说明——1993 年 10 月 22 日在第八届全国人大常委会第四次会议上的讲话。

② 1996 年 3 月 17 日第八届全国人民代表大会第四次会议通过的《中华人民共和国行政处罚法》（2021 年修正）第 17 条规定，行政处罚由具有行政处罚权的行政机关在法定职权范围内实施。2005 年 8 月 28 日第十届全国人大常委会第十七次会议通过的《中华人民共和国治安管理处罚法》（2012 年修正）规定，扰乱公共秩序，妨害公共安全，侵犯人身权利、财产权利，妨害社会管理，具有社会危害性，尚不够刑事处罚的，由公安机关依照本法给予治安管理处罚。1993 年 2 月 22 日第七届全国人大常委会第三十次会议通过的《中华人民共和国国家安全法》（2015 年修正）规定，明知他人有间谍犯罪行为，在国家安全机关向其调查有关情况、收集有关证据时，拒绝提供的，由其所在单位或者上级主管部门予以行政处分，或者由国家安全机关处 15 日以下拘留……故意阻碍国家安全机关依法执行国家安全工作任务，未使用暴力、威胁方法，情节较轻的，由国家安全机关处 15 日以下拘留。故意或者过失泄露有关国家安全工作的国家秘密的，由国家安全机关处 15 日以下拘留……

然人适用，拘留期限有严格限制，法律规定为1日以上15日以下；行政拘留合并执行的，最长不超过20日。

行政拘留不同于刑事拘留和司法拘留：刑事拘留是公安机关、国家安全机关、军队保卫部门和监狱管理机关等执行的暂时限制现行犯或重大犯罪嫌疑分子人身自由的强制措施；司法拘留是人民法院依照诉讼法的规定，对妨害民事、行政、刑事诉讼的人实施的临时限制其人身自由的强制措施。

2. 违法采取限制公民人身自由的行政强制措施

行政强制措施是指行政机关在实施行政管理的过程中，依法对公民人身自由进行暂时性限制，或者对公民、法人或其他组织的财产实施暂时性控制的措施。

限制公民人身自由的行政强制措施属于行政强制措施的一种。依据有关法律规定，有权采取限制公民人身自由的行政强制措施的行政机关，主要有公安机关、国境卫生检疫机关、海关等。

限制公民人身自由的行政强制措施主要有：

（1）强制隔离戒毒。强制隔离戒毒是指公安机关实施的对吸毒成瘾人员，在一定时期内强制隔离，并进行药物治疗、心理治疗和法制教育、道德教育，使其戒除毒瘾的一种行政强制措施。根据2007年12月29日第十届全国人大常委会第三十一次会议通过的《中华人民共和国禁毒法》的规定，吸毒成瘾人员有下列情形之一的，由县级以上人民政府公安机关作出强制隔离戒毒的决定：拒绝接受社区戒毒的；在社区戒毒期间吸食、注射毒品的；严重违反社区戒毒协议的；经社区戒毒、强制隔离戒毒后再次吸食、注射毒品的。对于吸毒成瘾严重，通过社区戒毒难以戒除毒瘾的人员，公安机关可以直接作出强制隔离戒毒的决定。吸毒成瘾人员自愿接受强制隔离戒毒的，经公安机关同意，可以进入强制隔离戒毒场所戒毒。强制隔离戒毒的期限为2年。

（2）强制隔离治疗、在指定场所进行医学观察和采取其他必要的预防措施。根据1989年2月21日第七届全国人大常委会第六次会议通过的《中华人民共和国传染病防治法》（2013年修正）第39条规定，医疗机构发现甲类传染病时，应当及时采取下列措施：对病人、病原携带者，予以隔离治疗，隔离期限根据医学检查结果确定；对疑似病人，确诊前在指定场所单独隔离治疗；对医疗机构内的病人、病原携带者、疑似病人的密切接触者，在指定场所进行医学观察和采取其他必要的预防措施。拒绝隔离治疗或者隔离期未满擅自脱离隔离治疗的，可以由公安机关协助医疗机构采取强制隔离治疗措施。

（3）强行带离现场。如根据2005年8月28日第十届全国人大常委会第十七次会议通过的《中华人民共和国治安管理处罚法》第24条规定，因扰乱体育比赛秩序被处以拘留处罚的，可以同时责令其12个月内不得进入体育场馆观看同类比赛；违反规定进入体育场馆的，强行带离现场。

（4）强制隔离或留验。如根据1986年12月2日第六届全国人大常委会第十八次会议通过的《中华人民共和国国境卫生检疫法》（2018年修正）第12条，国境卫生检疫机关对检疫传染病染疫人必须立即将其隔离，隔离期限根据医学检查结果确定；对检疫传染病染疫嫌疑人应当将其留验，留验期限根据该传染病的潜伏期确定。又如，根据2007年8月30日第十届全国人大常委会第二十九次会议通过的《中华人民共和国突发事件应对法》第50条第1项规定，社会安全事件发生后，组织处置工作的人民政府应当立即组织有关部门并由公安机关针对事件的性质和特点，依照有关法律、行政法规和国家其他有关规定，强制隔离使用器械相互对抗或者以暴力行为参与冲突的当事人，妥善解决现场纠纷和争端，控制事态发展。

(6) 强制传唤。根据《治安管理处罚法》第82条的规定，需要传唤违反治安管理行为人接受调查的，经公安机关办案部门负责人批准，使用传唤证传唤。对现场发现的违反治安管理行为人，人民警察经出示工作证件，可以口头传唤，但应当在询问笔录中注明。公安机关应当将传唤的原因和依据告知被传唤人。对无正当理由不接受传唤或者逃避传唤的人，可以强制传唤。

(7) 扣留。根据1987年1月22日第六届全国人大常委会第十九次会议通过的《中华人民共和国海关法》(2021年修正) 第6条第4项的规定，对有走私嫌疑的走私犯罪嫌疑人，经直属海关关长或者其授权的隶属海关关长批准，可以扣留；对走私犯罪嫌疑人，扣留时间不超过24小时，在特殊情况下可以延长至48小时。

(8) 强制带回。根据《中华人民共和国海关法》(2021年修正) 第6条第6项的规定，进出境个人违抗海关监管逃逸的，海关可以连续追至海关监管区和海关附近沿海沿边规定地区以外，将其带回处理。

(9) 强制约束。根据《治安管理处罚法》第15条第2款的规定，醉酒的人在醉酒状态中，对本人有危险或者对他人的人身、财产或者公共安全有威胁的，应当对其采取保护性措施约束至酒醒。

行政机关在采取上述行政强制措施时，违法限制人身自由造成损害的，根据《国家赔偿法》，应予赔偿。

（二）非法拘禁或者以其他方法非法剥夺公民人身自由

剥夺公民人身自由，使公民在一定时期内完全丧失人身自由，是比限制人身自由更严厉的方法。剥夺人身自由主要有两种表现形式：一是直接拘束人的身体，使其身体活动受限制；二是将他人拘禁于一定场所，使其不能离开。非法剥夺人身自由是一种持续行为，使他人在一定时间内失去身体自由和活动自由。

非法剥夺公民人身自由，在行为主体上主要有两种情形：一是依照法律、行政法规有权限制人身自由的行政机关采用违反法律、行政法规的方式剥夺公民人身自由。如公安机关可以依照《治安管理处罚法》对扰乱社会治安的当事人实施行政拘留，但如果公安机关对被拘留的当事人实施捆绑，则构成了非法剥夺公民人身自由。二是无权限制人身自由的行政机关采取非法拘禁方式，剥夺公民人身自由。[1] 剥夺公民人身自由，主要有非法拘禁或采取其他方法。

1. 非法拘禁

非法拘禁是指行政机关及其工作人员在行使职权过程中，以拘禁的方式非法剥夺他人人身自由的行为。如公安机关违反《治安管理处罚法》以拘禁方式剥夺公民的人身自由，市场监督管理机关对违法行为人采取拘禁的方式，都构成非法拘禁。

---

① 黄杰，白钢主编．国家赔偿法及配套规定新释新解（新编本）．北京：人民法院出版社，2001：175-176.

构成非法拘禁的要件有：(1) 行为侵犯的客体是公民的人身自由权。(2) 客观上表现为以拘禁的方式非法剥夺公民人身自由的行为。无论是以暴力、胁迫方法拘禁他人，还是以欺诈方法拘禁他人，均不影响非法拘禁的成立。(3) 行为主体是行政机关及其工作人员。

非法拘禁与违法拘留的主要区别在于：非法拘禁是行政机关在法定行政拘留或限制人身自由的行政强制措施之外，剥夺公民人身自由；违法拘留则往往是行政机关在法定职权范围内违反行政拘留的有关规定，限制公民人身自由。

非法拘禁与非法拘禁罪的主要区别在于：非法拘禁是剥夺公民人身自由的违法行为，而《刑法》第 238 条规定的“非法拘禁罪”，是指以拘禁方式剥夺他人人身自由的一种犯罪行为；非法拘禁的主体，在这里是行政机关及其工作人员，而非法拘禁罪的主体则不限于国家机关工作人员。①

根据《国家赔偿法》的规定，行政机关及其工作人员非法拘禁或者以其他方法非法剥夺公民人身自由，构成非法拘禁并造成损害的，国家应予赔偿。

2. 以其他方法非法剥夺公民人身自由

以其他方法非法剥夺公民人身自由，是指行政机关采取非法拘禁以外的方式，如采取非法扣押、关押、捆绑或者其他方式非法剥夺公民人身自由。

根据《国家赔偿法》的规定，行政机关及其工作人员非法拘禁剥夺公民人身自由，与以其他方法非法剥夺公民人身自由，在行为性质上是一致的，区别的只是方法的不同。因此，行政机关及其工作人员以其他方法非法剥夺公民人身自由并造成损害的，国家也应予赔偿。

（三）以殴打、虐待等行为或者唆使、放纵他人以殴打、虐待等行为造成公民身体伤害或者死亡

这是指行政机关工作人员在行使职权时违法乱纪，殴打公民或者以其他方法，使公民的身体健康或生命受到损害。

1988 年 9 月 5 日第七届全国人大常委会第三次会议批准了《禁止酷刑和其他残忍、不人道或有辱人格的待遇或处罚公约》。根据公约精神，公职人员或以官方身份行使职权的其他人，非因法律制裁，蓄意使公民在肉体上或精神上遭受剧烈疼痛或痛苦的行为，都应受到禁止，受害者享有获得公平和足够赔偿的权利。《国家赔偿法》的规定不仅遵守了国际公约，也体现了我国对人权的尊重和保护。

因此，行政机关工作人员在行使职权时殴打行政相对人或以其他暴力行为致人身体伤害或死亡，或是执法人员故意唆使、放纵他人实施殴打、虐待等行为致人身体伤害或死亡的，国家应予赔偿。

除了《国家赔偿法》外，根据《治安管理处罚法》，公安机关及其人民警察办理治安案件，

---

① 根据 2006 年 7 月 26 日最高人民检察院公布的《关于渎职侵权犯罪案件立案标准的规定》，国家机关工作人员利用职权非法拘禁，涉嫌下列情形之一的，应予立案：非法剥夺他人人身自由 24 小时以上的；非法剥夺他人人身自由，并使用械具或者捆绑等恶劣手段，或者实施殴打、侮辱、虐待行为的；非法拘禁，造成被拘禁人轻伤、重伤、死亡的；非法拘禁，情节严重，导致被拘禁人自杀、自残造成重伤、死亡，或者精神失常的；非法拘禁 3 人次以上的；司法工作人员对明知是没有违法犯罪事实的人而非法拘禁的；其他非法拘禁应予追究刑事责任的情形。

禁止对违反治安管理行为人打骂、虐待或侮辱；人民警察办理治安案件，如有刑讯逼供、体罚、虐待、侮辱他人的行为，依法给予行政处分，构成犯罪的，依法追究刑事责任；公安机关及其人民警察违法行使行政职权，侵犯公民、法人或者其他组织合法权益的，应当依法承担赔偿责任。

值得注意的是，修订后的《国家赔偿法》增加了“虐待行为”和“放纵他人的行为”，这样就扩大了实践中各种违法行为的范围，尤其将各种不作为的行为以及非暴力性的行为都纳入国家赔偿的范围。

（四）违法使用武器、警械造成公民身体伤害或者死亡

为了维护社会秩序和公共安全，保护公民的人身安全和公私财产不受侵犯，公安机关及其他行政机关可以依法配备武器、警械。由于武器、警械具有高度的危险性，极易对公民的人身安全造成侵害，所以国家对武器、警械的使用条件及程序、使用主体、适用对象等有专门的规定，执法人员必须在符合规定的条件下才能使用。如根据 1995 年 2 月 28 日第八届全国人大常委会第十二次会议通过的《中华人民共和国人民警察法》，遇有拒捕、暴乱、越狱、抢夺枪支或者其他暴力行为的紧急情况，公安机关的人民警察依照国家有关规定可以使用武器；为制止严重违法犯罪活动的需要，公安机关的人民警察依照国家有关规定可以使用警械。因此，执法人员必须在符合规定的条件下使用武器、警械，否则，违法使用武器、警械造成公民身体伤害或者死亡的，根据《国家赔偿法》，国家应予赔偿。

除了《国家赔偿法》外，根据 1996 年 1 月 16 日国务院公布的《中华人民共和国人民警察使用警械和武器条例》第 14 条，人民警察违法使用警械、武器，造成不应有的人员伤亡、财产损失，对受到伤亡或者财产损失的人员，由该人民警察所属机关依照《国家赔偿法》的有关规定给予赔偿。

（五）造成公民身体伤害或者死亡的其他违法行为

造成公民身体伤害或者死亡的其他违法行为，是指行政机关及其工作人员在行使职权过程中，除了上述列举的两种造成公民身体伤害或者死亡情形以外的其他违法行为。

这是一项概括性的规定，表明行政机关及其工作人员违法行使行政职权的行为，即使不在《国家赔偿法》第 3 条的列举之中，但如果给公民的身体造成伤害或者死亡，且符合行政赔偿的条件，国家也应予赔偿，同时，给公民的身体造成伤害或者死亡其他违法行为，可以是具体行政行为，也可以是与行政机关及其工作人员行使行政职权有关的，违反行政职责的行为。

根据最高人民法院《关于审理行政赔偿案件若干问题的规定》（2022 年修正）第 1 条的规定，《国家赔偿法》第 3 条规定的其他违法行为，包括不履行法定职责行为，行政机关及其工作人员在履行行政职责过程中作出的不产生法律效果，但事实上损害公民、法人或者其他组织人身权、财产权等合法权益的行为。如根据《行政许可法》（2019 年修正）第 76 条，行政机关违法实施行政许可，给当事人的合法权益造成损害的，应当依照国家赔偿法的规定给予赔偿。这适用于行政机关及其工作人员违法行使行政许可权造成公民身体伤害或者死亡的情形。

三、侵犯财产权的行政赔偿

财产权相对于人身权而言。有关财产权的理论和观点很多，解释也不尽相同。一般来说，财产权是指民事权利主体所享有的具有一定物质内容并直接体现为经济利益的权利，包括物权、债权、知识产权。[①] 其中，物权是指权利人依法对特定的物享有直接支配和排他的权利，包括所有权、用益物权和担保物权[②]；债权是指按照合同的约定或者法律的规定，在当事人之间产生的特定权利和义务关系；知识产权是指公民、法人或其他组织对自己在科技和文学艺术领域创造的智力成果所享有的各项人身权和财产权的总称。

根据《国家赔偿法》第 4 条和其他法律有关条款之规定，行政机关及其工作人员在行使行政职权时有下列侵犯财产权情形之一的，受害人有取得赔偿的权利。

（一）违法实施罚款、吊销许可证和执照、责令停产停业、没收财物等行政处罚

在《行政处罚法》规定的行政处罚种类中，涉及财产权的有罚款、吊销许可证和执照、责令停产停业、没收违法所得和非法财物等。罚款是指强制违法者在一定期限内向国家缴纳一定数量款项而使其遭受一定经济利益损失的一种处罚。吊销许可证和执照，是指行政机关依法限制或者剥夺被许可人原有的权利或者资格的一种处罚。责令停产停业是指行政机关强制要求违法者停止生产或者经营的一种处罚。没收违法所得和非法财物是指行政机关依法将行为人以违法手段取得的金钱、其他财物、违禁物或违法行为工具等收归国有的一种处罚。其中，罚款、没收违法所得和非法财物属于财产罚；吊销许可证和执照、责令停产停业属于能力罚。

许多法律都规定了行政机关的行政处罚权，如根据 1993 年 2 月 22 日第七届全国人大常委会第三十次会议通过、2000 年 7 月 8 日第九届全国人大常委会第十六次会议修正的《中华人民共和国产品质量法》（2018 年修正）第 49 条的规定，生产、销售不符合保障人体健康和人身、财产安全的国家标准、行业标准的产品的，责令停止生产、销售，没收违法生产、销售的产品，并处违法生产、销售产品（包括已售出和未售出的产品）货值金额等值以上 3 倍以下的罚款；有违法所得的，并处没收违法所得；情节严重的，吊销营业执照。但行政机关及其工作人员应按照法定的主体、条件、程序和职权实施行政处罚。根据《国家赔偿法》，如违法实施罚款、没收财产、吊销许可证和执照、责令停产停业，给公民财产造成损害、给法人或者其他组织造成损失的，国家应予赔偿。

（二）违法对财产采取查封、扣押、冻结等行政强制措施

对公民、法人或其他组织的财产采取查封、扣押、冻结等行政强制措施，属于行政强制措施的一种。依据有关法律规定，有权对公民、法人或其他组织的财产采取查封、扣押、冻结等行政强制措施的行政机关，主要有公安机关、药品监督管理部门、证券监督管理部门等行政执法机关。查封，也叫封存，是指行政执法机关或部门以张贴封条或其他必要措施，将有关物品封存起来，未经该行政执法机关或部门许可，任何单位和个人不得启封、动用的行政强制措施。扣押，也叫扣留、暂扣，是指行政执法机关把被执行人的财产移至另外的场所加以扣留，

---

① 宪法和宪法修正案学习问答（全国“四五”普法指定读本．北京：中国民主法制出版社，2004：199-200）．

② 参见 2020 年 5 月 28 日第十三届全国人民代表大会第三次会议通过的《中华人民共和国民法典》第 112 条。

不准被执行人占有、使用和处分的行政强制措施。冻结，主要有冻结存款、汇款、有价证券和违法资金等措施。其中，冻结存款是指由法律规定的行政机关作出决定，由依法经营存款业务的金融机构（包括政策性银行、商业银行、城市和农村信用合作社、财务公司、邮政储蓄机构等），在一定时期内禁止单位或个人提取其存款账户内的全部或部分存款的行为。

有些法律对行政机关的行政强制措施权作了规定，如 1984 年 9 月 20 日第六届全国人大常委会第七次会议通过的《中华人民共和国药品管理法》（2019 年修订）第 100 条第 2 款规定，药品监督管理部门对有证据证明可能危害人体健康的药品及其有关材料可以采取查封、扣押的行政强制措施，并在 7 日内作出行政处理决定。又如，1998 年 12 月 29 日第九届全国人大常委会第六次会议通过的《中华人民共和国证券法》（2019 年修订）第 170 条第 6 项规定，国务院证券监督管理机构依法履行职责，对有证据证明已经或者可能转移或者隐匿违法资金、证券等涉案财产或者隐匿、伪造、毁损重要证据的，经国务院证券监督管理机构主要负责人批准，可以冻结或者查封。

但行政机关对财产采取查封、扣押、冻结等行政强制措施，应当符合法定权限、法定程序和方法，否则，根据《国家赔偿法》，违法对财产采取查封、扣押、冻结等行政强制措施，给行政相对人的财产权益造成损害的，国家应予赔偿。

（三）违法征收、征用财产

这是违法对行政相对人征收、征用财产的行为。行政机关虽然有权征收、征用公民、法人或其他组织的财产，但行政机关在行使职权时应符合法律的规定，不得乱征收、乱征用。否则，根据《国家赔偿法》，违法征收、征用财产，给当事人造成损失的，应当依法承担赔偿责任。

征收财产是指基于公共利益的需要，依照法律强制取得原属于公民、法人或者其他组织的财产所有权的行为；征用财产则是基于公共利益的需要，依法强制取得原来属于公民、法人或者其他组织的财产使用权的行为。征收与征用均以公用为目的，且均采强制手段获取。二者之间的区别在于：（1）权属是否变动不同。征收导致财产所有权的转移；而征用仅引起财产使用权的转移。（2）适用条件不同。征用一般用于紧急情况，征收的适用则不以紧急情况为前提。（3）补偿额度不同。由于征收需要相对人转移财产的所有权，所以补偿额度较高。征收补偿应当充分考虑当时的市场价格。与征收不同，征用只是国家对相对人财产的临时使用，没有造成相对人财物的毁损灭失，通常仅需要将被征用的财物返还相对人并给予适当补偿。

许多法律规定了行政机关的行政征收、征用权，尤其是 2004 年《宪法》的修订以及 2007 年《物权法》的颁行区分了征用与征收。

如根据 1992 年 9 月 4 日第七届全国人大常委会第二十七次会议通过的《中华人民共和国税收征收管理法》（2015 年修正），税务机关依照法律、行政法规的规定征收税款……除税务机关、税务人员以及经税务机关依照法律、行政法规委托的单位和人员外，任何单位和个人不得进行税款征收活动。

但法律同时规定，行政机关必须依法行使征收权，不得违反法律规定。如根据 1993 年 7 月 2 日第八届全国人大常委会第二次会议通过的《中华人民共和国农业法》（2012 年修正），任何机关或者单位向农民或者农业生产经营组织收取行政、事业性费用必须依据法律、法规的规定。收费的项目、范围和标准应当公布。没有法律、法规依据的收费，农民和农业生产经营组织有权拒绝。任何机关或者单位对农民或者农业生产经营组织进行罚款处罚必须依据法律、法规、规章的规定。没有法律、法规、规章依据的罚款，农民和农业生产经营组织有权拒绝。任何机关或者单位不得以任何方式向农民或者农业生产经营组织进行摊派……农民和农业生产经营组织有权拒绝任何方式的摊派。税务机关及代扣、代收税款的单位不得违法摊派税款及以其他违法方法征税。农村义务教育除按国务院规定收取的费用外，不得向农民和学生收取其他费用。禁止任何机关或者单位通过农村中小学校向农民收费。违反该法第 74 条规定，强迫农民和农业生产经营组织接受有偿服务，造成农民和农业生产经营组织损失的，依法承担赔偿责任。

（四）造成财产损害的其他违法行为

造成财产损害的其他违法行为，是指行政机关及其工作人员在行使职权过程中，除了上述列举的三种侵犯公民、法人或者其他组织财产权情形以外的其他违法行为。行政机关及其工作人员违法行使行政职权的其他行为，造成公民、法人或其他组织财产损害的，国家也应予赔偿。

这一概括性的规定表明，在行政赔偿上，国家不仅要对行政机关及其工作人员的行使职权的行为造成的财产损害承担赔偿责任，而且对行政机关及其工作人员与行使职权有关的行为造成的财产损害也要承担赔偿责任。

造成财产损害的其他违法行为，可以是具体行政行为，也可以是与行政机关及其工作人员行使行政职权有关的，违反行政职责的行为。换言之，“造成财产损害的行为，不管是行政机关作为的行为，还是不作为的行为，只要是违法侵权并造成财产权损害，且符合国家赔偿的构成条件，都在国家行政赔偿之列”①。

最高人民法院《关于审理行政赔偿案件若干问题的规定》（2022 年）第 1 条规定：《国家赔偿法》第 4 条规定的其他违法行为，包括不履行法定职责行为，行政机关及其工作人员在履行行政职责过程中作出的不产生法律效果，但事实上损害公民、法人或者其他组织人身权、财产权等合法权益的行为。

四、行政赔偿责任的免除

（一）行政赔偿责任的免除概述

行政赔偿责任的免除，又称除外责任或例外情况，是指行政机关依据法律规定不负行政赔偿责任的情形或范围，是对行政赔偿责任的限制。有权利即有救济，有损害必有赔偿，但在某些特殊情况下，尽管有损害，却无赔偿的必要或给予赔偿有失公允。此种情况下，应免除国家的赔偿责任。

各国行政赔偿法律制度中，多有关于行政赔偿免责的规定。如根据 1946 年美国《联邦侵权赔偿法》第 2680 节，政府职员实施的故意侵权行为，如诽谤、造谣中伤、虚伪陈述、欺骗和干涉合同权利等，由其本人负责，国家不承担行政赔偿责任。②

---

① 黄杰，白钢主编．国家赔偿法及配套规定新释新解（新编本）．北京：人民法院出版社，2001：303.

② 王名扬．美国行政法．北京：中国法制出版社，1995：782-784.

行政赔偿责任免除的内容多以列举方式规定，其法律意义在于进一步明确行政赔偿责任的范围，避免行政机关过度承担赔偿责任，以维护公平和最大诚信原则。

（二）行政赔偿责任的免除范围

根据《国家赔偿法》第5条，属于下列情形之一的，国家不承担赔偿责任：

1. 行政机关工作人员与行使职权无关的个人行为

行政机关工作人员有双重身份，即作为具有行政职权和职责的国家工作人员和作为普通公民的个人。行政机关工作人员以普通公民的身份从事与行使职权无关的行为，应由其依法承担个人赔偿责任。换言之，行政赔偿是基于职务行为违法而产生的国家责任，因此，行政机关工作人员在执行职务以外，以普通公民的身份、以个人名义实施的行为，与行使职权无关，国家不承担由此产生的赔偿责任。

不在行政赔偿范围之内的行政机关工作人员与行使职权无关的个人行为，大致可以分为两类：一类是与行使职权无关的纯粹个人行为；另一类是属于在事实上与行使职权有一定牵连关系但在法律上或法理上不认为与行使职权有关的个人行为。[1]

在理论上，区分行政机关工作人员的行为是否与行使职权有关，即属于职务行为还是个人行为，应综合考察下列主要因素：一是时间因素，即考察行政机关工作人员的行为是否发生在其工作时间内；二是主体因素，即考察行政机关工作人员的行为是否以行政机关的名义作出；三是职权因素，即考察行政机关工作人员的行为是否与行使职权有关。

但区分行政机关工作人员的行为是否与行使职权有关十分复杂，许多情况下是多种因素综合作用的结果。当难以区分行政机关工作人员的行为是否与行使职权有关时，应优先考虑如何有利于为受害人提供法律救济，使受害人的合法权益得到更好的保护；同时，按照权责一致要求，还要考虑行政机关工作人员履行职务的责任，如《人民警察法》第19条规定："人民警察在非工作时间，遇有其职责范围内的紧急情况，应当履行职责。"

2. 因公民、法人和其他组织自己的行为致使损害发生

公民、法人和其他组织自己的行为致使损害发生，是指在行政机关及其工作人员行使行政职权的过程中，发生因公民、法人和其他组织自己的行为造成损害的情形。

行政机关及其工作人员行使行政职权时，发生公民、法人和其他组织的合法权益受到损害的情形较复杂，原因也很多。如果完全是由于行政机关及其工作人员违法行使行政职权致使损害发生的，国家应承担赔偿责任；但如果是因公民、法人和其他组织自己的行为致使损害发生的，则国家不承担赔偿责任。

在理论上，国家对因公民、法人和其他组织自己的行为致使损害发生不予赔偿，应具备以下条件：一是对损害的发生，该公民、法人或其他组织本身有过错；二是公民、法人和其他组织的损害系自己的行为所致。但在实践中，有的损害可能部分由公民、法人和其他组织自己的过错或行为所致，部分由行政机关及其工作人员所致，在这种情况下则应区分双方各自过错的大小或行为在造成损害中的作用，并分担各自的责任。

3. 法律规定的其他情形

对国家不承担行政赔偿责任的情形，法律不可能详尽列举，因此采取概括式的方法规定。

---

[1] 黄杰，白钢主编．国家赔偿法及配套规定新释新解（新编本）．北京：人民法院出版社，2001：309.

采取概括式的方法规定免除国家的行政赔偿责任，其含义主要有二：一是将其他有关法律规定的情形排除在外，只要法律已经规定的，国家即不承担行政赔偿责任；二是将来不需要国家承担赔偿责任的情形，可由法律规定，免除国家的行政赔偿责任。需要指出的是，这里的法律仅指全国人大及其常委会通过的法律，不包括法规和规章。①

根据法律规定，国家不承担行政赔偿责任的情形包括：

（1）不可抗力。根据《民法典》，除法律另有规定外，因不可抗力，即因不能预见、不能避免且不能克服的客观情况，造成他人损害的，不承担民事责任。上述规定也适用于行政赔偿领域。

（2）行政机关制定法规、规章等规范性文件的行为。根据《行政诉讼法》第 13 条，上述行为人民法院不受理公民、法人或者其他组织提起的行政诉讼。

第三节　行政赔偿请求人和行政赔偿义务机关

一、行政赔偿请求人

（一）行政赔偿请求人的含义和条件

行政赔偿请求人是指有权请求行政赔偿的人。

根据《国家赔偿法》第 6 条，受害的公民、法人和其他组织有权要求赔偿。受害的公民死亡，其继承人和其他有扶养关系的亲属有权要求赔偿。受害的法人或者其他组织终止的，其权利承受人有权要求赔偿。

因此，行政赔偿请求人，即指其合法权益因行政机关及其工作人员违法行使职权行为而受到损害，而向赔偿义务机关请求行政赔偿的公民、法人或其他组织，以及受害公民死亡后的继承人和其他有扶养关系的亲属，或受害的法人或者其他组织终止后承受其权利的法人或者其他组织。

换言之，行政赔偿的请求人应当是受害人，即合法权益受到损害的人。但在某些情况下，请求人资格也会发生转移。

作为受害人的行政赔偿请求人应当具备下列条件：（1）合法权益受到行政机关及其工作人员违法行使职权行为的侵犯；（2）发生了损害后果；（3）侵权行为与损害结果之间有因果关系。

（二）行政赔偿请求人的范围

行政赔偿请求人分为公民、法人或者其他组织三种。

---

① 有的部门规章在法律规定的基础上，细化了行政赔偿责任的免除范围，在《国家赔偿法》的上述规定外，还规定了免除行政赔偿责任的其他情形。如根据 2003 年 3 月 24 日中华人民共和国海关总署发布的《中华人民共和国海关行政赔偿办法》第 7 条和 2005 年 12 月 23 日国家民用航空总局发布的《民航行政机关行政赔偿办法》第 5 条，因不可抗力造成损害后果的，行政机关不承担行政赔偿责任；因公民、法人和其他组织的过错致使损失扩大的，对扩大部分行政机关不承担赔偿责任。

1．公民

根据《国家赔偿法》的规定，公民作为行政赔偿请求人，有三种情况：

（1）受害的公民本人。根据我国《宪法》，公民是指具有中华人民共和国国籍的人，但按照《国家赔偿法》第33条，外国人在我国领域内要求国家赔偿的，适用本法，因此，受害的公民和外国人，都是行政赔偿请求人。

（2）受害公民死亡的，其继承人和其他有抚养关系的亲属可以成为赔偿请求人。继承人包括遗嘱继承人和法定继承人。法定继承人行使赔偿请求权受继承顺序的限制，前一顺序的继承人不行使请求权的，后一顺序的人就不能逾越行使请求权。关于继承顺序，根据《继承法》的规定，第一顺序的继承人是配偶、子女、父母；第二顺序的继承人是兄弟姐妹、祖父母、外祖父母。其他有扶养关系的亲属是指上述继承人之外与死亡的公民具有抚养或者被抚养关系的亲属。

（3）受害的公民为限制行为能力或者无行为能力人的，其法定代理人可以代为行使行政赔偿请求权。限制行为能力人，是指8周岁以上不满18周岁的未成年人和不能完全辨认自己行为的精神病人。限制行为能力人的民事活动由其法定代理人代为进行或者在征得其法定代理人同意后进行。无行为能力人，是指不满8周岁的未成年人和不能辨认自己行为的精神病人。根据《民法典》的规定，无行为能力人由他的法定代理人代理民事活动。因此，受害的公民为限制行为能力或者无行为能力人的，其法定代理人可以代为行使行政赔偿请求权。

2．法人

法人是指具有民事权利能力和民事行为能力，依法独立享有民事权利承担民事义务的组织。在我国，法人主要分为企业法人与非企业法人两大类。

（1）企业法人，是以从事生产、流通、科技等活动为内容，以获取盈利和增加积累、创造社会财富为目的的营利性社会经济组织。

（2）非企业法人，主要有下列社会组织：1）机关法人，是指依法享有国家赋予的权力，并因行使职权的需要而享有相应的民事权利能力和民事行为能力的国家机关；2）事业单位法人，是指为了社会公益事业目的，由国家机关举办或者其他组织利用国有资产举办的，从事文化、教育、卫生、体育、新闻等公益事业的社会组织[①]；3）社会团体法人，是指我国公民或国家机关以外的组织自愿组成，为实现会员共同意愿，按照其章程开展活动的非营利性社会组织。[②]

另外，由企业事业单位、社会团体和其他社会力量以及公民个人利用非国有资产举办的、从事非营利性社会服务活动的民办非企业单位，如果属于法人类型，也具有法人资格。[③]

根据《国家赔偿法》的规定，法人作为行政赔偿请求人，有两种情况：（1）受害的法人，即其合法权益遭受行政侵权行为直接侵害的法人，作为行政赔偿请求人。（2）受害的法人终止的，承受其权利的法人是赔偿请求人。

3．其他组织

依据于2015年1月30日最高人民法院发布的《关于适用〈中华人民共和国民事诉讼法〉的解释》（2022年修正），“其他组织”是指合法成立、有一定的组织机构和财产，但又不具备

---

① 参见1998年10月25日国务院发布、2004年6月27日修改的《事业单位登记管理暂行条例》第3条，事业单位应当具备法人条件。

② 参见1998年10月25日国务院发布的《社会团体登记管理条例》（2016年修订）第3条第2款，社会团体应当具备法人条件。

③ 参见1998年10月25日国务院发布的《民办非企业单位登记管理暂行条例》第2条。

法人资格的组织。

根据这一司法解释，所谓其他组织，主要有依法登记领取营业执照的私营独资企业[①]，合伙组织[②]，合伙型联营企业，法人依法设立并领取营业执照的分支机构，中国人民银行、各商业银行设在各地的分支机构，中国人民保险公司设在各地的分支机构等。

根据《国家赔偿法》的规定，其他组织作为行政赔偿请求人，也有两种情况：(1) 受害的其他组织，即其合法权益遭受行政侵权行为直接侵害的其他组织，作为行政赔偿请求人。(2) 受害的其他组织终止的，承受其权利的其他组织是赔偿请求人。

二、行政赔偿义务机关

（一）行政赔偿义务机关的概念

行政赔偿义务机关，是指代表国家处理赔偿请求，支付赔偿费用，参加赔偿诉讼的行政机关或法律法规授权的组织。

国家是一个抽象的政治实体，其具体的行政行为要靠行政机关来行使；国家虽然是行政赔偿的责任主体，但无法履行具体的赔偿义务。因此，国家赔偿义务是由行政机关来履行的。这个行政机关就是行政赔偿义务机关。

行政赔偿义务机关与行政侵权行为主体并不一定是一致的。行政侵权行为主体是指具体实施侵权行为的行政机关及其工作人员，法律、法规、规章授权的组织及其工作人员，以及受行政机关委托的组织或者个人等。

（二）行政赔偿义务机关的确认

根据《国家赔偿法》和最高人民法院有关司法解释的规定，行政赔偿义务机关应按照下列规定确认：

1. 行政机关为赔偿义务机关

根据《国家赔偿法》，行政机关及其工作人员行使行政职权侵犯公民、法人和其他组织的合法权益造成损害的，该行政机关为赔偿义务机关。

例如，海关违法处罚给某公司造成损害的，该海关为赔偿义务机关；又如，某公安机关人民警察在办理治安案件中违法使用武器或警械，造成公民身体伤害或者死亡的，该人民警察所在的公安机关为赔偿义务机关。

2. 法律法规授权的组织为赔偿义务机关

根据《国家赔偿法》，法律法规授权的组织在行使授予的行政权力时侵犯公民、法人或其他组织的合法权益造成损害的，被授权的组织为赔偿义务机关。

法律法规授权的组织，如具有公共事务管理职能的事业单位等，尽管不是行政机关，但作

---

① 根据 1999 年 8 月 30 日第九届全国人大常委会第十一次会议通过的《个人独资企业法》，个人独资企业是指依照本法在中国境内设立，由一个自然人投资，财产为投资人个人所有，投资人以其个人财产对企业债务承担无限责任的经营实体。

② 根据 1997 年 2 月 23 日第八届全国人大常委会第二十四次会议通过、2006 年 8 月 27 日第十届全国人大常委会第二十三次会议修订的《合伙企业法》，合伙企业是指自然人、法人和其他组织依照本法在中国境内设立的普通合伙企业和有限合伙企业。

为行政主体，可以自己名义行使职权并承担行政行为的法律后果，在行政复议中作为被申请人或在行政诉讼中作为被告，也可以在行政赔偿中作为赔偿义务机关。

3. 委托行政机关为赔偿义务机关

根据《国家赔偿法》，受行政机关委托的组织或者个人在行使受委托的行政权力时侵犯公民、法人和其他组织的合法权益造成损害的，委托的行政机关为赔偿义务机关。

这样规定主要是因为，受行政机关委托的组织或者个人，是接受行政机关委托、以行政机关名义并在行政机关委托范围内行使职权的，其行使受委托职权时侵犯公民、法人和其他组织的合法权益造成损害的，应以委托行政机关而不以受行政机关委托的组织或者个人为赔偿义务机关。但是，如果受委托的组织或个人所实施的致害行为与受委托的职权无关，则国家对该致害行为不承担行政赔偿责任，受害人可追究其侵权民事责任。

4. 行政机关被撤销后的赔偿义务机关

根据《国家赔偿法》，赔偿义务机关被撤销的，继续行使其职权的行政机关为赔偿义务机关；没有继续行使其职权的行政机关的，撤销该赔偿义务机关的行政机关为赔偿义务机关。

行政机关被撤销一般有两种情形：一是行政机关因合并或分立而被撤销，原有职权发生转移，由新成立的行政机关继续行使；二是行政机关被撤销，原有职权不复存在。在前一种情形下，继续行使其职权的行政机关为赔偿义务机关；在后一种情形下，没有继续行使其职权的行政机关，撤销该赔偿义务机关的行政机关为赔偿义务机关。

5. 经复议机关复议后的赔偿义务机关

根据《国家赔偿法》，经复议机关复议的，最初造成侵权行为的行政机关为赔偿义务机关，但复议机关的复议决定加重损害的，复议机关对加重的部分履行赔偿义务。

依据《行政复议法》，公民、法人或者其他组织认为具体行政行为侵犯其合法权益，有权向行政机关提出行政复议申请，由行政机关依法受理行政复议申请，作出行政复议决定。行政复议机关作出的行政复议决定，有以下几种：（1）决定维持具体行政行为；（2）决定在一定期限内履行法定职责；（3）决定撤销、变更该具体行政行为或者确认该具体行政行为违法；（4）决定撤销或者确认该具体行政行为违法并责令在一定期限内重新作出具体行政行为；（5）决定撤销具体行政行为；（6）决定变更；（7）决定驳回行政复议申请。①

行政复议机关的行政复议决定不同，其在行政赔偿中的法律地位也不同：

（1）行政复议机关决定维持违法的具体行政行为，由最初造成侵权行为的行政机关为赔偿义务机关。

（2）决定在一定期限内履行法定职责，由最初不履行法定职责造成侵权行为的行政机关为赔偿义务机关。

（3）决定撤销或者确认具体行政行为违法，由最初不履行法定职责造成侵权行为的行政机关为赔偿义务机关。

（4）决定变更具体行政行为，有两种情形：一是行政复议机关的复议决定加重了公民、法人或者其他组织合法权益的损害，二是行政复议机关的复议决定减轻了公民、法人或者其他组织合法权益的损害。在前一种情形下，行政复议机关对加重的部分履行赔偿义务；在后一种情形下，由最初造成侵权行为的行政机关为赔偿义务机关。

---

① 参见《行政复议法》第28条和2007年5月29日国务院公布的《行政复议法实施条例》第43～48条。

(5) 决定驳回行政复议申请，如果加重了公民、法人或者其他组织合法权益的损害，行政复议机关对加重的部分履行赔偿义务。

但是，行政复议机关与最初造成侵权行为的行政机关不是共同赔偿义务机关，不负连带责任，它们各自承担自己的赔偿责任。

6. 共同赔偿义务机关

根据《国家赔偿法》，两个以上的行政机关共同行使行政职权时侵犯公民、法人或其他组织的合权益造成损害的，共同行使行政职权的行政机关为共同赔偿义务机关。

现实生活中，有时行政处罚、行政许可等职权是由两个以上的行政机关共同行使的。如果它们在共同行使上述行政职权时，侵犯了公民、法人或其他组织的合法权益并造成了损害，应由共同行使该项职权的行政机关为共同赔偿义务机关，履行连带赔偿责任。

这里需要注意的是：(1) 作为赔偿义务机关的两个以上的行政机关必须是具有独立主体资格的行政机关。(2) 如果两个以上的工作人员分属不同的行政机关，可以该工作人员所在的行政机关为共同赔偿义务机关。(3) 共同赔偿义务机关相互之间负连带责任。“赔偿请求人因同一事实对两个以上行政机关提起行政诉讼的，可以向其中任何一个行政机关住所地的人民法院提起。”①

第四节 行政赔偿程序

一、行政赔偿程序概述

(一) 行政赔偿程序的概念

行政赔偿程序，是指行政赔偿请求人依法申请行政赔偿、行政机关或者人民法院依法办理行政赔偿案件应当遵守的方式、步骤、顺序、时限等的总称，包括行政赔偿的行政处理程序和行政赔偿诉讼程序。广义的行政赔偿程序还包括行政赔偿义务机关对有故意或者重大过失的工作人员或者受委托的组织或者个人行使追偿权的程序。

(二) 行政赔偿程序的主要依据和类型

《国家赔偿法》第9条规定：赔偿义务机关有本法第3条、第4条规定的情形之一的，应当给予赔偿。赔偿请求人要求赔偿，应当先向赔偿义务机关提出，也可以在申请行政复议或者提起行政诉讼时一并提出。

根据上述规定，可以依据不同标准对行政赔偿程序进行分类：

1. 单独提出行政赔偿的程序和一并提出行政赔偿的程序

这是根据赔偿请求人提出赔偿请求的方式对行政赔偿程序的分类。

单独提出行政赔偿的程序，是指行政机关及其工作人员违法行使行政职权，对公民、法人

---

① 2022年3月20日最高人民法院公布的《关于审理行政赔偿案件若干问题的规定》第10条。

或者其他组织人身权或财产权造成损害的，赔偿请求人单独就损害赔偿提出请求、行政机关处理而适用的程序。

一并提出行政赔偿的程序，是指赔偿请求人在申请行政复议或提起行政诉讼时，一并提出赔偿请求，由行政复议机关或人民法院在确认具体行政行为合法性基础上进一步解决赔偿问题而适用的程序。

2. 行政赔偿处理程序和行政赔偿诉讼程序

这是根据行政赔偿的不同处理阶段对行政赔偿的分类。

行政赔偿处理程序包括赔偿请求人向赔偿义务机关提出申请，赔偿义务机关受理、审理、决定和执行，以及赔偿请求人在申请行政复议时一并提出行政赔偿请求，行政复议机关依法受理、决定等内容。

行政赔偿诉讼程序，是指人民法院受理和裁判行政赔偿请求的程序，属于行政诉讼中的一个特殊类别。

（三）行政赔偿程序与相关程序的区别

1. 行政赔偿程序与民事赔偿程序

行政赔偿程序由非诉讼程序（行政处理程序）与诉讼程序（司法程序）两部分组成。原则上行政赔偿请求人应先向行政赔偿义务机关提出赔偿请求，由行政赔偿义务机关先行通过行政程序处理；如行政赔偿义务机关不依法受理、逾期不予赔偿或者赔偿请求人对赔偿数额有异议的，赔偿请求人可向人民法院起诉。

民事赔偿程序是受害人通过人民法院向侵权人索赔的程序。受害人得依法直接向人民法院提起损害赔偿之诉，不必经过有关行政机关先行处理。

2. 行政赔偿程序与司法赔偿程序

行政赔偿程序与司法赔偿程序都属于《国家赔偿法》规定的程序，但两者有如下区别：首先，在行政赔偿程序中，赔偿请求经赔偿义务机关处理后，请求人如不服，不需要再向赔偿义务机关的上一级机关申请复议；而在司法赔偿程序中，请求人如不服，不能直接诉诸法院解决，而必须向赔偿义务机关的上一级机关申请复议。其次，行政赔偿请求人在赔偿义务机关先行处理后可向人民法院起诉，请求人民法院作出裁决，而司法赔偿请求人在赔偿义务机关的上一级机关复议之后不能以赔偿义务机关为被告向人民法院起诉。

二、单独提出行政赔偿请求适用的程序

（一）单独提出赔偿请求和行政赔偿义务机关先行处理

根据《行政诉讼法》和《国家赔偿法》的规定，受害人单独提出赔偿请求的，应当首先向赔偿义务机关提出，赔偿义务机关拒绝受理赔偿请求、在法定期限内不作出决定的，受害人可以提起行政赔偿诉讼。因此，赔偿请求人请求损害赔偿时，应当先向有关的赔偿义务机关提出赔偿请求，双方就有关赔偿的范围、方式、金额等事项进行协商、和解，或由赔偿义务机关依法作出决定，从而解决赔偿争议。

行政赔偿请求人应先向行政赔偿义务机关提出赔偿请求，由行政赔偿义务机关通过行政程序先行处理，具有重要意义：一是为赔偿义务机关自我纠正错误提供机会，体现了对赔偿

义务机关的尊重，同时也有利于加强行政机关的内部监督。二是有利于迅速解决赔偿争议，减少受害人的诉累。先行处理程序手续简便、及时，有利于减少赔偿义务机关和受害人的支出。

（二）行政赔偿案件的处理程序

行政赔偿义务机关对行政赔偿案件的处理，主要包括申请与受理、审理、执行等程序。

根据《国家赔偿法》的规定，赔偿义务机关应当自收到申请之日起2个月内依法给予赔偿；逾期不予赔偿或者赔偿请求人对赔偿数额有异议的，赔偿请求人可以自期间届满之日（即赔偿义务机关收到申请之日起2个月届满之日）起3个月内向人民法院提起诉讼。赔偿请求人可以向共同赔偿义务机关中的任何一个赔偿义务机关要求赔偿，该赔偿义务机关应当先予赔偿。

但由于《国家赔偿法》未对行政赔偿案件的处理程序作出明确的规定，为便于执行，有的规章根据《国家赔偿法》和其他有关规定，对行政赔偿案件的处理程序作了规范。总体而言，行政赔偿案件的处理主要包括申请与受理、审理、执行等程序。

1. 申请与受理

申请行政赔偿必须符合下列条件：(1) 赔偿请求人必须是受违法具体行政行为直接侵害的公民、法人和其他组织。受侵害的公民死亡的，其继承人和其他有扶养关系的亲属可作为赔偿请求人；受侵害的法人或其他组织终止的，承受其权利的法人或其他组织可作为赔偿请求人。(2) 有明确的赔偿义务人。(3) 有具体的请求、事实根据和理由。(4) 具体行政行为已被依法确认为违法。(5) 在法律规定的申请期限内。

赔偿申请应当使用书面形式，并载明下列事项：(1) 受害人的姓名、性别、年龄、工作单位和住所，法人或者其他组织的名称、住所和法定代表人或主要负责人的姓名、职务。(2) 具体的要求、事实根据和理由。(3) 申请的年、月、日。赔偿请求人书写申请书确有困难的，可以委托他人代书；也可以口头申请，由受理机关记入笔录。

赔偿义务机关应当自收到赔偿申请书之日起法定期限内，对赔偿申请进行审查，分别作出以下处理：(1) 对符合赔偿范围及有关申请规定的，裁定予以受理，并书面通知赔偿请求人。(2) 对不符合赔偿范围及有关申请规定的，裁定不予受理，并书面通知赔偿请求人。(3) 对申请有关要件尚不齐全的，应当以书面形式通知赔偿请求人在法定期限内补正；逾期未能补正的，视为未申请。

赔偿请求人在行政复议和行政诉讼有效申请期限内，就未经依法确认为违法的具体行政行为，单独向作出该具体行政行为的机关申请赔偿的，该机关应当告知其依法申请复议或提起行政诉讼。

赔偿请求人向共同赔偿义务机关中的任何一个提出赔偿申请的，该机关应当及时受理，不得无故推诿。

2. 审理

法制机构受理赔偿案件后，应当指定专人负责审理。赔偿案件审理的内容包括：(1) 赔偿义务机关已被依法确认为违法的具体行政行为是否给公民、法人或其他组织造成了损害及损害的程度；(2) 公民、法人或其他组织已受到的损害与赔偿义务机关被依法确认为违法的具体行政行为是否有直接因果关系；(3) 对公民、法人或其他组织赔偿的具体方式及标准。

法制机构审理赔偿案件，应当全面审查、核实相关的证据材料。对于赔偿请求人申请中证据不足的请求部分，可责令其补充有关证据材料。赔偿请求人对赔偿请求未能或拒绝提供证据的，不予认定。法制机构可以根据认定的事实，提出处理意见，报相关负责人决定。

相关负责人对法制机构提出的处理意见进行审查，可作出予以赔偿或不予赔偿的决定：（1）对已被依法确认为违法的具体行政行为未造成公民、法人或其他组织财产损失和公民人身损害的，或已被确认为违法的具体行政行为与公民、法人或其他组织已受财产损失和人身损害没有直接因果关系的，决定不予赔偿。（2）对已被确认为违法的具体行政行为直接造成了公民、法人或其他组织财产损失和人身损害的，根据不同情况，分别作出下列处理：1）属于违法对财产采取查封、扣押、冻结等行政强制措施的，决定解除对财产的查封、扣押、冻结措施。造成财产损坏的，能够恢复原状的决定恢复原状；不能恢复原状的或应当返还的财产灭失的，按照实际损害确定赔偿金额。2）属于违法实施罚款、吊销许可证和营业执照、责令停产停业、没收财物等行政处罚的，或违反国家规定征收财物、摊派费用的，应当返还财产；对吊销许可证、营业执照和责令停产停业的，根据停产停业期间必要的经常性费用开支，确定赔偿金额。3）财产已经拍卖或变价收购的，给付拍卖或变价收购价款。4）对财产造成其他损害的，按照直接损失确定赔偿金额。5）属于侵犯公民人身权利的，依照《国家赔偿法》的赔偿标准，确定赔偿金额及赔偿方式。

赔偿处理决定书应当根据赔偿决定制作，包括赔偿请求及其理由、赔偿义务机关认定的事实、赔偿处理决定的内容及赔偿请求人的诉权等事项。对应予赔偿的案件，赔偿义务机关应当在自收到申请之日起法定期限内给予赔偿。

3. 执行

赔偿处理决定及有关文书，应当按有关规定执行。赔偿义务机关执行赔偿处理决定，应当由赔偿义务机关的财务部门在法定期限内按有关规定办理支付手续；返还财产或恢复原状的，由原办案机构负责办理。

执行赔偿案件应当制作笔录，由执行人和赔偿请求人签字、盖章。执行文书、票据等材料复印件，应当存入案卷。

三、一并提出行政赔偿请求适用的程序

一并提出赔偿请求的程序分为行政复议程序和行政赔偿诉讼程序。

（一）申请人在申请行政复议时一并提出赔偿请求

《国家赔偿法》第 9 条第 2 款规定："赔偿请求人要求赔偿，应当先向赔偿义务机关提出，也可以在申请行政复议或者提起行政诉讼时一并提出。"《行政复议法》第 29 条规定："申请人在申请行政复议时可以一并提出行政赔偿请求，行政复议机关对符合国家赔偿法的有关规定应当给予赔偿的，在决定撤销、变更具体行政行为或者确认具体行政行为违法时，应当同时决定被申请人依法给予赔偿。""申请人在申请行政复议时没有提出行政赔偿请求的，行政复议机关在依法决定撤销或者变更罚款，撤销违法集资、没收财物、征收财物、摊派费用以及对财产的查封、扣押、冻结等具体行政行为时，应当同时责令被申请人返还财产，解除对财产的查封、扣押、冻结措施，或者赔偿相应的价款。"这是申请人在申请行政复议时一并提出赔偿请求的

法律依据。值得注意的是，根据《行政复议法》第 29 条，如果被申请的机关依法应当承担赔偿责任的，即使申请人没有提出赔偿申请，行政复议机关也应当决定予以赔偿。

1. 行政复议的范围

行政复议范围，是指行政复议机关受理行政争议案件的范围。行政复议范围既是法律规定行政复议机关受理行政复议申请的范围，也是行政复议申请人申请行政复议的范围。

《行政复议法》从充分保护公民、法人或其他组织合法权益和从实际出发、循序渐进、逐步扩大的原则出发，采用概括式和列举式相结合的方式，对行政复议范围作了规定。此外，《行政复议法》还对不属于行政复议范围的行政争议规定了其他的解决途径。

根据《行政复议法》第 6 条，有下列情形之一的，公民、法人或者其他组织可以依照本法申请行政复议：(1) 对行政机关作出的警告、罚款、没收违法所得、没收非法财物、责令停产停业、暂扣或者吊销许可证、暂扣或者吊销执照、行政拘留等行政处罚决定不服的。(2) 对行政机关作出的限制人身自由或者查封、扣押、冻结财产等行政强制措施决定不服的。(3) 对行政机关作出的有关许可证、执照、资质证、资格证等证书变更、中止、撤销的决定不服的。(4) 对行政机关作出的关于确认土地、矿藏、水流、森林、山岭、草原、荒地、滩涂、海域等自然资源的所有权或者使用权的决定不服的。(5) 认为行政机关侵犯合法的经营自主权的。(6) 认为行政机关变更或者废止农业承包合同，侵犯其合法权益的。(7) 认为行政机关违法集资、征收财物、摊派费用或者违法要求履行其他义务的。(8) 认为符合法定条件，申请行政机关颁发许可证、执照、资质证、资格证等证书，或者申请行政机关审批、登记有关事项，行政机关没有依法办理的。(9) 申请行政机关履行保护人身权利、财产权利、受教育权利的法定职责，行政机关没有依法履行的。(10) 申请行政机关依法发放抚恤金、社会保险金或者最低生活保障费，行政机关没有依法发放的。(11) 认为行政机关的其他具体行政行为侵犯其合法权益的。

可见，《行政复议法》规定的属于行政复议范围的情形，与《国家赔偿法》第 2 条概括的"国家机关和国家机关工作人员行使职权，有本法规定的侵犯公民、法人和其他组织的合法权益的情形，造成损害的，受害人有依照本法取得国家赔偿的权利"，以及第 3 条、第 4 条列举的行政机关及其工作人员在行使行政职权时侵犯公民、法人和其他组织的人身权、财产权的情形，不完全相同。

2. 行政复议的申请

(1) 行政复议的申请期限。根据《行政复议法》和有关法律的规定，行政复议的申请期限分为一般期限和特殊期限两种。

申请行政复议的一般期限，是指《行政复议法》统一规定的期限。根据《行政复议法》的规定，公民、法人或其他组织认为具体行政行为侵犯其合法权益的，可以自知道该具体行政行为之日起 60 日内提出行政复议申请；但是法律规定的申请期限超过 60 日的除外。

申请行政复议的特殊期限是指《行政复议法》以外的其他法律规定的超过 60 日的申请复议期限。有些法律对某些专业性、技术性较强的问题，规定公民、法人或其他组织，对其不服的具体行政行为可以在较长期限内提出行政复议申请。根据《行政复议法》的规定，这些法律规定的行政复议申请期限超过 60 日的，则适用该法律规定的申请期限，而不适用《行政复议法》规定的 60 日的一般期限。如根据《专利法》(2020 年修正) 第 41 条的规定，专利申请人对国务院专利行政部门驳回申请的决定不服的，可以自收到通知之日起 3 个月内，向国务院专利行政部门请求复审。因此，对此类争议申请行政复议的期限是 3 个月，而不是 60 日。

（2）行政复议的申请形式。依据《行政复议法》的规定，申请人申请行政复议，可以书面申请，也可以口头申请。一般情况下，申请人应提交书面申请书，申请书应载明申请人的基本情况、行政复议请求、申请行政复议的主要事实、理由和时间。为方便当事人，《行政复议法》规定申请人也可以口头申请。口头申请的，行政复议机关应当当场记录申请人的基本情况、行政复议请求、申请行政复议的主要事实、理由和时间。

3. 行政复议参加人

行政复议参加人，是指行政争议的当事人和与行政争议的具体行政行为有利害关系而参加行政复议的人，即申请人和被申请人、第三人以及依据法律规定或受申请人、第三人委托代表参加行政复议的法定代理人或委托代理人。

（1）申请人。申请人，是指认为自己的合法权益受到具体行政行为侵犯，依法以自己的名义提出行政复议申请的公民、法人或其他组织。依据《行政复议法》的规定，有权申请行政复议的公民死亡的，其近亲属可以申请行政复议。有权申请行政复议的公民为无民事行为能力人或者限制民事行为能力人的，其法定代理人可以代为申请行政复议。有权申请行政复议的法人或其他组织终止的，承受其权利的法人或者其他组织可以申请行政复议。

（2）第三人。行政复议第三人，是指同被申请行政复议的具体行政行为有利害关系而参加行政复议的公民、法人或其他组织。所谓利害关系，是指法律上的权利义务关系。

（3）被申请人。被申请人，是指因公民、法人或其他组织对其作出的具体行政行为不服而提出行政复议申请的行政机关。

（4）委托代理人。行政复议委托代理人，是指接受申请人或第三人委托，在委托范围内以申请人、第三人的名义参加行政复议，而申请人或第三人对其在委托范围内的行政复议代理行为承担责任的人。

4. 行政复议的管辖

行政复议的管辖，是指不同行政复议机关之间受理行政复议申请的权限分工。《行政复议法》分以下几种情况对行政复议申请的管辖作了明确规定：

（1）对县级以上地方各级人民政府工作部门的具体行政行为不服的，由申请人选择，可以向该部门的本级人民政府申请行政复议，也可以向上一级主管部门申请行政复议。

（2）对海关、金融、国税、外汇管理等实行垂直领导的行政机关和国家安全机关的具体行政行为不服的，向上一级主管部门申请行政复议。

（3）对地方各级人民政府的具体行政行为不服的，向上一级地方人民政府申请行政复议。

（4）对省、自治区人民政府依法设立的派出机关所属的县级地方人民政府的具体行政行为不服的，向该派出机关申请行政复议。

（5）对国务院部门或者省、自治区、直辖市人民政府的具体行政行为不服的，向作出该具体行政行为的国务院部门或者省、自治区、直辖市人民政府申请行政复议。对行政复议决定不服的，可以向人民法院提起行政诉讼，也可以向国务院申请裁决，国务院依法作出最终裁决。

（6）对县级以上地方人民政府依法设立的派出机关的具体行政行为不服的，向设立该派出机关的人民政府申请行政复议；对政府工作部门依法设立的派出机构依照法律、法规或者规章规定，以自己的名义作出的具体行政行为不服的，向设立该派出机构的部门或者该部门的本级地方人民政府申请行政复议；对法律、法规授权的组织的具体行政行为不服的，分别向直接管理该组织的地方人民政府、地方人民政府工作部门或者国务院部门申请行政复议；对两个或者两个以上行政机关以共同的名义作出的具体行政行为不服的，向其共同上一级行政机关申请行政复议；对被撤销的行政机关在撤销前所作出的具体行政行为不服的，向继续行使其职权的行政机关的上一级行政机关申请行政复议。

5. 行政复议受理

行政复议机关收到行政复议申请后，应当在5日内进行审查，对不符合法律规定的行政复议申请，决定不予受理，并书面告知申请人；对符合法律规定，但是不属于本机关受理的行政复议申请，应当告知申请人向有关行政复议机关提出。公民、法人或者其他组织依法提出行政复议申请，行政复议机关无正当理由不予受理的，上级行政机关应当责令其受理；必要时，上级行政机关也可以直接受理。

行政复议期间具体行政行为不停止执行；但是，有下列情形之一的，可以停止执行：被申请人认为需要停止执行的；行政复议机关认为需要停止执行的；申请人申请停止执行，行政复议机关认为其要求合理，决定停止执行的；法律规定停止执行的。

6. 行政复议决定

行政复议原则上采取书面审查的办法，但是申请人提出要求或者行政复议机关负责法制工作的机构认为有必要时，可以向有关组织和人员调查情况，听取申请人、被申请人和第三人的意见。

行政复议机关负责法制工作的机构应当自行政复议申请受理之日起7日内，将行政复议申请书副本或者行政复议申请笔录复印件发送被申请人。被申请人应当自收到申请书副本或者申请笔录复印件之日起10日内，提出书面答复，并提交当初作出具体行政行为的证据、依据和其他有关材料。

申请人、第三人可以查阅被申请人提出的书面答复、作出具体行政行为的证据、依据和其他有关材料，除涉及国家秘密、商业秘密或者个人隐私外，行政复议机关不得拒绝。

在行政复议过程中，被申请人不得自行向申请人和其他有关组织或者个人收集证据。

行政复议决定作出前，申请人要求撤回行政复议申请的，经说明理由，可以撤回；撤回行政复议申请的，行政复议终止。

行政复议机关负责法制工作的机构应当对被申请人作出的具体行政行为进行审查，提出意见，经行政复议机关的负责人同意或者集体讨论通过后，按照下列规定作出行政复议决定：

（1）具体行政行为认定事实清楚，证据确凿，适用依据正确，程序合法，内容适当的，决定维持。

（2）被申请人不履行法定职责的，决定其在一定期限内履行。

（3）具体行政行为有下列情形之一的，决定撤销、变更或者确认该具体行政行为违法；决定撤销或者确认该具体行政行为违法的，可以责令被申请人在一定期限内重新作出具体行政行为：主要事实不清、证据不足的；适用依据错误的；违反法定程序的；超越或者滥用职权的；具体行政行为明显不当的。

（4）被申请人不按照法律规定提出书面答复、提交当初作出具体行政行为的证据、依据和其他有关材料的，视为该具体行政行为没有证据、依据，决定撤销该具体行政行为。

行政复议机关应当自受理申请之日起60日内作出行政复议决定；但是法律规定的行政复议期限少于60日的除外。情况复杂，不能在规定期限内作出行政复议决定的，经行政复议机关的负责人批准，可以适当延长，并告知申请人和被申请人；但是延长期限最多不超过30日。[①]

7. 行政复议中的行政赔偿和财产返还等问题

（1）行政复议中的行政赔偿请求和决定。《行政复议法》第29条规定：申请人在申请行政复议时可以一并提出行政赔偿请求，行政复议机关对符合国家赔偿法的有关规定应当给予赔偿的，在决定撤销、变更具体行政行为或者确认具体行政行为违法时，应当同时决定被申请人依法给予赔偿。

由于被申请人违法的具体行政行为，可能损害申请人的人身权利和财产权利，而行政复议的主要目的是为申请人提供法律救济并保障申请人的合法权益，所以《行政复议法》规定申请人在申请行政复议时可以一并提出行政赔偿请求。该行政赔偿请求如果符合《国家赔偿法》有关应予赔偿的规定，行政复议机关在作出行政复议决定时，在决定撤销、变更具体行政行为或者确认具体行政行为违法的同时，还应当同时决定被申请人依照《国家赔偿法》给予赔偿。

行政复议申请人（赔偿请求人）往往是其合法权益受到具体行政行为违法侵害的公民、法人或其他组织。申请人提交复议申请书时应同时递交赔偿申请书，或在申请复议的理由和要求中一并提出赔偿请求，并写明损害程度、具体赔偿要求等。行政复议的被申请人同时是赔偿义务机关。

在行政复议中一并提出赔偿请求的受理和审理适用行政复议程序。根据《行政复议法》规定的行政复议程序，赔偿请求人在申请行政复议时一并提出赔偿申请的，依照《行政复议法》及有关规定，审查其申请，并作出是否受理的裁定。

复议机关应当先对原具体行政行为是否违法予以认定。经复议认为原具体行政行为合法、适当，予以维持的，应当在复议决定书中一并作出不予赔偿的决定；认为原具体行政行为违法，变更或撤销的，应当将复议决定书连同赔偿申请书一并转变赔偿义务机关，并告知赔偿请求人。赔偿审理期限自赔偿义务机关收到复议决定书和赔偿申请书之日起计算。

《行政复议法实施条例》第50条规定，对于当事人之间的行政赔偿纠纷，行政复议机关可以按照自愿、合法的原则进行调解。

（2）行政复议中的财产返还等问题。《行政复议法》第29条第2款规定：申请人在申请行政复议时没有提出行政赔偿请求的，行政复议机关在依法决定撤销或者变更罚款，撤销违法集资、没收财物、征收财物、摊派费用以及对财产的查封、扣押、冻结等具体行政行为时，应当同时责令被申请人返还财产，解除对财产的查封、扣押、冻结措施，或者赔偿相应的价款。

换言之，申请人在申请行政复议时没有提出行政赔偿请求的，但是如果由于被申请人的具体行政行为已经对申请人造成了财产损害，为了保障申请人的合法权益，行政复议机关在依法决定撤销或者变更被申请人的具体行政行为时，应当同时处理对申请人的财产损害问题。

具体而言，《行政复议法》第29条列举的对申请人财产权造成损害的违法具体行政行为，有下列各项：1）罚款；2）违法集资；3）没收财物；4）征收财物；5）摊派费用；6）对财产的查封、扣押、冻结。

---

① 根据2007年5月29日国务院公布的《行政复议法实施条例》，行政复议机关作出的行政复议决定中，还有决定驳回行政复议申请等。

行政复议机关在依法决定撤销或者变更上述具体行政行为时，应当同时责令被申请人采取下列方法处理损害申请人财产权的行为：1）返还财产；2）解除对财产的查封、扣押、冻结措施；3）赔偿相应的价款。

（二）行政赔偿诉讼程序

行政赔偿诉讼程序，是指人民法院受理和裁判行政赔偿请求的程序。受害人可以在提起行政诉讼时一并提出赔偿要求即提起行政赔偿诉讼，也可以在行政复议机关作出决定或者赔偿义务机关作出决定之后，向人民法院提起行政赔偿诉讼。

根据《行政诉讼法》和《国家赔偿法》的规定，我国行政赔偿诉讼适用行政诉讼程序，属于行政诉讼中的一个特殊类别。

1. 行政赔偿案件的受案范围

根据最高人民法院《关于审理行政赔偿案件若干问题的规定》，人民法院受理下列的行政赔偿案件：

（1）单独提起的行政赔偿诉讼案件：根据《国家赔偿法》第 3 条、第 4 条规定的其他违法行为，包括具体行政行为和与行政机关及其工作人员行使行政职权有关的，给公民、法人或者其他组织造成损害的，违反行政职责的行为。

赔偿请求人单独提起行政赔偿诉讼，须以赔偿义务机关先行处理为前提。赔偿请求人对赔偿义务机关确定的赔偿数额有异议或者赔偿义务机关逾期不予赔偿，赔偿请求人有权向人民法院提起行政赔偿诉讼。

赔偿请求人对行政机关确认具体行政行为违法但又决定不予赔偿，或者对确定的赔偿数额有异议提起行政赔偿诉讼的，人民法院应予受理。

赔偿请求人认为行政机关及其工作人员实施了《国家赔偿法》第 3 条第 3、4、5 项和第 4 条第 4 项规定的非具体行政行为的行为侵犯其人身权、财产权并造成损失，赔偿义务机关拒不确认致害行为违法，赔偿请求人可直接向人民法院提起行政赔偿诉讼。

（2）一并提起的行政赔偿诉讼案件。公民、法人或者其他组织在提起行政诉讼的同时一并提出行政赔偿请求的，人民法院应一并受理。

（3）法律规定由行政机关最终裁决的具体行政行为。被作出最终裁决的行政机关确认违法，赔偿请求人以赔偿义务机关应当赔偿而不予赔偿或逾期不予赔偿或者对赔偿数额有异议提起行政赔偿诉讼，人民法院应依法受理。

（4）人民法院不予受理的行政赔偿诉讼。公民、法人或者其他组织以国防、外交等国家行为或者行政机关制定发布行政法规、规章或者具有普遍约束力的决定、命令侵犯其合法权益造成损害为由，向人民法院提起行政赔偿诉讼的，人民法院不予受理。

2. 行政赔偿诉讼的管辖

（1）单独提起行政赔偿诉讼的级别管辖。

单独提起的行政赔偿诉讼案件由被告住所地的基层人民法院管辖。

中级人民法院管辖下列第一审行政赔偿案件：被告为海关、专利管理机关的；被告为国务院各部门或者省、自治区、直辖市人民政府的；本辖区内其他重大影响和复杂的行政赔偿案件。

高级人民法院管辖本辖区内有重大影响和复杂的第一审行政赔偿案件。

最高人民法院管辖全国范围内有重大影响和复杂的第一审行政赔偿案件。

（2）一并提起行政赔偿诉讼的管辖。

公民、法人或者其他组织在提起行政赔偿诉讼的同时一并提出行政赔偿请求的，人民法院依照《行政诉讼法》第 18 条、第 19 条、第 21 条的规定管辖，即：1）行政案件由最初作出行政行为的行政机关所在地人民法院管辖。经复议的案件，也可以由复议机关所在地人民法院管辖。2）对限制人身自由的行政强制措施不服提起的诉讼，由被告所在地或者原告所在地人民法院管辖。3）两个以上人民法院都有管辖权的案件，原告可以选择其中一个人民法院提起诉讼。原告向两个以上有管辖权的人民法院提起诉讼的，由最先立案的人民法院管辖。

（3）地域管辖。行政赔偿诉讼案件一般由被告住所地的人民法院管辖。

赔偿请求人提起行政赔偿诉讼的请求涉及不动产的，由不动产所在地的人民法院管辖。

公民对限制人身自由的行政强制措施不服，或者对行政赔偿机关基于同一事实对同一当事人作出限制人身自由和对财产采取强制措施的具体行政行为不服，在提起行政诉讼的同时一并提出行政赔偿请求的，由受理该行政案件的人民法院管辖；单独提起行政赔偿诉讼的，由被告住所地或原告住所地或不动产所在地的人民法院管辖。

（4）共同管辖。赔偿请求人因同一事实对两个以上行政机关提起行政诉讼的，可以向其中任何一个行政机关住所地的人民法院提起。赔偿请求人向两个以上有管辖权的人民法院提起行政赔偿诉讼的，由最先收到起诉状的人民法院管辖。

（5）移送管辖和指定管辖。人民法院发现受理的案件不属于自己管辖时，应当移送有管辖权的人民法院。受移送的人民法院不得再行移送。

人民法院对管辖权发生争议，由争议双方协商解决。协商不成的，报请它们的共同上级人民法院指定管辖。如双方为跨省、自治区、直辖市的人民法院，高级人民法院协商不成的，由最高人民法院及时指定管辖。

3. 行政赔偿诉讼当事人

（1）原告。原告是指依法向人民法院提起行政赔偿诉讼的公民、法人或者其他组织。

受害的公民死亡，其继承人和其他有抚养关系的亲属以及死者生前抚养的无劳动能力的人有权提起行政赔偿诉讼。

企业法人或者其他组织被行政机关撤销、变更、兼并、注销，认为经营自主权受到侵害，依法提起行政赔偿诉讼的，原企业法人或其他组织，或者承受其权利的法人或其他组织均具有原告资格。

（2）被告。被告是指被原告控告侵犯其合法权益，并由人民法院通知其应诉的行政机关或法律、法规授权的组织。

两个以上行政机关共同侵权，赔偿请求人对其中一个或者数个侵权机关提起行政赔偿诉讼，若诉讼请求系可分之诉，被诉的一个或者数个侵权机关为被告；若诉讼请求系不可分之诉，由人民法院依法追加其他侵权机关为共同被告。

复议机关的复议决定加重损害的，赔偿请求人只对作出原决定的行政机关提起行政赔偿诉讼，作出原决定的行政机关为被告；赔偿请求人只对复议机关提起行政赔偿诉讼的，复议机关为被告。

行政机关依据《行政诉讼法》第 97 条的规定申请人民法院强制执行行政行为，由于据以强制执行的根据错误而发生行政赔偿诉讼的，申请强制执行的行政机关为被告。

（3）第三人。与行政赔偿案件处理结果有法律上利害关系的其他公民、法人或者其他组织有权作为第三人参加行政赔偿诉讼。

4. 行政赔偿诉讼的起诉与受理

（1）起诉的条件、期限和方式。赔偿请求人单独提起行政赔偿诉讼，应当符合下列条件：原告具有请求资格；有明确的被告；有具体的赔偿请求和受损害的事实根据；加害行为为具体行政行为的，该行为已被确认为违法；赔偿义务机关已先行处理或超过法定期限不予处理；属于人民法院行政赔偿诉讼的受案范围和受诉人民法院管辖；符合法律规定的起诉期限。

赔偿请求人单独提起行政赔偿诉讼，可以在向赔偿义务机关递交赔偿申请后的 2 个月届满之日起 3 个月内提出。公民、法人或者其他组织在提起行政诉讼的同时一并提出行政赔偿请求的，其起诉期限按照行政诉讼起诉期限的规定执行。

行政案件的原告可以在提起行政诉讼后至人民法院一审庭审结束前，提出行政赔偿请求。赔偿义务机关作出赔偿决定时，未告知赔偿请求人的诉权或者起诉期限，致使赔偿请求人逾期向人民法院起诉的，其起诉期限从赔偿请求人实际知道诉权或者起诉期限时计算，但逾期的期间自赔偿请求人收到赔偿决定之日起不得超过 1 年。

受害的公民死亡，其继承人和有抚养关系的人提起行政赔偿诉讼，应当提供该公民死亡的证明及赔偿请求人与死亡公民之间的关系证明。当事人先后被采取限制人身自由的行政强制措施，因强制措施被确认为违法而请求赔偿的，人民法院按其行为性质适用行政赔偿程序立案受理。

（2）受理。人民法院接到原告单独提起的行政赔偿起诉状，应当进行审查，并在 7 日内立案或者作出不予受理的裁定。

人民法院接到行政赔偿起诉状后，在 7 日内不能确定可否受理的，应当先予受理。审理中发现不符合受理条件的，裁定驳回起诉。

当事人对不予受理或者驳回起诉的裁定不服的，可以在裁定书送达之日起 10 日内向上一级人民法院提起上诉。

5. 行政赔偿诉讼的审理和判决

当事人在提起行政诉讼的同时一并提出行政赔偿请求，或者因具体行政行为和与先例行政职权有关的其他行为侵权造成损害一并提出行政赔偿请求的，人民法院应当分别立案，根据具体情况可以合并审理，也可以单独审理。

人民法院审理行政赔偿案件，就当事人之间的行政赔偿争议进行审理与裁判。

人民法院审理行政赔偿案件在坚持合法、自愿的前提下，可以就赔偿范围、赔偿方式和赔偿数额进行调解。调解成立的，应当制作行政赔偿调解书。被告在一审判决前同原告达成赔偿协议，原告申请撤诉的，人民法院应当依法予以审查并裁定是否准许。

被告的具体行政行为违法但尚未对原告合法权益造成损害的，或者原告的请求没有事实根据或法律根据的，人民法院应当判决驳回原告的赔偿请求。

人民法院对赔偿请求人未经确认程序而直接提起行政赔偿诉讼的案件，在判决时应当对赔偿义务机关致害行为是否违法予以确认。

人民法院对单独提起行政赔偿案件作出判决的法律文书的名称为行政赔偿判决书、行政赔偿裁定书或者行政赔偿调解书。

6. 举证责任的分配

在行政诉讼中被告行政机关负主要举证责任，但行政赔偿诉讼不能完全适用。

2002 年 7 月 24 日最高人民法院公布的《关于行政诉讼证据若干问题的规定》第 5 条对此

进一步完善，规定在行政赔偿诉讼中，原告应当对“被诉具体行政行为造成损害的事实”提供证据。

根据最高人民法院《关于审理行政赔偿案件若干问题的规定》（2022年）第11条规定，原告在行政赔偿诉讼中对行政行为造成的损害提供证据；因被告的原因导致原告无法举证的，由被告承担举证责任。

7. 执行与期间

发生法律效力的行政赔偿判决、裁定或调解协议，当事人必须履行。一方拒绝履行的，对方当事人可以向第一审人民法院申请执行。

申请执行的期限，申请人是公民的为1年，申请人是法人或者其他组织的为6个月。

单独受理的第一审行政赔偿案件的审理期限为3个月，第二审为2个月；一并受理行政赔偿请求案件的审理期限与该行政案件的审理期限相同。如因特殊情况不能按期结案，需要延长审限的，应按照行政诉讼法的有关规定报请批准。

问题与思考

1. 试述行政赔偿的含义和特征。
2. 试述行政赔偿的归责原则。
3. 行政赔偿与其他形式的赔偿有何不同？
4. 试述行政赔偿的范围。
5. 行政赔偿请求人的范围是怎样的？
6. 如何确定行政赔偿义务机关？
7. 试述赔偿请求人单独请求行政赔偿适用的程序。
8. 试述赔偿请求人申请行政复议时一并请求行政赔偿适用的程序。
9. 试述赔偿请求人提起行政诉讼时一并请求行政赔偿适用的程序。

第六章

司法赔偿

本章概要

司法是人权保障的最后一道屏障。但是，司法机关及其工作人员也存在违法行使司法权、给公民、法人或者其他组织的合法权益造成损害的可能。合法权益遭受侵害的公民、法人或者其他组织可依法请求国家赔偿，这即是司法赔偿。司法赔偿是我国国家赔偿法中确立的一项十分重要的国家赔偿制度，包括刑事赔偿和民事、行政司法赔偿。

关键术语

司法赔偿　刑事赔偿　民事、行政司法赔偿　刑事赔偿请求人　刑事赔偿义务机关　刑事赔偿程序　刑事赔偿义务机关先行处理　刑事赔偿复议　人民法院赔偿委员会

第一节　司法赔偿概述

一、司法赔偿的概念与特征

由于世界各国司法制度的差异，对司法赔偿的概念的理解也存在明显不同。一些国家将司法赔偿理解为冤狱赔偿。如美国在行政赔偿制度建立之前的 1938 年，就已颁布了《对于人民受联邦法院错误判决之救济法》，该法规定："对于因不公正判决有罪或拘押所受侵害，或判徒刑已全部或部分执行，因上诉或重新审理而认为对所判之罪不正确或事后认为无辜而获赦免者"，可以向国家请求赔偿。可见，美国的司法赔偿只是冤狱赔偿。法国已建立起一套比较完整的司法赔偿制度，不仅规定冤狱赔偿，而且对其他司法侵权行为也规定相应的国家赔偿责任。美国 1895 年《刑事诉讼法》和 1979 年《刑事诉讼法》都有冤狱赔偿内容，现行 1992 年《刑事诉讼法》对冤狱赔偿作了更加具体的规定。1972 年制定的《建立执行法官和关于民事诉讼程序改革法》，规定国家赔偿因在民事诉讼中重过错和拒绝司法而产生的损害。德国是建立

司法赔偿制度较早的国家，从1898年制定《再审无罪赔偿法》至今，其司法赔偿由最初限于再审程序范围逐步扩大到刑事诉讼的全过程。日本实行刑事补偿责任与国家赔偿责任的竞合。在损害方面，刑事补偿以公务员的故意或过失行为作为要件，当公务员有故意或过失时，受害人除了要求刑事补偿外，在法律明确规定的补偿额不能填补损害时，还可以根据国家赔偿法要求国家赔偿。日本《刑事补偿法》规定："本法律不妨碍应受到补偿的人，根据国家赔偿法和其他法律的规定，请求损害赔偿。"英国的司法赔偿不同于一般的冤狱赔偿或刑事赔偿，而是一种所谓基于王权的"特惠"。

在我国，《国家赔偿法》中并无"司法赔偿"的用语，但有关的司法解释已加以使用，如最高人民法院《关于审理民事、行政诉讼中司法赔偿案件法律适用若干问题的解释》等。一般认为，司法赔偿是指依据国家赔偿法规定，司法机关及其工作人员在行使司法权过程中，违法侵犯公民、法人或者其他组织的合法权益造成损害时，由国家作为赔偿责任主体进行的赔偿。其特征是：

（一）司法赔偿中的侵权主体是司法机关及其工作人员

根据宪法和法律规定，我国司法机关及其工作人员包括公安机关、国家安全机关、军队保卫部门及其工作人员；检察机关及其工作人员；审判机关及其工作人员；监狱管理机关及其工作人员。

（二）司法机关及其工作人员在行使司法权过程中有违法行为

司法权包括侦查权、检察权、审判权、执行权等。引起司法赔偿的违法行为通常由两部分组成：一是行使司法权时违法作出的司法决定，如逮捕决定、拘留决定、刑事判决、财产保全裁定、强制执行裁定等；二是行使司法权时实施的事实行为，如刑讯逼供、违法使用武器警械等。

（三）违法行为给公民、法人或者其他组织的合法权益造成实际损害

这种实际损害既包括由于错拘、错捕、错判以及暴力行为等造成的人身损害，也包括由于错误刑事司法、民事司法、行政司法造成的财产损害。

（四）司法赔偿责任的主体是国家，而非实施致害行为的司法机关和司法工作人员

司法机关和司法工作人员行使的是国家赋予的权力，其司法决定和事实行为无论正确与否，均是以国家名义代表国家作出的，其行为造成的后果也只能由国家承担。国家作为赔偿责任主体，表现在以国家名义向受害人致歉，以国库开支赔偿受害人损失，具体赔偿事务则委托赔偿义务机关办理。

（五）司法赔偿案件的受理由侵权机关和专门设立的人民法院赔偿委员会负责

司法赔偿案件由何种机构负责受理和提供最终的救济，世界各国的做法不尽一致。考虑到我国的实际情况和现行司法体制，国家赔偿法规定司法赔偿案件一般由侵权机关先行处理，由人民法院赔偿委员会提供最终的救济。

二、司法赔偿的种类

根据不同的标准，可以对司法赔偿作不同的分类。

（一）刑事赔偿与非刑事司法赔偿

这是根据诉讼性质的不同而进行的分类，也是一种最为重要的分类。刑事赔偿是在刑事诉讼过程中，国家对违法行使侦查权、检察权、刑事审判权以及监狱管理权的国家司法机关及其工作人员的侵权行为所作的赔偿；非刑事司法赔偿，也称民事、行政司法赔偿，是指在民事诉讼、行政诉讼过程中，国家对违法行使民事、行政审判权的人民法院及其工作人员的侵权行为所作的赔偿。

（二）侦查机关的司法赔偿、检察机关的司法赔偿、审判机关的司法赔偿与监狱管理机关的司法赔偿

这是根据赔偿义务机关的不同对司法赔偿所作的分类。侦查机关的司法赔偿是指赔偿义务机关为侦查机关的司法赔偿，包括公安机关的司法赔偿、国家安全机关的司法赔偿、军队保卫部门的司法赔偿以及行使侦查权的检察机关的司法赔偿；检察机关的司法赔偿是指赔偿义务机关是人民检察院的司法赔偿；审判机关的司法赔偿是指赔偿义务机关为人民法院的司法赔偿，既包括刑事赔偿中赔偿义务机关是人民法院的情况，也包括非刑事司法赔偿中赔偿义务机关是人民法院的情况；监狱管理机关的司法赔偿是指赔偿义务机关为监狱管理机关的司法赔偿。

（三）侵犯人身权的司法赔偿与侵犯财产权的司法赔偿

这是按照遭受侵犯的权益性质的不同而进行的分类。侵犯人身权的司法赔偿是指司法机关及其工作人员因违法侵犯人身权而产生的司法赔偿，如错误逮捕、刑讯逼供产生的司法赔偿等；侵犯财产权的司法赔偿是指司法机关及其工作人员因违法侵犯财产权而产生的司法赔偿，如违法对财产采取查封、扣押、冻结、追缴等措施产生的司法赔偿，违法采取对妨害诉讼的强制措施产生的司法赔偿等。

（四）对公民的司法赔偿与对法人、其他组织的司法赔偿

这是按照司法机关及其工作人员侵权对象的不同所作的分类。对公民的司法赔偿是指司法机关及其工作人员侵权的对象为公民而引起的国家赔偿，既包括侵犯公民人身权引起的司法赔偿，也包括侵犯公民财产权引起的司法赔偿；对法人、其他组织的司法赔偿是指司法机关及其工作人员侵权的对象是法人或者其他组织而引起的国家赔偿，通常仅为侵犯法人、其他组织的财产权而引起的司法赔偿。

（五）司法法律行为引起的司法赔偿与司法事实行为引起的司法赔偿

这是根据引起司法赔偿的行为是司法法律行为还是司法事实行为而作的分类。司法法律行为与司法事实行为的主要区别在于，实施行为时是否有司法决定。司法法律行为引起的司法赔偿是指有司法决定即判决、裁定、决定等生效司法决定文书作为依据的司法行为引起的国家赔偿，如错误逮捕决定引起的国家赔偿；司法事实行为引起的司法赔偿是指没有司法决定的司法

行为引起的国家赔偿，如刑讯逼供引起的国家赔偿。

（六）依职权的司法赔偿与依申请的司法赔偿

这是按照司法赔偿程序的启动是否需要经赔偿请求人的申请而进行的分类。依职权的司法赔偿由赔偿义务机关主动依法予以赔偿，无须经赔偿请求人申请；依申请的司法赔偿则需要赔偿请求人向赔偿义务机关提出赔偿请求才能启动赔偿程序。

（七）协商作出的司法赔偿与裁决作出的司法赔偿

这是根据司法赔偿决定形成方式的不同所作的分类。协商作出的司法赔偿是指赔偿义务机关与赔偿请求人在协商一致的基础上形成的司法赔偿；裁决作出的司法赔偿是指赔偿义务机关单方就是否赔偿、赔偿的数额和方式等作出决定的司法赔偿。

（八）单一赔偿义务机关的司法赔偿与共同赔偿义务机关的司法赔偿

这是按照赔偿义务机关的数量所作的分类。单一赔偿义务机关的司法赔偿是指赔偿义务机关仅为一个的司法赔偿，如公安机关的错误拘留引起的司法赔偿；共同赔偿义务机关的司法赔偿是指有两个或两个以上的赔偿义务机关的司法赔偿，如二审改判无罪的，作出一审判决的人民法院和作出逮捕决定的机关为共同赔偿义务机关等。

（九）有复议程序的司法赔偿与无复议程序的司法赔偿

这是根据赔偿程序中是否设有复议程序而作的分类。按照国家赔偿法的规定，赔偿义务机关为人民法院以外的其他机关的，赔偿请求人如对其赔偿决定不服，应向其上一级机关申请复议，对复议决定不服的，向复议机关所在地的同级人民法院赔偿委员会申请作出赔偿决定，这即属于有复议程序的司法赔偿；赔偿义务机关为人民法院的，应向其上一级人民法院赔偿委员会申请作出赔偿决定，这即是无复议程序的司法赔偿。

（十）有追偿的司法赔偿与无追偿的司法赔偿

这是根据赔偿义务机关承担国家赔偿责任后，能否向司法工作人员进行追偿所作的分类。有追偿的司法赔偿是指赔偿义务机关在承担国家赔偿责任后，有权依法向司法工作人员追偿的司法赔偿；无追偿的司法赔偿是指赔偿义务机关承担国家赔偿责任后，不再向司法工作人员追偿的司法赔偿。

（十一）非涉外司法赔偿与涉外司法赔偿

这是根据案件是否有涉外因素对司法赔偿所作的分类。非涉外司法赔偿是指案件不含有涉外因素的司法赔偿；涉外司法赔偿是指案件含有涉外因素的司法赔偿，在我国国家赔偿法上即为外国人、外国企业和组织因我国司法机关及其工作人员违法侵犯其合法权益，而在我国领域内请求我国给予国家赔偿的情形。

三、司法赔偿与行政赔偿的区别

司法赔偿与行政赔偿都属于国家赔偿，在许多方面是一致的，如赔偿损害的范围、计算标准、赔偿责任主体等，但两者之间也存在许多区别，表现在：

（一）实施侵权行为的主体不同

在行政赔偿中，实施侵权行为的主体是行政机关及其工作人员。在司法赔偿中，实施侵权行为的主体是国家司法机关及其工作人员。

（二）实施侵权行为的时间不同

引起行政赔偿的侵权行为发生在行政机关及其工作人员的行政管理过程中。引起司法赔偿的侵权行为发生在司法机关的司法活动中。公安机关违法，既可能引起行政赔偿，也可能引起刑事赔偿，认定的关键就在于其实施侵权行为的时间不同。如在治安管理过程中引起的国家赔偿属于行政赔偿，在对刑事案件行使侦查权过程中引起的国家赔偿则属于司法赔偿。

（三）程序不同

行政赔偿程序分为单独提出赔偿请求的程序和一并提出赔偿请求的程序。单独提出赔偿请求的程序实行行政处理前置的原则，行政赔偿争议在行政程序不能解决的，最终可以通过行政诉讼途径解决。司法赔偿程序没有单独提出赔偿请求和一并提出赔偿请求的划分，赔偿请求人对不是人民法院的赔偿义务机关的决定不服的，要向其上一级机关申请复议，对复议决定不服的，向复议机关所在地的同级人民法院的赔偿委员会申请，由其作出最终的决定。在人民法院为赔偿义务机关时，对其赔偿决定不服的，则向其上一级人民法院赔偿委员会申请作出赔偿决定。可以看出，司法赔偿自始至终都是通过非诉讼途径来解决的。

（四）追偿的条件不同

无论是行政赔偿中还是在司法赔偿中都实行追偿制度，赔偿义务机关在履行了赔偿义务后，可以责令有关责任人员承担部分或全部赔偿费用。但是，国家赔偿法对两者的追偿条件分别作了不同的规定。行政追偿的条件是行政机关及其工作人员在行使职权的过程中有故意或者重大过失，这种标准具有明显的主观性。司法追偿的条件是司法工作人员实施刑讯逼供、殴打和以其他暴力方式伤害公民、违法使用武器和警械伤害他人和在审理案件中有贪污受贿、徇私舞弊、枉法裁判行为的工作人员。相比较之下，司法追偿的范围要比行政追偿的范围窄。

四、司法赔偿的相关司法解释

《国家赔偿法》就我国的司法赔偿第一次全面系统地作出了立法规定，其基本内容包括赔偿的范围、赔偿请求人和赔偿义务机关、赔偿程序等。为使《国家赔偿法》得到很好的贯彻执行，最高人民法院和最高人民检察院作出了多项关于司法赔偿的司法解释和规范性文件。此外，司法部和公安部也就司法赔偿问题作出两项规定。当然，由于此次国家赔偿法进行了重新修订，因而，其中一些与现行法律冲突、矛盾的司法解释面临着失效、修改等问题。

最高人民法院的司法解释：1994 年 12 月 23 日发布的《关于贯彻执行〈中华人民共和国国家赔偿法〉设立赔偿委员会的通知》、1995 年 1 月 29 日发布的《关于〈中华人民共和国国家赔偿法〉溯及力和人民法院赔偿委员会受案范围问题的批复》、1996 年 5 月 6 日发布的《关于人民法院执行〈中华人民共和国国家赔偿法〉几个问题的解释》、2011 年 3 月 17 日公布的《关于人民法院赔偿委员会审理国家赔偿案件程序的规定》、2011 年 2 月 28 日发布的《关于适用〈中华人民共和国国家赔偿法〉若干问题的解释（一）》、2012 年 1 月 13 日公布的《关于国家赔偿案件立案、案由有关问题的通知》和《关于国家赔偿案件立案工作的规定》、2016 年 9 月 7 日公布的《关于审理民事、行政诉讼中司法赔偿案件适用法律若干问题的解释》等。此外，最高人民法院赔偿委员会就具体个案作出批复数十项。

最高人民检察院的司法解释：2010 年 11 月 22 日发布的《人民检察院国家赔偿工作规定》。

最高人民法院、最高人民检察院联合作出的司法解释：2015 年 12 月 28 日发布的《关于办理刑事赔偿案件适用法律若干问题的解释》。

公安部：2018 年 9 月 1 日发布的《公安机关办理国家赔偿案件程序规定》。

司法部：1995 年 9 月 8 日发布的《司法行政机关行政赔偿、刑事赔偿办法》。

第二节　刑事赔偿范围

一、侵犯人身权的刑事赔偿

人身权是指以与公民的人身不可分离的特定人身利益为内容的权利。我国宪法和法律规定的人身权有：生命权、健康权、人身自由权、姓名权、肖像权、婚姻自主权、住宅不受侵犯权、通信自由和通信秘密不受侵犯权等。目前被国家赔偿法列入刑事赔偿范围的有生命权、健康权和人身自由权。按照《国家赔偿法》第 17 条的规定，侵犯人身权的刑事赔偿包括如下五种情形：

（1）违反刑事诉讼法的规定对公民采取拘留措施的，或者依照刑事诉讼法规定的条件和程序对公民采取拘留措施，但是拘留时间超过刑事诉讼法规定的时限，其后决定撤销案件、不起诉或者判决宣告无罪终止追究刑事责任的；

（2）对公民采取逮捕措施后，决定撤销案件、不起诉或者判决宣告无罪终止追究刑事责任的；

（3）依照审判监督程序再审改判无罪，原判刑罚已经执行的；

（4）刑讯逼供或者以殴打、虐待等行为或者唆使、放纵他人以殴打、虐待等行为造成公民身体伤害或者死亡的；

（5）违法使用武器、警械造成公民身体伤害或者死亡的。

以下对各个条款进行具体分析：

1. 因刑事拘留所引发的赔偿。拘留有行政拘留、司法拘留和刑事拘留。刑事拘留权由公安机关、国家安全机关和人民检察院行使，其他任何机关和组织都不享有刑事拘留权。《刑事诉讼法》规定了公安机关的刑事拘留权、人民检察院的刑事拘留权，《国家安全法》规定了国家安全机关的刑事拘留权。依据《刑事诉讼法》的规定，人民检察院直接受理的案件，需要拘留犯罪嫌疑人的，由人民检察院作出决定，由公安机关执行。

刑事拘留是行使拘留权的机关在紧急情况下，对某些现行犯或者重大嫌疑分子，依法决定采取的暂时剥夺其人身自由的强制方法。对公民实施拘留必须符合法定的条件。拘留的条件体现在《刑事诉讼法》第 80 条规定中，即：正在预备犯罪、实行犯罪或者在犯罪后即时被发觉的；

被害人或者在场亲眼看见的人指认他犯罪的；在身边或者住处发现有犯罪证据的；犯罪后企图自杀、逃跑或者在逃的；有毁灭、伪造证据或者串供可能的；不讲真实姓名、住址，身份不明的；有流窜作案、多次作案、结伙作案重大嫌疑的。此外，拘留还必须符合期限的要求，并依照刑事诉讼法等法律规定的程序进行。如拘留的期限为10日，如遇特殊情况可延长至14日，对流窜作案、多次作案、结伙作案的重大嫌疑分子可延长至37日；公安机关在行使拘留权的时候，必须出示拘留证；拘留后，除有碍侦查或者无法通知的情形以外，应当把拘留的原因和羁押的处所，在24小时以内，通知被拘留人的家属或者他的所在单位；公安机关对于被拘留的人，应当在拘留后的24小时以内进行讯问。在发现不应当拘留的时候，必须立即释放，发给释放证明。

按照《国家赔偿法》第17条第1款的规定，存在以下情况：

一是违反刑事诉讼法的规定对公民采取拘留措施的，其后决定撤销案件、不起诉或者判决宣告无罪终止追究刑事责任的，主要包括：侦查机关明知被拘留的人没有犯罪或缺少证明其犯罪的证据，仍将其拘留的；侦查机关拘留被拘留人后，经讯问发现不应拘留，但不予释放的或延期释放的；侦查机关实施拘留时，有一定事实证明被拘留人有重大嫌疑，但是经讯问仅属于一般违法行为，不应拘留的，而仍然不予释放等各种违反刑事诉讼法规定采取拘留措施的情形。

二是侦查机关虽然依照刑事诉讼法规定的条件和程序对公民采取拘留措施，但是拘留时间超过刑事诉讼法规定的时限，其后决定撤销案件、不起诉或者判决宣告无罪终止追究刑事责任的。《刑事诉讼法》第91条对拘留的时限做了规定：公安机关对被拘留的人，认为需要逮捕的，应当在拘留后的3日以内，提请人民检察院审查批准。在特殊情况下，提请审查批准的时间可以延长1日至4日。对于流窜作案、多次作案、结伙作案的重大嫌疑分子，提请审查批准的时间可以延长至30日。人民检察院应当自接到公安机关提请批准逮捕书后的7日以内，作出批准逮捕或者不批准逮捕的决定。人民检察院不批准逮捕的，公安机关应当在接到通知后立即释放，并且将执行情况及时通知人民检察院。对于需要继续侦查，并且符合取保候审、监视居住条件的，依法取保候审或者监视居住。

因撤销案件所引发的赔偿就是指根据《刑事诉讼法》第163条，公安机关在侦查过程中，发现不应对犯罪嫌疑人追究刑事责任的，应当撤销案件；犯罪嫌疑人已被逮捕的，应当立即释放，发给释放证明，并且通知原批准逮捕的人民检察院，从而引发的赔偿。同样，如果人民检察院在直接受理的案件侦查终结后认为，犯罪嫌疑人没有实施犯罪行为，或者虽然实施了犯罪行为，但依法应当不予追究，则应撤销案件。因不起诉所引发的国家赔偿，是指人民检察院对公安机关侦查终结移送起诉的案件和自侦终结的刑事案件进行审查后，认为犯罪嫌疑人的行为不构成犯罪或依法不应追究刑事责任，以及不需要判处刑罚或者免除刑罚的，决定不将犯罪嫌疑人移交人民法院审判，从而引发的赔偿。根据我国《刑事诉讼法》第177条的规定，我国现行不起诉有三种：法定不起诉、酌定不起诉、存疑不起诉。

2. 对公民采取逮捕措施后，决定撤销案件、不起诉或者判决宣告无罪终止追究刑事责任所引发的国家赔偿。

逮捕是对犯罪嫌疑人、被告人由人民检察院批准或者人民法院决定，并由公安机关执行的在较长时间内限制其人身自由的最为严厉的一项刑事强制措施。我国《刑事诉讼法》第81条第1款规定："对有证据证明有犯罪事实，可能判处徒刑以上刑罚的犯罪嫌疑人、被告人，采取取保候审尚不足以防止发生下列社会危险性的，应当予以逮捕……"根据这一规定，逮捕必须具备三个条件：有证据证明有犯罪事实；可能判处徒刑以上刑罚；采取取保候审，尚不足以防止发生社会危险性。此外，刑事诉讼法还规定了逮捕的程序，如逮捕必须经检察机关批准或者人民法院决定，并由公安机关执行；公安机关执行逮捕时，必须出示逮捕证；逮捕后，除有碍侦查或者无法通知的情形外，应当将逮捕的原因和羁押的处所，在 24 小时内通知被逮捕人的家属或者他的所在单位；人民法院、人民检察院对于各自决定逮捕的人，公安机关对于经人民检察院批准逮捕的人，都必须在逮捕后的 24 小时内进行讯问；在发现不应当逮捕的时候，应当立即释放，并发给释放证明。

与修正前《国家赔偿法》的规定不同，2012 年《国家赔偿法》修改不再采用“错误逮捕”的说法，而对此使用了结果归责原则。也就是只要撤销案件、作出不起诉决定或者判决宣告无罪不再继续追究被告人或嫌疑人的刑事责任的，赔偿请求人有权要求赔偿，国家应承担赔偿责任。

3. 依照审判监督程序再审改判无罪，原刑罚已经执行所引发的国家赔偿。

判决是人民法院就刑事案件的实体问题所作出的决定，体现着国家审判权的运用。在通常情况下，人民法院的刑事判决体现着客观性、公正性；但在特殊情况下，也难免存在错判的情形。本着有错必纠的原则，我国刑事诉讼法规定了审判监督程序。审判监督程序，亦称再审程序，是指人民检察院、人民法院对已经发生法律效力的判决和裁定，发现在认定事实上或者在适用法律上确有错误，依职权提起并由人民法院对案件进行重新审判的诉讼程序。

从实践角度看，错误判决的表现形式具有多样性，无罪判有罪、有罪判无罪、此罪判彼罪、轻罪重判、重罪轻判等等都属于错误判决的范畴。但并非所有的错误判决都能够引起国家赔偿。《国家赔偿法》第 17 条第 3 项规定：依照审判监督程序再审改判无罪，原判刑罚已经执行的，国家应承担赔偿责任。在理解这一规定时，应当注意以下几点：

（1）错误判决必须是经过审判监督程序改判无罪。即人民法院经过再审，确认原判决认定被告人犯罪事实不存在，或被告人虽有违法行为但不构成犯罪而撤销原有罪判决。如果经过再审将原来较重的刑罚改为较轻的刑罚或者仅对有关罪名重新认定等，不属于再审改判无罪，国家不承担刑事赔偿责任。

（2）原判刑罚已经执行，包括原判刑罚正在执行尚未执行完毕和原判刑罚已经执行完毕两种情形。原判刑罚已经执行表明损害已经发生。在原判刑罚执行之前被拘留或者逮捕的，国家不对受害人分别赔偿，因为被羁押的期间已被刑期所吸收。

（3）无罪错判且刑罚已经执行引起的赔偿不要求查明主观上的过错。即它属于严格责任赔偿，只要查明属于无罪错判且刑罚已经执行，而不需要查明检察机关提起公诉时和人民法院判决时主观上是否存有过错，也许司法人员在认定事实和证据时主观上存在过错，但这种赔偿责任的构成不要求查明主观上是否有过错以及过错的程度，而是按照客观结果认定刑事赔偿责任的构成标准。

值得注意的是，根据最高人民法院《关于人民法院执行〈中华人民共和国国家赔偿法〉几个问题的解释》，判处管制、有期徒刑缓刑、剥夺政治权利等刑罚的人被依法改判无罪的，国家不承担赔偿责任。

另外，关于轻罪重判是否给予国家赔偿，是学术界关注的一个问题。在此问题上，世界各国（地区）规定有所不同：德国、奥地利、比利时、罗马尼亚、捷克等国法律规定应予赔偿；法国、日本规定不予赔偿。我国制定《国家赔偿法》时未将其纳入赔偿范围，主要是考虑到轻罪重判与无罪判有罪有着本质区别，轻罪重判只是人民法院的量刑问题，即使存在不妥或争议之处，但属于法官自由裁量范围，而且情况复杂，因素众多，侵权与否难以把握。我们认为，目前将所有轻罪重判案件都纳入国家赔偿范围的条件还不成熟，但是如对有罪公民不应当判处死刑而判处死刑且已执行，国家应承担赔偿责任。原因在于，这种判决虽然是轻罪重判，但与一般的轻罪重判具有质的不同。一般的轻罪重判仅仅涉及公民的人身自由权，而这种轻罪重判侵犯的是公民的生命权，公民权利的种类和性质发生了质的变化。这种轻罪重判不是一般的不适当，已经构成违法，国家应当承担赔偿责任。

4. 刑讯逼供或者以殴打、虐待等行为或者唆使、放纵他人以殴打、虐待等行为造成公民身体伤害或者死亡所引发的国家赔偿。

《国家赔偿法》第17条第4项规定，司法工作人员暴力侵权造成公民身体伤害或者死亡，国家应当承担赔偿责任。具体包括以下情形：

(1) 刑讯逼供。刑讯逼供，是指司法工作人员在办案过程中，对犯罪嫌疑人、被告人使用肉刑或者变相使用肉刑逼取口供的行为。所谓使用肉刑，主要指捆绑、悬吊、毒打或者使用各种刑具进行肉体摧残。所谓变相使用肉刑，是指上述直接伤害身体的肉刑以外的其他对犯罪嫌疑人、被告人身体进行折磨的方法，如长时间的冻饿、站立、不准睡眠等。刑讯逼供的目的在于逼取口供。

(2) 殴打、虐待等行为。殴打、虐待行为与刑讯逼供的区别是：首先，发生时间不同。前者可以在刑事诉讼过程中的侦查、预审、起诉、审判和刑罚执行的任何阶段和时间发生，而后者只能在审讯中发生。其次，对象不同。前者不仅包括犯罪嫌疑人、被告人，也包括其他公民，后者一般仅针对犯罪嫌疑人或被告人。最后，目的不同。前者目的广泛，后者仅是为了逼取口供。

(3) 唆使或者放纵他人实施殴打、虐待等行为。唆使他人实施暴力行为，是指司法工作人员以授意、怂恿、纵容、威胁、引诱或其他方式，故意唆使他人对公民实施暴力行为。殴打等暴力行为与唆使他人实施暴力行为虽都采取了暴力，但在采取暴力的方式上，前者是司法工作人员直接动手，而后者是通过授意、怂恿、引诱等方法，使被唆使人对公民实施暴力行为。而放纵他人实施殴打、虐待等行为则是一种“不作为”，是一种法律拟制，就是司法工作人员对他人的殴打、虐待等行为持纵容的态度，而不制止行为的发生。

5. 违法使用武器、警械造成公民身体伤害或者死亡所引发的国家赔偿。

武器和警械是指：枪支、警棍、警笛、手铐、脚镣、警绳和其他警械。为保证司法工作人员依法行使职权，以维护正常的社会秩序和法律秩序，我国法律授权司法工作人员在必要时可以使用武器和警械。如《人民警察使用警械和武器条例》第8条规定，人民警察依法执行下列任务，遇有违法犯罪分子可能脱逃、行凶、自杀、自伤或者有其他危险行为的，可以使用手铐、脚镣、警绳等约束性警械：(1) 抓获违法犯罪分子或者犯罪重大嫌疑人的；(2) 执行逮捕、拘留、看押、押解、审讯、拘传、强制传唤的；(3) 法律、行政法规规定可以使用警械的其他情形。第10条规定：人民警察遇有下列情形之一的，不得使用武器：(1) 发现实施犯罪的人为怀孕妇女、儿童的，但是使用枪支、爆炸、剧毒等危险物品实施暴力犯罪的除外；(2) 犯罪分子处于群众聚集的场所或者存放大量易燃、易爆、剧毒、放射性等危险物品的场所的，但是不使用武器予以制止，将发生更为严重危害后果的除外。第11条规定：人民警察遇有下列情形之一的，应当立即停止使用武器：(1) 犯罪分子停止实施犯罪，服从人民警察命令的；(2) 犯罪分子失去继续实施犯罪能力的。再如《看守所条例》第17条规定，对已被判处死刑、尚未执行的犯人，必须加戴械具。对有事实表明可能行凶、暴动、脱逃、自杀的人犯，经看守所所长批准，可以使用械具。第18条规定：看守人员和武警遇有下列情形之一，采取其他措施不能制止时，可以按照有关规定开枪射击：(1) 人犯越狱或者暴动的；(2) 人犯脱逃不听制止，或者在追捕中抗拒逮捕的；（3）劫持人犯的；（4）人犯持有管制刀具或者其他危险物，正在行凶或者破坏的；（5）人犯暴力威胁看守人员、武警的生命安全的。需要开枪射击时，除遇到特别紧迫的情况外，应当先鸣枪警告，人犯有畏服表示，应当立即停止射击。最高人民法院、最高人民检察院、公安部、国家安全部、司法部联合下发的《关于人民警察执行职务中实行正当防卫的具体规定》，对于在正当防卫时使用武器和警械作了具体规定。

司法工作人员在符合法律规定条件下使用武器和警械造成人身伤害或者死亡的，国家不承担赔偿责任。但违法使用武器、警械造成人身伤害或者死亡的，根据《国家赔偿法》第17条第5项的规定，受害人有取得赔偿的权利。

违反使用武器、警械的情形主要包括：司法机关给依法不应配备武器、警械的工作人员配备武器、警械，该工作人员在行使职权过程中使用；依法不应佩带武器、警械的司法工作人员私自携带武器、警械并在行使职权过程中使用；依法佩带武器、器械的司法工作人员违反法律规定，在不应当使用武器、警械的情况下使用武器、警械等。

二、侵犯财产权的刑事赔偿

财产权是指以通常可以用金钱衡量其价值的利益为内容的权利，包括物权、债权、继承权、知识产权等。侵犯财产权的刑事赔偿，是指因刑事司法机关（行使侦查、检察、审判职权的机关以及看守所、监狱管理机关及其工作人员）违法行使司法权力造成公民、法人或者其他组织财产权的损害而引起的刑事赔偿。根据《国家赔偿法》的规定，侵犯财产权的刑事赔偿包括下列两种情形：

（一）违法对财产采取查封、扣押、冻结、追缴等措施

刑事诉讼中的查封，是指刑事司法机关将可以用作证据或与案件有关不便提取的财物予以就地封存的一种措施；扣押，是指刑事司法机关将与案件有关的物品、文件、邮件等予以强制扣留的一种措施；冻结，是指刑事司法机关在案件的侦查和审理中发现犯罪嫌疑人、被告人存款、汇款与案件有直接关系时，要求有关单位对其存款、汇款停止支付或者转移的一种措施；追缴，是指强制收缴赃款、赃物，退还原主或上缴国库的强制措施。为了保证刑事诉讼的正常进行，法律赋予刑事司法机关采取对财产的查封、扣押、冻结、追缴等强制措施的权力，但这种权力的行使受到法律的严格限制。如《刑事诉讼法》第145条规定："对查封、扣押的财物、文件、邮件、电报或者冻结的存款、汇款、债券股票、基金份额等财产，经查明确实与案件无关的，应当在三日以内解除查封、扣押、冻结，予以退还。"刑事司法机关对财产的查封、扣押、冻结、追缴，必须严格依照法律规定的条件和程序进行，如违法采取上述措施致他人财产损害的，受害人有权要求国家赔偿。

（二）依照审判监督程序再审改判无罪，原判罚金、没收财产已经执行

根据我国刑法规定，罚金和没收财产均为刑罚中的附加刑。罚金是人民法院判处犯罪人向国家缴纳一定数额金钱的刑罚；没收财产是将犯罪人个人所有财产的一部分或全部强制无偿收归国有的刑罚。这两种刑罚都是以财产为标的的，如果按照审判监督程序再审改判无罪的，说明原判所处的罚金或没收财产也是不正确的，因此，应予退还，如财产已毁损灭失的，则国家应当予以赔偿。

三、刑事赔偿的例外情形

根据《国家赔偿法》的规定，对下列情形造成的损害，国家不承担赔偿责任：

（一）因公民自己故意作虚伪供述，或者伪造其他有罪证据而被羁押或者被判处刑罚

对这种情形的免责规定，在许多国家和地区都存在。例如，联邦德国 1971 年《刑事追诉措施赔偿法》规定："对于因被告故意或严重过失而对其采取刑事追诉措施的"；"被告在关键问题上作伪证或者证词前后矛盾，或者对能减免罪责的情节缄口不言，并因此引起刑事追诉处分的，不论被告是否已就此认错"，国家均不承担赔偿责任。日本 1950 年《刑事补偿法》规定："本人以使侦查或审判陷入错误为目的，而故意作虚伪的供词，或制造其他有罪证据，以致被认为应该受到起诉、判决前的关押或拘禁和有罪判决的"，"经法院全面衡量，可以不给予一部或全部的补偿"。我国台湾地区 1983 年"冤狱赔偿法"规定："因受害人故意或重大过失之行为致受羁押或已执行者"，不得要求赔偿。

我国国家赔偿法规定因公民自己故意作虚伪供述，或者伪造其他有罪证据而被羁押或者被判处刑罚，国家不承担赔偿责任，与世界各国保持了一致。作出这一规定，表明不是因刑事司法机关违法行使职权导致被追诉者被错误羁押或者错误追诉，而是由于被追诉者自身过错导致错误羁押或错误判决的产生，这种错误结果产生的责任由被追诉者自己承担，免除国家赔偿责任，这样规定是公平与公正的体现和要求，也是对公民故意作虚伪供述或者伪造有罪证据的欺骗行为的一种惩戒。这一刑事赔偿的例外情形应包括四个要件：（1）从主体上看，被羁押或者被判处刑罚者必须是故意作虚伪陈述或者伪造证据的有行为能力的公民本人。如果是因此公民提供伪证误导司法机关对彼公民拘留、逮捕或判刑，国家不能免除对彼公民的刑事赔偿责任。（2）从行为人主观方面来看，故意作虚伪供述，是其故意且对自己将会受到法律追究的结果持希望或放任的态度。如果行为人被错误羁押或错误判刑不是因行为人自己的故意而是因过失而导致，国家亦不能免除赔偿责任。（3）根据行为人所作的虚伪供述或伪造的证据足以认定其有罪。如果行为人虽作了虚伪供述或提供了伪证，但不足以认定行为人犯罪，或者认定行为人有罪实际上是依靠其他证据定案，也即行为人提供的伪证与其被错误羁押和错判没有关系，则不能免除国家的赔偿责任。（4）犯罪嫌疑人曾作有罪供述不能简单地认为属于"故意作虚伪陈述"。"故意作虚伪陈述"必须是公民故意所为。如果公民是迫不得已而为之，如因刑事司法工作人员刑讯逼供造成屈打成招，从而被羁押或判刑的，不属于"故意作虚伪供述"，国家仍应对该公民受到的损害承担赔偿责任。

（二）不负刑事责任的人被羁押

按照我国《刑法》第 17 条和第 18 条的规定，已满 14 周岁不满 16 周岁的人，除犯故意杀人、故意伤害致人重伤或者死亡、强奸、抢劫、贩卖毒品、放火、爆炸、投放危险物质罪外，不负刑事责任；精神病人在不能辨认或者不能控制自己行为的时候造成危害结果，经法定程序鉴定确认的，不负刑事责任。《国家赔偿法》规定不负刑事责任的人被羁押的，国家不承担赔偿责任，是因为此时不存在司法机关错误羁押的问题，被羁押人之所以会被无罪释放，并不是由于缺少犯罪事实，而是由于法律出于人道主义的考虑豁免了其刑事责任，国家对此种羁押不予赔偿是合理的。但是，如果上述人员被判处刑罚并已执行的，国家应负赔偿责任。

（三）不追究刑事责任的人被羁押

我国《刑事诉讼法》第 16 条规定了不追究刑事责任的情形，包括：情节显著轻微、危害不大，不认为是犯罪的；犯罪已过追诉时效期限的；经特赦令免除刑罚的；依照刑法告诉才处理的犯罪，没有告诉或者撤回告诉的；犯罪嫌疑人、被告人死亡的；其他法律规定免予追究刑事责任的。存在上述任何一种情形，当事人被羁押后又被释放的，国家对判决确定前的羁押行为不承担赔偿责任。但是，根据最高人民法院的司法解释，经人民法院判处拘役、有期徒刑、无期徒刑和死刑并已执行的依照刑事诉讼法规定不追究刑事责任的人，有权依法取得赔偿。判决确定以前被羁押的日期不予赔偿。

（四）司法工作人员与行使职权无关的个人行为

司法工作人员（行使侦查、检察、审判职权的机关以及看守所、监狱管理机关的工作人员）执行职务的行为违法侵犯公民、法人和其他组织合法权益的，属于职务侵权行为，国家应依法给予赔偿。但是，司法工作人员实施的与行使职务无关的个人行为造成的损害，国家不予赔偿，而由实施个人侵权行为的司法工作人员自己承担责任。

关于职务行为与个人行为的区分标准，我国尚没有法律规定，司法机关也未就此作出司法解释，只有一些学理上的标准，包括时间标准、名义标准、公益标准、职责标准、命令标准、公务标志标准和职权标准等。在国家赔偿法上，国家不仅要对司法机关及其工作人员执行职务的行为造成的损害承担责任，而且要对司法机关及其工作人员与执行职务有关的行为承担责任，因此，这些标准通常均可发挥作用。

（五）因公民自伤、自残等故意行为致使损害发生

公民自伤、自残的行为是指为达到某种个人的目的，在无任何外力强制或者胁迫的情况下，自己将自己致伤、致残的行为。这类行为是由公民自己实施的，而非刑事司法机关及其工作人员所为，由此造成的损害与刑事司法机关行使职权的行为没有因果关系。因此，因公民自伤、自残等故意行为致使损害发生的，国家不承担刑事赔偿责任。当然，这里必须分清是否属于公民的故意自伤、自残，如果公民因不堪忍受司法人员刑讯逼供、敲诈勒索、暴力行为或唆使他人以暴力行为以及施加精神惩罚而被迫采取自伤、自残行为引起的损害，则不属于公民自伤、自残；如果公民以前就患有疾病，在被羁押期间没有受到有效的治疗而加重或死亡，也不属于公民自伤、死亡。对于以上这些情形，国家应当承担部分或全部的赔偿责任。

应当注意的是，公民除自伤、自残行为以外的其他故意行为，如服刑期间因脱逃而被高压电线击倒，造成身体伤害或者死亡的，国家同样不承担赔偿责任。

（六）法律规定的其他情形

除了上述国家不承担刑事赔偿责任的情形外，我国法律还规定了对特定情况下如不可抗力、意外事件、正当防卫、紧急避险、第三人的过错造成的损害，国家也不承担刑事赔偿责任。这里的“法律”是指狭义的法律，即仅为全国人大及其常委会制定的规范性文件。

第三节　刑事赔偿请求人与刑事赔偿义务机关

一、刑事赔偿请求人

刑事赔偿请求人，是指因行使侦查、检察、审判和监狱管理职权的机关及其工作人员在行使职权时违法侵害其人身权和财产权，依照国家赔偿法的有关规定有权提起国家赔偿请求的人，包括公民、法人或者其他组织。

《国家赔偿法》第 20 条规定："赔偿请求人的确定依照本法第六条的规定。"① 因此，刑事赔偿请求人资格和范围的确定规则与行政赔偿请求人是相同的，即：(1) 受害的公民、法人和其他组织有权要求国家赔偿；(2) 受害的公民死亡，其继承人和其他有扶养关系的亲属有权要求赔偿；(3) 受害的法人或者其他组织终止的，其权利承受人有权要求赔偿。

二、刑事赔偿义务机关

(一) 刑事赔偿义务机关的模式

刑事赔偿义务机关，是指接受刑事赔偿请求、对请求人提出的赔偿事由进行审查并作出刑事赔偿决定、代表国家履行赔偿义务的主体。以赔偿义务机关与侵权机关是否一致为标准，世界各国刑事赔偿义务机关通常有两种模式②：

1. 刑事赔偿义务机关与侵权机关相一致。包括我国在内的世界大多数国家都倾向于将侵权机关作为赔偿义务机关。赔偿义务机关与侵权机关是否一致其实并不能改变国家作为刑事赔偿的唯一主体。采用赔偿义务机关与侵权机关一致的模式，一般认为这样既便于国家对这些机关进行工作成绩的检验，也便于受害人申请。受害人只要知道被谁侵害，就可以找谁请求赔偿。否则，受害人可能会因为赔偿义务机关与侵权机关的不一致，而在赔偿问题上多费周折，造成许多不必要的麻烦。

2. 国家对行政赔偿和刑事赔偿设有统一专门的赔偿义务机关，如此也就形成了赔偿义务机关与侵权机关不相一致的模式。有的国家以财政部门作为赔偿义务机关。如瑞士法律规定，请求赔偿须先向财政部申请，该部驳回其申请，或逾 3 个月不为决定时，始得向联邦法院提起赔偿诉讼。有的国家以检察机关为赔偿义务机关。如韩国在赔偿法上虽然以法务部长官为国家赔偿代理人，但实际上，通常是以各级检察机关为赔偿义务机关。因为法务部长官对检察机关的授权是概括性的，并且中央政府预算所列的国家赔偿费用，一般都分配于各地检察厅，所以，大多数情况下，赔偿义务机关实际上为检察机关。又如，英国和新加坡也规定了在赔偿义务机关不明的情况下，均以检察长为被告。

---

① 《国家赔偿法》第 6 条规定：受害的公民、法人和其他组织有权要求赔偿。受害的公民死亡，其继承人和其他有扶养关系的亲属有权要求赔偿。受害的法人或者其他组织终止的，其权利承受人有权要求赔偿。

② 皮纯协，冯军主编．国家赔偿法释论（修订本）．北京：中国法制出版社，1996：177-178.

（二）刑事赔偿义务机关的具体确定

《国家赔偿法》第 21 条规定："行使侦查、检察、审判职权的机关以及看守所、监狱管理机关及其工作人员在行使职权时侵犯公民、法人和其他组织的合法权益造成损害的，该机关为赔偿义务机关。"根据这一规定，我国刑事赔偿义务机关按照不同情况分别是公安机关、国家安全机关、军队保卫部门以及检察机关、审判机关和监狱管理部门。

1. 对公民采取拘留措施，依法应当给予国家赔偿的，作出拘留决定的机关为赔偿义务机关。我国法律规定有权在侦查犯罪中作出刑事拘留决定的机关有公安机关、国家安全机关、军队中的保卫部门、人民检察院等。

2. 对公民采取逮捕措施后决定撤销案件、不起诉或者判决宣告无罪的，作出逮捕决定的机关为赔偿义务机关。根据我国宪法和法律规定，只有人民检察院和人民法院有权作出逮捕决定。在刑事诉讼中，虽然逮捕一律由公安机关或国家安全机关执行，但公民受到错误逮捕后，并不是以执行逮捕的公安机关、国家安全机关等为赔偿义务机关，而是以批准或决定逮捕的人民检察院或人民法院为赔偿义务机关。值得注意的是，当同时存在公安机关先行采取了刑事拘留措施、其后人民检察院予以批准逮捕两种情形时，我们认为，应当坚持赔偿义务机关"后置确定"的原则，公安机关对此前的错误拘留不承担刑事赔偿义务，检察机关应当成为赔偿义务机关。这种设置主要是考虑到检察机关对逮捕具有"把关"责任，如果将两者列为共同的赔偿义务机关，会使刑事赔偿案件过多地集中于侦查机关，而且不便于受害人有针对性地集中提出刑事赔偿要求。

3. 再审改判无罪的，作出原生效判决的人民法院为赔偿义务机关。如果原一审人民法院作出错误的有罪判决，被告未上诉，人民检察院也未抗诉，判决生效后又在再审程序中被撤销的，无疑应当以作出有罪判决的原一审人民法院为赔偿义务机关。如果被告人上诉或人民检察院抗诉，原二审人民法院维持一审判决或者对一审人民法院判决予以改判的，根据最高人民法院的司法解释，这种情况下，原二审人民法院为赔偿义务机关。

4. 二审改判无罪，以及二审发回重审后作无罪处理的，作出一审有罪判决的人民法院为赔偿义务机关。由于人民法院的一审有罪判决没有生效，所以，不存在错误执行刑罚所造成的损害，但是，一审人民法院的有罪判决引起被告上诉，导致受害人被羁押时间延长，由此造成的损害人民法院应当负责；而对于一审判决前被错误羁押，缘于检察机关错误的逮捕决定，由此造成的人身权损害与人民法院无关，应由人民检察院履行赔偿义务。以上只是法、检两院自身的赔偿义务区分。就受害人而言，他可以向法、检两院中任何一个机关要求承担全部的国家赔偿义务，法院和检察院构成共同赔偿义务机关。这种设置方便了受害人行使自身的赔偿请求权，赔偿义务机关在承担全部赔偿金额之后，可以按上述情形区分各自义务的履行。

5. 暴力侵权及违法使用武器、警械造成公民身体伤害或者死亡的，作出上述违法行为的工作人员所属的司法机关为赔偿义务机关。这类机关包括所有行使侦查、检察、审判、监狱管理职权的机关。如果实施侵权的人员不是司法人员，而是辅警、联防人员、治安员、聘用民警等，只要存在委托或指使的情况，即应由委托的司法机关或者指使的司法人员所属机关为赔偿义务机关。

（三）刑事赔偿义务机关的职责

刑事赔偿义务机关作为国家赔偿责任的履行者，其职责有：

1. 对赔偿请求人的请求，应在法定期间内作出处理。首先，对本机关及其工作人员的行为是否违法侵权进行确认；其次，在审查赔偿请求后，依法作出赔偿或不予赔偿的决定。

2. 参加因刑事赔偿引起的复议和人民法院赔偿委员会主持的赔偿决定活动。此时的赔偿义务机关以复议被申请人和人民法院赔偿委员会赔偿决定活动的一方当事人身份出现。

3. 履行自身作出的赔偿决定、复议机关作出的复议决定或者人民法院赔偿委员会的赔偿决定，办理赔偿费用交付、返还财产、恢复原状或赔礼道歉等事宜。

4. 在刑事赔偿责任履行后，依法向负有责任的司法工作人员行使追偿权。

第四节　刑事赔偿程序

一、刑事赔偿程序的概念

刑事赔偿程序，是指国家对于司法机关及其工作人员在刑事诉讼过程中违法侵犯公民、法人或者其他组织的合法权益而向受到损害的当事人予以赔偿的程序。

设置刑事赔偿程序具有重要意义。刑事赔偿制度是实体法与程序法的统一，要实现实体规范所规定的一定权利义务关系，必须依据一定的法律程序，如果没有一个有效地保证受害人及时获得国家赔偿的程序，那么任何有关刑事赔偿的实体规范的法律效力都无从实现。刑事赔偿程序不仅为当事人及时获得国家赔偿提供程序方面的保障，而且为国家司法机关及时结案，确保社会关系的稳定性，保障人权提供了依据，有利于监督国家司法机关严格依法办事。

二、刑事赔偿程序的立法模式

通过立法确立刑事赔偿制度，是目前世界多数国家和地区的通行做法。就立法模式来看，大致可分为以下几种情况①：

第一，国家颁布单独的刑事赔偿法，专门规定有关刑事赔偿的实体和程序事项。这是世界法制发展的趋势，也是刑事赔偿立法的发展方向，如德国的《再审无罪判决赔偿法》和《羁押赔偿法》，奥地利的《羁押赔偿法》和《再审无罪法》，日本的《刑事补偿法》。

第二，在国家赔偿法中专门规定刑事赔偿的实体和程序问题。有的国家没有制定刑事赔偿专门法，而是在国家赔偿法中作专门规定，如韩国的《国家赔偿法》，捷克的《关于国家机关的决定或不当公务行为造成损害的责任的法律》。有些国家（地区）虽制定有刑事赔偿的特别法，对刑事赔偿的实体和程序作出详尽具体的规定，但仍然在国家赔偿法中对刑事赔偿作原则性的规定。

第三，在刑事诉讼法中规定刑事赔偿的内容。这种立法模式多见于大陆法系国家，而以法国最为典型，法国《刑事诉讼法典》第 149 至 150 条详细规定了刑事赔偿的诉讼程序。

第四，在民事法律或其他法律中规定刑事赔偿的实体和程序内容。如瑞士、意大利、蒙古等国，都将刑事赔偿作为一种特殊的民事赔偿加以规定，其赔偿程序除诉前程序有特殊规定外，诉讼程序适用民事诉讼程序。

---

① 皮纯协，冯军主编．国家赔偿法释论（修订本）．北京：中国法制出版社，1996：183-184.

第五，尚未有关于刑事赔偿的成文法规定。英美法系的主要国家，如英国和美国的一些州属于这种情况。英美在国家赔偿方面，关于行政赔偿都已颁布了有关成文法，但在刑事赔偿方面，由于司法权豁免的传统观念根深蒂固，至今仍没有系统的成文法规定。但较保守的英国法而言，美国法已迈出了一大步，联邦和某些州都在立法实践中肯定了司法赔偿。而英国在司法实践中，也通过判例法建立起一套刑事赔偿的程序规则。

我国目前采用的是第二种立法模式，在《国家赔偿法》第三章专门规定了刑事赔偿的实体和程序问题。根据该章第三节就刑事赔偿程序所作的规定，我国刑事赔偿程序可以划分为三个阶段：刑事赔偿义务机关的先行处理；刑事赔偿的复议；人民法院赔偿委员会的决定。

三、刑事赔偿义务机关的先行处理

（一）刑事赔偿义务机关先行处理的概念

较之原来的《国家赔偿法》，2012 年修正后的《国家赔偿法》最大的特点就是取消了确认程序。因此，刑事赔偿程序首先就是进入先行处理程序。刑事赔偿义务机关先行处理，是指赔偿请求人在提起复议程序或者人民法院赔偿委员会的决定程序之前，必须先向刑事赔偿义务机关提出赔偿请求，由刑事赔偿义务机关审查和作出处理决定。按照《国家赔偿法》第 22 条的规定，赔偿义务机关有该法第 17 条、第 18 条规定情形之一的，应当给予赔偿。赔偿请求人要求赔偿，应当先向赔偿义务机关提出。这是刑事赔偿程序的必经程序。只有赔偿义务机关作出处理后，才能启动此后的复议程序和国家赔偿委员会的决定程序。即使赔偿义务机关不作处理，也要等待 2 个月的时间，待期限届满后才能启动复议程序和国家赔偿委员会的决定程序。

（二）刑事赔偿申请的提出

赔偿请求人申请刑事赔偿，应当向赔偿义务机关提交刑事赔偿申请书。提交申请书确有困难的，申请人也可以向赔偿义务机关口头提出，由赔偿义务机关的工作人员记入笔录。

根据《国家赔偿法》第 12 条的规定，要求赔偿应当递交申请书，申请书应当载明下列事项：受害人的姓名、性别、年龄、工作单位和住所，法人或者其他组织的名称、住所和法定代表人或者主要负责人的姓名、职务；具体的要求、事实根据和理由；申请的年、月、日。

赔偿请求人书写申请书确有困难的，可以委托他人代书；也可以口头申请，由赔偿义务机关记入笔录。赔偿请求人不是受害人本人的，应当说明与受害人的关系，并提供相应证明。赔偿请求人当面递交申请书的，赔偿义务机关应当当场出具加盖本行政机关专用印章并注明收讫日期的书面凭证。申请材料不齐全的，赔偿义务机关应当当场或者在 5 日内一次性告知赔偿请求人需要补正的全部内容。

（三）刑事赔偿义务机关的受理与审查

刑事赔偿义务机关在收到申请人的赔偿申请书后，应予以审查，决定是否受理。审查的内容包括：（1）申请人是否具有请求权。审查申请人是否为刑事司法机关违法行为的受害人或其法定代理人，是否为受害的法人或其他组织，或其他依法享有请求权的人。（2）请求赔偿的事实和理由是否确实、充分。审查请求赔偿的事实根据是否有证据支持，是否属于法定赔偿范围。（3）是否应由本机关予以赔偿。（4）是否在法定时效内提出申请。请求人必须在其知道或应当知道其合法权益受到侵害之日起 2 年内向赔偿义务机关提出申请。(5) 提交的有关材料是否齐全。

赔偿义务机关审查后，应当决定是否受理请求人的请求，分别情况作出不同的处理：(1) 对不属于本机关赔偿的，应告知赔偿请求人向负有赔偿义务的机关提出；(2) 对本机关不负有赔偿义务，但本系统的其他机关负有赔偿义务的，告知赔偿请求人向负有赔偿义务的机关提出，或移送负有赔偿义务的机关；(3) 对赔偿请求已过法定时效的，应告知赔偿请求人已丧失赔偿请求权；(4) 对请求人不具有请求权的，应当告知请求人无权提出赔偿请求；(5) 对侵权不属于法定赔偿范围的，告知赔偿请求人不适用国家赔偿法；(6) 对材料不齐备的，告知请求人补充有关材料；(7) 对符合法律规定的，在法定期间内予以立案，并通知赔偿请求人。

赔偿请求人在赔偿义务机关作出赔偿决定前，有权撤回其请求。赔偿请求人一旦撤回其请求，就不得再对本案重新提出赔偿请求。如果申请人是受害人的法定继承人，撤回申请须经其他法定继承人的同意，方为有效。

(四) 刑事赔偿义务机关的处理决定

根据《国家赔偿法》第 23 条的规定，赔偿义务机关应当自收到申请之日起 2 个月内，作出是否赔偿的决定。赔偿义务机关作出赔偿决定，应当充分听取赔偿请求人的意见，并可以与赔偿请求人就赔偿方式、赔偿项目和赔偿数额依照该法第四章的规定进行协商。赔偿义务机关决定赔偿的，应当制作赔偿决定书，并自作出决定之日起 10 日内送达赔偿请求人。赔偿义务机关决定不予赔偿的，应当自作出决定之日起 10 日内书面通知赔偿请求人，并说明不予赔偿的理由。

关于赔偿义务机关以何种方式作出处理决定，从世界各国和地区有关立法例来看，主要有两种方式：一是由赔偿义务机关与请求人双方协商，达成赔偿协议的方式；二是由赔偿义务机关单方面就赔与不赔、赔偿方式和金额作出裁决的方式。各国大多规定协议程序为刑事赔偿的必经程序。这主要是因为协议能够提高办案效率，体现程序的效率价值；同时有助于缓解赔偿义务机关与受害人之间的矛盾，维护社会的稳定，又具有平衡与协调的价值。关于赔偿义务机关在多大范围内可与请求人达成协议，美国《联邦侵权赔偿法》规定，对超过 2.5 万美元的裁决、妥协与和解，应事先获得司法部部长或其授权人之书面批准。韩国国家赔偿法施行令规定，赔偿审议会对申请总额超过 5 000 万韩元的案件，应在赔偿决定前，向法务部部长报告。我国 2012 年《国家赔偿法》的修改就充分吸收了这种观点，增加了“协商程序”和“听取意见程序”。

对已立案的刑事赔偿案件，赔偿义务机关应及时、全面地对案件材料进行实质审查，必要时可调取有关的案卷材料。在刑事诉讼阶段参加过原案的侦查、检察、审判、执行的工作人员或实施不法侵害行为的工作人员，以及与本案有利害关系的人员，不得参加刑事赔偿问题的处理。上述人员应该提出回避；请求人也可以向赔偿义务机关提出回避申请，要求有利害关系的人回避。

经实质审查，决定予以赔偿的，应制作赔偿决定书。赔偿决定书是赔偿义务机关向赔偿请求人出具的确定赔偿义务机关和请求人之间存在刑事赔偿法律关系的依据，也是赔偿请求人向国家领取赔偿金或者接受其他赔偿方式的凭据。赔偿决定书包括以下内容：(1) 请求人及其代理人的基本情况；(2) 赔偿义务机关的名称和所在地；(3) 请求人的赔偿请求；(4) 经认定的损害事实及证据；(5) 最后确定的损害赔偿金额或恢复原状的内容；(6) 履行方式和期限；(7) 请求人不服而提起复议的机关和期限；(8) 制作日期及制作人签名盖章，并加盖赔偿义务机关的印章。决定不予赔偿的，应作出拒绝赔偿理由书，重点说明拒绝作出刑事赔偿的理由及依据。

一个值得关注的问题是，赔偿义务机关应否、能否依职权主动赔偿。根据国家赔偿法关于赔偿请求程序的规定，请求是权利人必须作出的意思表示，放弃赔偿请求是受害人的权利。因此，主动赔偿不能成为赔偿义务机关的法定义务，未主动赔偿并不违法。但是，如前所述，刑事司法机关违法行为的确认包括不经请求的司法机关主动为之的法律文书上的确认和需要提出请求的确认，在前一种情况下，司法机关在作出否定前一个司法行为的同时，主动根据受害人被侵权的事实予以赔偿，既通人情又合法理。一些西方国家有此做法。而且，从目前我国司法水平和国家赔偿还不大为大众熟悉的实际出发，司法机关在有错必纠的同时主动予以刑事赔偿，这对于保障基本人权、改善司法机关形象和提高刑事赔偿效率都十分必要。

四、刑事赔偿的复议

（一）刑事赔偿复议的概念

刑事赔偿复议，是指刑事赔偿请求人向赔偿义务机关提出赔偿请求后，赔偿义务机关不予赔偿，或者请求人对赔偿方式、项目、数额有异议时，向赔偿义务机关的上一级机关提出复议申请，由复议机关经审查而对赔偿争议作出决定的活动。从赔偿请求人的角度看，复议程序是维护其自身权利的手段和途径；从审查办理刑事赔偿案件的角度看，复议程序体现了复议机关对赔偿义务机关审查办理刑事赔偿案件的监督。

《国家赔偿法》第24条规定，赔偿义务机关在规定期限内未作出是否赔偿的决定，赔偿请求人可以自期限届满之日起30日内向赔偿义务机关的上一级机关申请复议。赔偿请求人对赔偿的方式、项目、数额有异议的，或者赔偿义务机关作出不予赔偿决定的，赔偿请求人可以自赔偿义务机关作出赔偿或者不予赔偿决定之日起30日内，向赔偿义务机关的上一级机关申请复议。赔偿义务机关是人民法院的，赔偿请求人可以依照本条规定向其上一级人民法院赔偿委员会申请作出赔偿决定。

根据国家赔偿法的规定，赔偿义务机关是公安机关、国家安全机关、军队保卫部门、检察机关、监狱管理机关的，复议机关是赔偿义务机关的上一级机关；赔偿义务机关是人民法院的，没有复议程序，赔偿请求人可以依法向其上一级人民法院赔偿委员会申请作出赔偿决定。

可能导致复议发生的情形有：（1）赔偿义务机关收到赔偿请求后，超过2个月不予答复；（2）赔偿请求人提出赔偿请求后，赔偿义务机关拒绝受理；（3）赔偿义务机关受理后，作出不予赔偿的决定；（4）请求人对赔偿决定中有关赔偿方式、赔偿项目、赔偿数额等内容有异议；（5）请求人在赔偿决定作出后反悔；（6）赔偿义务机关虽作出赔偿决定，但自收到申请书之日起超过2个月而不予履行。

（二）刑事赔偿复议的申请和受理

请求人提起复议申请应当递交申请书。申请书的内容可参照赔偿请求申请书的有关规定，同时附具赔偿义务机关的书面决定。

请求人提起复议申请有一定的期间限制，根据国家赔偿法的规定，这个期间为30日。赔偿义务机关作出有关的书面决定并送达请求人的，请求人应当自收到书面决定之日起30日内提起复议。赔偿义务机关收到赔偿请求人的赔偿请求后不予理睬、不作答复，或者不予履行自己作出的赔偿决定的，请求人可以自2个月期间届满之日起30日内申请复议，2个月的期间自赔偿义务机关收到申请书之日起计算。请求人逾期提出复议申请，不予受理。

复议机关在接到复议申请后，应及时对请求人的申请进行审查，并区别不同情况作出相应的处理：（1）请求人未经赔偿义务机关先行处理而直接提出复议申请的，告知请求人应先向赔偿义务机关提出赔偿请求；（2）请求人认定的复议机关不是赔偿义务机关的上一级机关的，收到复议申请的机关应告知其向正确的复议机关提出申请；（3）超过复议的法定期间提出复议申请的，应予以驳回；（4）申请的材料不齐备的，告知请求人补充有关材料；（5）请求人的申请符合受理条件的，应予受理。

复议申请的受理，标志着刑事赔偿复议程序的开始，由此产生了一系列法律后果。就请求人而言，复议申请一经受理，请求人就应当依照法定程序参加复议活动，不得再就同一刑事赔偿向其他任何机关申请复议；就复议机关而言，复议申请受理后，在复议机关和请求人之间就形成一种特殊的权利义务关系，复议机关必须主动承担解决刑事赔偿的职责。

（三）刑事赔偿复议的审理和复议决定

复议机关受理赔偿复议申请后，应指定与案件无利害关系的专人承办。刑事赔偿复议通常采用书面形式审理。复议人员应及时调取案卷和有关材料进行审查，事实不清的，可以要求原承办案件的赔偿义务机关补充调查，也可以自行调查。复议人员在综合全面分析研究案情的基础上，确定赔还是不赔、赔偿的方式和具体数额，并写出复议报告。复议机关根据复议报告，作出复议决定。

复议决定的内容包括：标题；复议请求人的基本情况、复议机关的名称；复议机关审查办理及决定情况；申请复议的具体事项及理由；复议机关审查的事实情况；复议的法律根据和理由；请求人不服复议决定的处理；复议机关名称；日期。

复议机关的复议决定表现为：原决定事实清楚，适用法律正确，赔偿数额、赔偿方式适当的，予以维持；原决定认定事实不清楚，适用法律错误，或确定的赔偿方式、赔偿数额不当的，应当决定予以变更；赔偿义务机关逾期未作决定的，应依法作出决定。

赔偿请求人在收到复议决定 30 日内没有异议的，复议决定即产生法律效力。如果赔偿请求人对复议决定有异议，可在收到复议决定后 30 日内向复议机关所在地同级人民法院赔偿委员会申请作出赔偿决定。赔偿请求人申请复议实行一次复议制，不能对复议决定再向复议机关的上级机关或原复议机关要求复议。

根据国家赔偿法的规定，复议机关作出复议决定的期限为 2 个月。如果复议机关逾期不作决定的，赔偿请求人也可在期间届满之日起 30 日内向复议机关所在地同级人民法院赔偿委员会申请作出赔偿决定。

按照最高人民法院的司法解释，复议机关受理案件后，逾期不作决定，也未告知赔偿请求人可以向复议机关所在地的同级人民法院赔偿委员会申请作出赔偿决定的诉权，造成赔偿请求人逾期申请赔偿的过错在复议机关，不能因为复议机关的过错而剥夺赔偿请求人的诉权。根据《国家赔偿法》第 39 条的规定，赔偿请求人请求国家赔偿的时效为 2 年，赔偿请求人逾期后在法定时效 2 年内向人民法院赔偿委员会申请作出决定的，人民法院赔偿委员会应当受理。

（四）刑事赔偿复议与行政赔偿复议的区别

刑事赔偿的复议与行政赔偿的复议两者既有联系，又有区别。刑事赔偿复议和行政赔偿复议在由赔偿义务机关的上一级机关审查决定这一点上是相同的；其不同之处在于：

1. 是否经过先行处理不同。行政赔偿请求人要求赔偿，可以先向赔偿义务机关提出，也可以不先向赔偿义务机关提出，而在申请行政复议时一并提出行政赔偿请求；刑事赔偿请求人要求赔偿，必须先向赔偿义务机关提出，在赔偿义务机关不予赔偿或者请求人对赔偿金额有异议时，才可向赔偿义务机关的上一级机关申请复议。

2. 审查决定的内容不同。行政赔偿复议解决的是下一级行政机关的具体行政行为的合法性与合理性，在审查具体行政行为是否违法的过程中，一并解决赔偿问题；刑事赔偿复议审查的内容，则是其下一级机关作出的刑事赔偿决定是否正确、恰当，并依法作出复议决定。

3. 行为性质和法律依据不同。行政赔偿复议属于行政行为，其法律依据是行政复议法；刑事赔偿则属于刑事司法行为，其法律依据是国家赔偿法。

4. 救济途径不同。行政赔偿请求人对行政复议决定不服，可以提起行政诉讼；刑事赔偿请求人对复议决定不服，不能起诉，只能向复议机关所在地的同级人民法院赔偿委员会申请作出赔偿决定。

5. 复议机关不同。行政赔偿复议的机关是行政机关；刑事赔偿复议的机关则是刑事司法机关中的公安机关、国家安全机关、军队保卫部门、检察机关和监狱管理机关，如赔偿义务机关是人民法院，则复议机关是上一级人民法院赔偿委员会。

五、人民法院赔偿委员会的决定

（一）人民法院赔偿委员会终局解决刑事赔偿的立法背景

如何处理刑事赔偿纠纷，将解决此纠纷的裁决权赋予何种机关，是起草《国家赔偿法》时争议颇大的一个问题。当时为解决此一问题，提出过四种方案。①

第一种方案是由复议程序终局解决。由侦查、检察、审判、监狱管理机关的上一级机关复议甚至再复议。复议决定为终局决定，不得由人民法院享有独家终局权。有人认为，这一方案是“自己做自己案件的法官”，欠缺公正性。第二种方案是由多方代表组成的赔偿委员会裁决。代表由侦查、检察、审判、监狱管理机关、专家、律师组成。但有人认为此方案至少存在两个问题：第一，经验表明，劳动仲裁委员会、劳动教养委员会等由各方代表组成，委员隶属不同机关，各有自己的任务，会议都难以召集，效率低下；第二，委员会能否实现公正，把握不大，也许会成为各方相互照顾、协调部门利益的组织。第三种方案是由人民法院审判程序解决。美国、德国、法国、日本等国均采用此种办法，但适用不同于普通案件的特殊程序，如特殊的审判机关或组织、无被告程序等。第四种方案是由人民法院审判员组成的赔偿委员会决定，赔偿委员会决定为终局决定。除人民法院作为赔偿义务机关的情况外，在赔偿委员会作出决定前，以复议为必经程序，以发挥侦查、检察、监狱管理机关各自解决自身问题的积极性。该方案作为一项制度，也符合人民法院终局解决的原则。

经过全国人大常委会征求各方意见，最终决定采用第四种方案，人民法院赔偿委员会也就应运而生。

（二）人民法院赔偿委员会的设置

人民法院赔偿委员会是专司刑事赔偿事务以及民事、行政诉讼中的国家赔偿事务的人民法

---

① 肖峋．中华人民共和国国家赔偿法的理论与实用指南．北京：中国民主法制出版社，1994：223.

院的专门机构，对于行政赔偿，由人民法院的行政审判庭负责。根据《国家赔偿法》第29条的规定，中级以上的人民法院设立赔偿委员会，由人民法院三名以上审判员组成，组成人员的人数应当为单数。赔偿委员会作赔偿决定，实行少数服从多数的原则。法律未规定基层人民法院设立赔偿委员会，是因为赔偿委员会在一定程度上体现为人民法院对较高位阶的复议机关的监督，中级以上人民法院的审查视野相对宏观，法官素质也相对较高，对复议机关的监督具有合理性。

（三）对人民法院赔偿委员会的监督

现行《国家赔偿法》第30条规定，赔偿请求人或者赔偿义务机关对赔偿委员会作出的决定，认为确有错误的，可以向上一级人民法院赔偿委员会提出申诉。赔偿委员会作出的赔偿决定生效后，如发现赔偿决定违反本法规定的，经本院院长决定或者上级人民法院指令，赔偿委员会应当在2个月内重新审查并依法作出决定，上一级人民法院赔偿委员会也可以直接审查并作出决定。最高人民检察院对各级人民法院赔偿委员会作出的决定，上级人民检察院对下级人民法院赔偿委员会作出的决定，发现违反本法规定的，应当向同级人民法院赔偿委员会提出意见，同级人民法院赔偿委员会应当在2个月内重新审查并依法作出决定。因此，赔偿委员会的监督程序，主要有三种：一是赔偿请求人的申诉程序，二是赔偿委员会的自我纠正程序，三是最高人民检察院和上级人民检察院的监督程序。

（四）人民法院赔偿委员会刑事赔偿受案范围

根据《国家赔偿法》和最高人民法院《关于〈中华人民共和国国家赔偿法〉溯及力和人民法院赔偿委员会受案范围问题的批复》的规定，人民法院赔偿委员会受理下列刑事赔偿案件：(1) 行使侦查、检察、监狱管理职权的机关及其工作人员在行使职权时侵犯公民、法人和其他组织的人身权、财产权，造成损害，经依法确认应予赔偿，赔偿请求人经依法申请赔偿和申请复议，在法定的期间内向复议机关所在地的同级人民法院赔偿委员会申请作出赔偿决定的。(2) 人民法院是刑事赔偿义务机关，赔偿请求人经申请赔偿，因赔偿义务机关逾期不予赔偿或者赔偿请求人对赔偿数额有异议，在法定期间内向赔偿义务机关的上一级人民法院申请作出赔偿决定的。

2012年最高人民法院《关于国家赔偿案件立案工作的规定》第1条详细规定了受理刑事赔偿案件的立案范围，包括：(1) 违反刑事诉讼法的规定对公民采取拘留措施的，或者依照刑事诉讼法规定的条件和程序对公民采取拘留措施，但是拘留时间超过刑事诉讼法规定的时限，其后决定撤销案件、不起诉或者判决宣告无罪终止追究刑事责任的；(2) 对公民采取逮捕措施后，决定撤销案件、不起诉或者判决宣告无罪终止追究刑事责任的；(3) 二审改判无罪，以及二审发回重审后作无罪处理的；(4) 依照审判监督程序再审改判无罪，原判刑罚已经执行的；(5) 刑讯逼供或者以殴打、虐待等行为或者唆使、放纵他人以殴打、虐待等行为造成公民身体伤害或者死亡的；(6) 违法使用武器、警械造成公民身体伤害或者死亡的；(7) 在刑事诉讼过程中违法对财产采取查封、扣押、冻结、追缴等措施的；(8) 依照审判监督程序再审改判无罪，原判罚金、没收财产已经执行的；(9) 在民事诉讼、行政诉讼过程中，违法采取对妨害诉讼的强制措施、保全措施或者对判决、裁定及其他生效法律文书执行错误，造成损害的。

（五）人民法院赔偿委员会刑事赔偿决定程序的主要步骤

人民法院赔偿委员会刑事赔偿的决定程序是指人民法院赔偿委员会受理刑事赔偿请求、作出决定的程序，是国家赔偿法规定的最终解决和确定刑事赔偿问题所适用的程序。赔偿决定程序的主要步骤有：

1. 申请。赔偿请求人的申请是赔偿委员会作出赔偿决定的先决条件。赔偿请求人向人民法院赔偿委员会提出刑事赔偿请求，应当符合事实条件和程序条件。事实条件是刑事司法机关及其工作人员存在违法行使职权的事实，并且给公民、法人或其他组织的人身、财产权益造成实际损害，如错误拘留、错误逮捕、无罪错判、刑讯逼供，违法采取查封、扣押、冻结、追缴等措施造成财产损害等。程序条件是指赔偿请求人向赔偿义务机关提出过申请，除赔偿义务机关是人民法院的情况外，其他情形下还应当经过赔偿复议程序，才可以在法定期间内向人民法院赔偿委员会提出。

按照最高人民法院《关于人民法院赔偿委员会审理国家赔偿案件程序的规定》，赔偿请求人向赔偿委员会申请作出赔偿决定，应当递交赔偿申请书一式四份。赔偿请求人书写申请书确有困难的，可以口头提出申请，口头提出申请的，人民法院应当填写“申请赔偿登记表”，由赔偿请求人签名或者盖章。

赔偿请求人向人民法院赔偿委员会提出申请时，应当提供以下资料：（1）赔偿义务机关作出的决定书；（2）复议机关作出的复议决定书，但赔偿义务机关是人民法院的除外；（3）赔偿义务机关或者复议机关逾期未作出决定的，应当提供赔偿义务机关对赔偿申请的收讫凭证等相关证明材料；（4）行使侦查、检察、审判职权的机关在赔偿申请所涉案件的刑事诉讼程序、民事诉讼程序、行政诉讼程序、执行程序中作出的法律文书；（5）赔偿义务机关职权行为侵犯赔偿请求人合法权益造成损害的证明材料；（6）证明赔偿申请符合申请条件的其他材料。

2. 立案。人民法院赔偿委员会收到申请后，经审查认为符合申请条件的，应当在 7 日内立案，并及时通知赔偿请求人、赔偿义务机关和复议机关；认为不符合申请条件的，应当在 7 日内决定不予受理；立案后发现不符合申请条件的，决定驳回申请。

如果发现赔偿请求人提供的有关材料缺少的，申请材料不齐全的，赔偿委员会应当在 5 日内一次性告知赔偿请求人需要补正的全部内容，收到赔偿申请的时间应当自赔偿委员会收到补正材料之日起计算。

符合下列条件的应予立案：（1）赔偿请求人具备法律规定的主体资格。（2）赔偿义务机关是行使侦查、检察、审判、监狱管理职权的机关。（3）有具体的赔偿请求事项和事实根据。（4）有依法确认的法律文书或者其他证明材料。（5）符合法定的请求期间，因不可抗力或者其他障碍未能在法定期间行使请求权或者人民法院赔偿委员会决定延长时间的除外。（6）赔偿义务机关是侦查、检察、监狱管理机关的，作出赔偿决定后或者逾期未作赔偿决定，赔偿请求人申请复议，经复议仍不服或者复议机关逾期未作复议决定；赔偿义务机关是人民法院的，作出赔偿决定后，赔偿请求人不服，或者人民法院逾期未作赔偿决定。（7）符合国家赔偿法及有关司法解释对国家赔偿溯及力的规定。如符合立案条件，应予立案，向赔偿请求人发出受理案件通知书，同时在 15 日内通知赔偿义务机关、复议机关，并送达赔偿申请书的副本。对于不符合立案条件的，应当向赔偿请求人送达不予受理案件通知书。在赔偿委员会立案后，依法作出赔偿决定前，赔偿请求人有权撤回申请，赔偿委员会应当准许。

3. 审理。赔偿委员会审理赔偿案件与人民法院其他业务庭对民事、行政、刑事案件的审理不同，依法不公开进行，一般实行书面审理，不需组成合议庭开庭审理，不需质证、辩论。但是，赔偿委员会根据审理案件的需要，可以通知赔偿请求人、赔偿义务机关和复议机关提供案件材料、证明材料或者到人民法院接受调查，也可以直接调查取证。赔偿委员会对赔偿请求人的调查取证与对赔偿义务机关、复议机关的调查取证，应当分别进行，防止相互影响。

经审查，案件承办人员认定事实清楚，证据确实、充分的，应当制作案件审查报告，报请赔偿委员会主任提交赔偿委员会审理。赔偿案件审查报告应当包括以下内容：(1) 案件的由来；(2) 赔偿请求人的基本情况，赔偿义务机关、复议机关的名称及其法定代表人；(3) 赔偿请求人申请事项及理由；(4) 申请的赔偿案件确认情况、赔偿义务机关的决定情况以及复议机关的复议情况；(5) 承办人审查认定的事实及依据；(6) 处理意见和理由。

人民法院赔偿委员会处理赔偿请求，赔偿请求人和赔偿义务机关对自己提出的主张，应当提供证据。被羁押人在羁押期间死亡或者丧失行为能力的，赔偿义务机关的行为与被羁押人的死亡或者丧失行为能力是否存在因果关系，赔偿义务机关应当提供证据。赔偿义务机关对其职权行为的合法性负有举证责任。赔偿请求人可以提供证明职权行为违法的证据，但不因此免除赔偿义务机关对其职权行为合法性的举证责任。

如果存在以下情形，赔偿委员会可以组织赔偿请求人和赔偿义务机关进行质证：(1) 对侵权事实、损害后果及因果关系争议较大的；(2) 对是否属于《国家赔偿法》第 19 条规定的国家不承担赔偿责任的情形争议较大的；(3) 对赔偿方式、赔偿项目或者赔偿数额争议较大的；(4) 赔偿委员会认为应当质证的其他情形。

赔偿委员会讨论案件，实行少数服从多数的原则。赔偿委员会半数以上委员的意见为赔偿委员会的决定意见。赔偿委员会认为重大、疑难的案件，必要时由赔偿委员会主任报请院长提交审判委员会讨论决定。对于审判委员会的决定，赔偿委员会应当执行。

应当看到，目前赔偿委员会审理赔偿案件不公开进行，存在两个明显问题：一是双方的权利不能充分地行使，不公开就无法获得有效行使权利的信息和机会。请求人行使权利，不仅是在结果上，同时也是在程序进行过程中，过程都不公开，是难以有效行使权利的。二是无法真正监督人民法院赔偿委员会解决纠纷的过程。由于没有可供公开的过程，谁也无法监督其在处理案件过程中的行为和环节，人民法院在这个环节上离开了社会和请求人的监督。这样的缺陷最后导致的结果是赔偿决定缺乏可信度。有鉴于此，最高人民法院为了减少因为不公开程序带来的种种不利，开始推行在《国家赔偿法》中没有规定的听证程序，以期有所补救，增强双方对赔偿决定公正性的可信度。

4. 决定。赔偿委员会审理的案件，分下列情况作出决定：(1) 维持决定，即认为赔偿义务机关决定或者复议机关的复议决定认定事实清楚，适用法律正确的，应当决定予以维持。(2) 重新决定，即认为赔偿义务机关的决定、复议机关的复议决定认定事实清楚，但适用法律错误的，应当依法重新决定。(3) 重新决定，即认为赔偿义务机关的决定、复议机关的复议决定事实不清、证据不足的，查清事实后依法重新决定。(4) 作出决定，赔偿义务机关、复议机关逾期未作决定的，查清事实后依法作出决定。

赔偿委员会审理案件作出的决定，应当制作人民法院赔偿委员会决定书。决定书应当载明下列事项：(1) 赔偿请求人的基本情况，赔偿义务机关、复议机关的名称及其法定代表人；(2) 赔偿请求人申请事项及理由，赔偿义务机关的决定、复议机关的复议决定情况；(3) 赔偿委员会认定的事实及依据；(4) 决定的理由及法律依据；(5) 决定内容。人民法院赔偿委员会决定书由赔偿委员会主任审核签发，加盖人民法院院印。

赔偿案件应当在 3 个月内作出是否赔偿的决定。因案件情况复杂，3 个月内不能作出决定的，经本院院长批准，可以延长 1 个月；仍不能作出决定需要再延长审理期限的，应当报请上级人民法院批准，再延长的时间最多不得超过 3 个月。

5. 执行。赔偿委员会决定一经作出，即发生法律效力，必须执行。赔偿请求人不服的，只能申诉，不能向人民法院起诉。人民法院赔偿委员会决定书应当根据决定事项，分别送达赔偿请求人、赔偿义务机关和复议机关。对此，《国家赔偿法》第 29 条第 3 款明确规定，赔偿委员会作出的赔偿决定，是发生法律效力的决定，必须执行。

由于刑事赔偿程序是非诉讼的特别程序，对权利的救济不及诉讼程序，特别是在人民法院作为赔偿义务机关的情况下，仅仅依靠赔偿委员会作出裁判，有时难以保证受损害的合法权益获得救济。《关于人民法院赔偿委员会审理国家赔偿案件程序的规定》对此缺陷作了弥补，它规定，赔偿委员会决定生效后，赔偿委员会如发现原认定的事实或者适用法律错误，必须改变原决定的，经本院院长决定或者上级人民法院指令，赔偿委员会应当重新审理，依法作出决定。

第五节　民事、行政司法赔偿

一、民事、行政司法赔偿的概念和特征

民事、行政司法赔偿，是指人民法院在民事诉讼、行政诉讼过程中，违法行使审判权等公权力，侵犯公民、法人或者其他组织的合法权益造成损害而引起的国家赔偿。民事、行政司法赔偿与刑事赔偿共同构成了司法赔偿的两种形式。

民事、行政司法赔偿与刑事赔偿虽然都是司法赔偿，但两者存在明显区别：（1）刑事赔偿发生在刑事诉讼过程中，而民事、行政司法赔偿发生在民事诉讼、行政诉讼的过程中；（2）刑事赔偿因刑事司法权的违法行使而引起，而民事、行政司法赔偿因民事、行政审判权的违法行使而引起；（3）刑事赔偿的赔偿义务机关按照不同情况分别是违法行使刑事司法权的公安机关、国家安全机关、军队保卫部门以及检察机关、审判机关和监狱管理机关，而民事、行政司法赔偿的赔偿义务机关是违法行使审判权的人民法院。

二、民事、行政司法赔偿的范围

（一）民事、行政司法赔偿的范围

根据《国家赔偿法》第 38 条的规定，民事、行政司法赔偿的范围主要有：

1. 违法采取对妨害诉讼的强制措施

人民法院在民事诉讼、行政诉讼过程中，为了保证诉讼活动的顺利进行，有权对妨害诉讼的人采取拘传、拘留、罚款等强制措施。法律在授予人民法院行使这种权力的同时，也规定了这些措施各自的适用范围。人民法院必须按照法律规定的条件和程序在法定权限范围内适用强制措施，否则，应依法承担国家赔偿责任。

根据最高人民法院《关于审理民事、行政诉讼中司法赔偿案件适用法律若干问题的解释》第 2 条的规定，违法采取对妨害诉讼的强制措施，包括以下情形：对没有实施妨害诉讼行为的人采取罚款或者拘留措施的；超过法律规定金额采取罚款措施的；超过法律规定期限采取拘留

措施的；对同一妨害诉讼的行为重复采取罚款、拘留措施的；其他违法情形。

值得注意的是，依据上述规定，在诸多强制措施中，目前仅对违法实施司法拘留和违法罚款实行国家赔偿，对拘传、训诫、责令具结悔过、责令退出法庭等强制措施，由于基本上不发生侵害公民人身权和财产权的损害后果，或者虽然产生一定的损害后果，但尚未达到需要赔偿的程度，所以不予赔偿。但如果达到相当严重的程度，如在拘传、责令退出法庭时，司法人员使用暴力致使人身伤害发生，我们认为，应视具体情况给予赔偿。

2. 违法采取保全措施

财产保全是指人民法院对与本案有关的财物采取强制性措施。人民法院在民事诉讼和行政诉讼中采取的财产保全措施，可以分为依申请采取的保全措施和依职权采取的保全措施。但是，国家赔偿法上不区分依职权的采取保全措施和依申请采取的保全措施。只要是人民法院在民事诉讼、行政诉讼过程中违法采取保全措施造成损害的，都由国家承担赔偿责任。

根据最高人民法院《关于审理民事、行政诉讼中司法赔偿案件适用法律若干问题的解释》第3条的规定，违法采取保全措施，包括以下情形：依法不应当采取保全措施而采取的；依法不应当解除保全措施而解除，或者依法应当解除保全措施而不解除的；明显超出诉讼请求的范围采取保全措施的，但保全财产为不可分割物且被保全人无其他财产或者其他财产不足以担保债权实现的除外；在给付特定物之诉中，对与案件无关的财物采取保全措施的；违法保全案外人财产的；对查封、扣押、冻结的财产不履行监管职责，造成被保全财产毁损、灭失的；对季节性商品或者鲜活、易腐烂变质以及其他不宜长期保存的物品采取保全措施，未及时处理或者违法处理，造成物品毁损或者严重贬值的；对不动产或者船舶、航空器和机动车等特定动产采取保全措施，未依法通知有关登记机构不予办理该保全财产的变更登记，造成该保全财产所有权被转移的；违法采取行为保全措施的；其他违法情形。

在行政诉讼过程中，人民法院依据被告行政机关的申请对原告采取保全措施的，一旦违法并造成损害，根据最高人民法院的司法解释，应当由申请的行政机关作为赔偿义务机关承担行政赔偿责任。但是，从国家赔偿法方便赔偿请求人获得赔偿的立法宗旨出发，我们认为，应当由作出保全裁定的人民法院和申请的行政机关作为共同赔偿义务机关承担赔偿责任。

3. 对判决、裁定及其他生效法律文书执行错误

根据《民事诉讼法》和《行政诉讼法》的有关规定，人民法院在民事诉讼、行政诉讼过程中，对拒不履行判决、裁定及其他生效法律文书的当事人，有权依法采取强制执行措施。“其他生效法律文书”包括已经发生法律效力的民事制裁决定、调解、支付令、仲裁裁决、具有强制执行效力的公证债权文书以及行政处罚、处理决定等。人民法院可依法采取的强制执行措施主要有：查询、冻结、划拨被执行人的存款，扣留、提取被执行人的收入、存款，查封、扣押、冻结、拍卖、变卖被执行人的财产，搜查被执行人的财产，强制被执行人迁出房屋或退出土地等。人民法院采取上述执行措施过程中的执行错误给被执行人的人身权、财产权造成损害的，国家应当承担赔偿责任。这里的“执行错误”，仅指执行中的错误，不包括人民法院作出的执行裁定错误本身。

根据最高人民法院《关于审理民事、行政诉讼中司法赔偿案件适用法律若干问题的解释》第5条的规定，对判决、裁定及其他生效法律文书执行错误，包括以下情形：执行未生效法律文书的；超出生效法律文书确定的数额和范围执行的；对已经发现的被执行人的财产，故意拖延执行或者不执行，导致被执行财产流失的；应当恢复执行而不恢复，导致被执行财产流失的；违法执行案外人财产的；违法将案件执行款物执行给其他当事人或者案外人的；违法对抵押物、质物或者留置物采取执行措施，致使抵押权人、质权人或者留置权人的优先受偿权无法

实现的；对执行中查封、扣押、冻结的财产不履行监管职责，造成财产毁损、灭失的；对季节性商品或者鲜活、易腐烂变质以及其他不宜长期保存的物品采取执行措施，未及时处理或者违法处理，造成物品毁损或者严重贬值的；对执行财产应当拍卖而未依法拍卖的，或者应当由资产评估机构评估而未依法评估，违法变卖或者以物抵债的；其他错误情形。

4. 民事诉讼、行政诉讼或者执行中违法造成人身伤害

根据最高人民法院《关于审理民事、行政诉讼中司法赔偿案件适用法律若干问题的解释》第 6 条的规定，人民法院工作人员在民事、行政诉讼过程中，有殴打、虐待或者唆使、放纵他人殴打、虐待等行为，以及违法使用武器、警械，造成公民身体伤害或者死亡的，适用《国家赔偿法》第 17 条第 4 项、第 5 项的规定予以赔偿。

（二）民事、行政司法赔偿的例外情形

根据最高人民法院《关于审理民事、行政诉讼中司法赔偿案件适用法律若干问题的解释》第 7 条的规定，属于《民事诉讼法》（2021 年）第 108 条（申请有错误的，申请人应当赔偿被申请人因保全所遭受的损失）、第 103 条第 2 款（人民法院可以责令申请人提供担保，申请人不提供担保的，驳回申请。申请人败诉的，应当赔偿被申请人因先予执行遭受的财产损失）和第 240 条（执行完毕后，据以执行的判决、裁定和其他法律文书确有错误，被人民法院撤销的，对已被执行的财产，人民法院应当作出裁定，责令取得财产的人返还；拒不返还的，强制执行）规定情形的；申请执行人提供执行标的物错误的，但人民法院明知该标的物错误仍予以执行的除外；人民法院依法指定的保管人对查封、扣押、冻结的财产违法动用、隐匿、毁损、转移或者变卖的；人民法院工作人员与行使职权无关的个人行为；因不可抗力、正当防卫和紧急避险造成损害后果的；依法不应由国家承担赔偿责任的其他情形。

需要指出的是，对于民事诉讼、行政诉讼中的判决错误，国家不承担赔偿责任。这是因为，民事诉讼、行政诉讼是由于民事争议、行政争议而引起，争议双方存在权利义务上的冲突是诉讼程序启动的根本原因。错误的判决往往使一方获得利益，另一方遭受损失。已经执行的错误的民事判决、行政判决经再审被撤销或改判以后，依据原判决获得利益的一方就成为不当得利人，在双方当事人之间就产生了一种债的关系。据此，我国《民事诉讼法》规定了执行回转制度。可见，民事诉讼、行政诉讼中的判决错误经依法确认以后，并不是不引起赔偿责任问题，只是这种赔偿属于民事赔偿或行政赔偿，而不是国家赔偿。

三、民事、行政司法赔偿程序

根据《国家赔偿法》第 38 条的规定，人民法院在民事诉讼、行政诉讼过程中，违法采取对妨害诉讼的强制措施、保全措施或者对判决、裁定及其他生效法律文书执行错误，造成损害的，赔偿请求人要求赔偿的程序，适用本法刑事赔偿程序的规定。因此，民事、行政司法赔偿程序，适用国家赔偿法中有关刑事赔偿程序的规定。

问题与思考

1. 什么是司法赔偿？
2. 司法赔偿的分类有哪些？

3. 侵犯人身权和侵犯财产权的刑事赔偿范围是什么？
4. 刑事赔偿有哪些例外情形？
5. 简述刑事赔偿的程序。
6. 刑事赔偿复议与行政赔偿复议有什么区别？
7. 民事、行政司法赔偿的范围是什么？

第七章

国家追偿

本章概要

行政追偿，是指国家在行政赔偿义务机关对行政赔偿请求人支付赔偿费用之后，依法责令有故意或重大过失的行政机关工作人员、受委托的组织或个人承担全部或部分赔偿费用的法律制度。

刑事追偿，是指国家向刑事赔偿请求人支付赔偿费用以后，依法责令有故意的司法机关工作人员承担部分或者全部费用的法律制度。

关键术语

行政追偿　刑事追偿　追偿权的性质　行政追偿程序　刑事追偿程序

第一节　行政追偿

一、行政追偿的概念与形式

行政追偿，是指国家在行政赔偿义务机关对行政赔偿请求人支付赔偿费用之后，依法责令有故意或重大过失的工作人员、受委托的组织或个人承担全部或部分赔偿费用的法律制度。这一概念包含有以下几层含义：第一，追偿的主体是国家，但追偿的具体事务则是由行政赔偿义务机关来承担的；第二，追偿的对象是对损害的造成有故意或重大过失的工作人员、受委托行使行政职权的组织或个人；第三，追偿以已赔偿为前提，赔偿义务机关只有在支付受害人的赔偿费用后，才能对有责任的人员或组织行使追偿权；第四，追偿的方式是支付赔偿费用，主要是一种内部程序，其程序与行政赔偿的程序不同。

行政追偿与行政赔偿是两个不同的概念。行政追偿所要解决的是国家或行政机关与行使行政职权的工作人员之间有关损害赔偿费用分担过程中的权利义务关系问题，其目的是通过让有责任的工作人员承担一部分赔偿费用以促使他们依法行政；而行政赔偿所要解决的则是国家、行政机关与受害人三者之间有关行政赔偿过程中的权利义务关系问题，其目的是维护受害人的利益，使其受到损害的权益获得补偿。

在行政赔偿制度确立之前，对行政活动中的侵权损害行为，有的国家是由公务员个人赔偿，有的国家不予赔偿。行政赔偿制度确立后的一个时期，许多国家仅强调国家的责任，而忽略了对致害公务员责任的追究，结果导致公务员滥用职权而经常损害相对人的利益。随着行政赔偿制度的发展，行政追偿制度逐渐受到重视。目前，世界上大多数国家都已把追偿制度作为国家赔偿法的一项重要制度而确立下来。

在追偿制度的发展史中，曾存在着两种形式：早期的追偿制度是由公务员先向受害人赔偿，然后要求国家予以补偿。即“公务员先赔偿，然后向国家追偿”，英国曾经采用过这种形式。首先，这种形式受致害公务员经济能力的限制，不足以充分保障受害人的利益；其次，由于只有在证明公务员侵权行为无故意或不怀恶意时，国家才能向已支付赔偿费用的公务员提供补偿，显然，通常情况下公务员的补偿是难以取得的，其结果是不利于提高公务员的积极性。因此，这种追偿制度很快就被现代的追偿制度所代替。现代的追偿制度是由国家先向受害人赔偿，然后再责令公务员向国家支付赔偿费用，即“国家先赔偿，然后向公务员追偿”。这种形式既解决了因公务员资力薄弱而无法使受害人获得充分赔偿的问题，又可以达到监督公务员依法行使职权的目的，同时还可以解除公务员行使职权的后顾之忧，鼓励公务员努力工作，提高工作效率。因此，目前世界上大多数国家都采用这种追偿形式。如日本《国家赔偿法》第 1 条第 2 款规定：“公务员有故意或重大过失时，国家或公共团体对该公务员有请求权。”奥地利《国家赔偿法》第 3 条第 1 款规定：“依本法为赔偿的官署可以向因故意或重大过失行为所引起损害和赔偿的公务员行使请求权。”

我国遵循国家赔偿的现代发展趋势，确立了现代型的行政追偿制度。王汉斌在《关于〈中华人民共和国行政诉讼法（草案）〉的说明》中提出：行政机关赔偿损失后，应当责令有故意或者重大过失的行政机关工作人员承担部分或者全部赔偿费用。需要给予行政处分的，应当给予行政处分；构成犯罪的，应当依法追究刑事责任。《国家赔偿法》第 31 条规定：“赔偿义务机关赔偿后，应当向有下列情形之一的工作人员追偿部分或者全部赔偿费用：（一）有本法第十七条第四项、第五项规定情形的；（二）在处理案件中有贪污受贿，徇私舞弊，枉法裁判行为的。对有前款规定情形的责任人员，有关机关应当依法给予处分；构成犯罪的，应当依法追究刑事责任。”这些规定都是我国有关行政追偿制度的规定。根据这些规定，行政机关工作人员或者受委托的组织和个人，在行使行政职权时，以国家和行政机关的代表身份出现，因此，其职务违法行为侵犯了公民、法人和其他组织的合法权益并造成损害的，由国家承担赔偿责任。但如果行政机关工作人员或受委托人的组织或个人在行使行政职权时有可归责于自身原因的故意或重大过失时，国家在赔偿受害人的损失后，有权向上述人员追偿。

二、追偿权的性质

追偿权，是指国家所享有的在对受害人承担行政赔偿责任后，要求致害的工作人员承担部分或全部赔偿费用的权利。

追偿权是行政追偿制度的核心，但对于追偿权的性质，世界各国的认识却不尽相同。综合起来，主要有以下几种观点：一是不当得利返还请求说。该说认为，公务员在执行职务时致人损害，本应由公务员自己承担赔偿责任；但为使受害人得以迅速获得充分有效的赔偿，而先由国家代公务员承担赔偿责任。国家在支付赔偿金后，公务员对受害人即因此不负赔偿责任。也就是说，公务员无法律原因而受到应支付赔偿金却不必支出之消极利益致使国家受到损害，公务员依不当得利原理理应返还其利益。可见，追偿权是基于不当得利的法律关系所产生的，属于不当得利返还请求权的性质。这种学说是基于国家赔偿责任为代位责任说的理论而得出的，因此，又称代位责任说。二是债务不履行赔偿请求权说。该说认为，公务员系代国家执行职务行使公权力，其行为在本质上属于国家之行为，故公务员若有不法行为侵害了相对人的自由或权利，从本质上来说，其损害系国家行为所致，应由国家承担赔偿责任。但公务员应遵守对国家的义务，其违反了对国家的义务而有违法行为，即有债务不履行，不为完全给付之情形发生，国家自然可以依债务不履行之法理请求公务员赔偿其损害。故国家追偿权应属于债务不履行赔偿请求权。由于这种学说是基于国家赔偿责任为自己责任说的理论而得出的，因此，又称为自己责任说。三是第三人代位求偿权说。该说认为，公务员不法侵害相对人的自由或权利，对受害人本有赔偿其损害并履行其赔偿损害的义务，但国家以与债的履行有利害关系的第三人身份而为清偿，自然可以根据代位清偿的理论，而可按其清偿的限度，就受害人的债权之权利，以自己名义代位行使。故国家追偿权属于第三人代位求偿权的性质。这种学说也是以国家赔偿责任为代位责任说为立论基础的。

在我国法学界，学者们对追偿权性质的认识，主要有以下几种观点：(1) 行政赔偿中的追偿责任，本质上是一种行政责任。从我国有关法律规定的精神看，追偿制度更接近于是国家对公务员的一种惩戒。这种惩戒与行政处分不完全一样，它采取的是一种金钱给付的形式。追偿是在行政机关内部，由公务员对国家和国家机关承担责任，是公务员不履行法定义务所承担的责任。(2) 追偿权产生独立的追偿责任，这种责任的基础是国家与被追偿者之间的一种特别权力关系。追偿责任依赖于国家赔偿责任而存在，是公务员的个人责任，这种责任在法律上不具备民事责任的性质，也不是行政处分，它是一种独立的责任。我国国家赔偿法对追偿的数额没有规定确定的标准，因而追偿责任不具有惩罚性，不是一种惩戒责任。由此，追偿责任不归属于其他法律责任形式，追偿责任也因之而成为法律上的一项独立制度。(3) 行政追偿制度在本质上是追究公务员的民事责任。其中又有两种不同的看法：一是自己责任说。该学说中有人认为公务员不法侵害相对人的合法权益，即是违反了他对国家的职务上的义务，本应自负其责。还有人认为，公务员的侵权行为如果出于故意或重大过失，则不具有机关行为的性质，因而产生公务员的个人责任说。二是代位责任说。该学说认为公务员对其违法行使职权所造成的损害应负有赔偿责任。因此，国家在代其支付损害赔偿后，可以向原实施加害行为的公务员请求偿还。(4) 追偿权是国家基于特别的权力关系对公务员实施的一种制裁形式，主要通过金钱给付的方式实现。也就是说，当公务员违法行使职权侵害他人权益时，国家对公务员的行为应当纠正。国家通过特定方式予以制裁，金钱赔偿最为便当，因而常被利用；当然，同时也可以采用其他纪律处分措施以实现制裁目的。

目前，第一种观点为通说，原因在于：(1) 国家赔偿法中的追偿权与民法中的追偿权是完全不同的。前者发生在行政机关与行使行政职权的工作人员之间，所反映的是一种不平等的行政法律关系。从追偿权利主体来说，追偿权是一种不可放弃的权力。而后者发生在平等的民事主体之间，所反映的是一种平等的民事法律关系。从追偿权利主体来说，追偿权是一种可以自由决定是否行使的权利。所以，用不当得利返还请求权说和债务不履行赔偿请求权说等民事责任说来解释行政追偿权的性质，是不妥当的。(2) 由于追偿权是一种发生在行政机关与行使行政职权的工作人员之间的关系，它表明了国家对这些工作人员的态度，而这种态度又是和国家对整个行政体制之态度紧密相连的，所以，追偿责任构不上一种独立的责任。（3）从实际来看，追偿权是国家基于特别权力关系对公务员实施的一种制裁形式，追偿责任也是一种具有惩戒性质的行政责任，这种责任主要是通过金钱给付的方式实现的。理由是：首先，行政赔偿都是由于行政机关工作人员违法行使职权造成损害而引起的，但国家只对有故意或重大过失的工作人员行使追偿权，而对仅有一般过失或根本没有过失的工作人员不行使追偿权，这就说明，国家对前者施以一定的行政法上的不利后果的目的，是以示惩戒。其次，国家行使追偿权，虽然有弥补国家损失的目的，但根本目的并不在于此。因此，与其说这种权力是为了弥补损失，还不如说是为了惩戒而给予纪律处分。最后，《国家赔偿法》中规定的是赔偿义务机关“责令”工作人员承担追偿责任，这也意味着工作人员的行为是应受到国家谴责和制裁的行为。

三、行使追偿权的条件

为了保护行政机关工作人员的利益，行政机关在行使追偿权时，必须具备一定的条件。根据我国《国家赔偿法》和《行政诉讼法》的规定，行政机关在行使追偿权时，应具备下列条件：

（一）受害人的损害必须是由该机关的公务员在执行职务的过程中造成的

由于行政追偿是以行政赔偿为前提的，而行政赔偿又是因公务员违法行使职权造成损害而引起的，所以，公务员承担追偿责任的首要条件是受害人所遭受的损害是公务员在执行职务中的职务行为所造成的，而且造成损害的职务行为与损害后果之间存在着因果关系；否则，因不属于行政赔偿的范畴而不存在行政追偿的问题。

（二）行政赔偿义务机关已经赔偿了受害人的损失

追偿制度的性质本身决定了只有在国家承担了赔偿责任的前提下，才可能产生追偿问题，这是国家行使追偿权的客观条件。在行政赔偿义务机关向受害人赔偿之前，追偿权是不存在的。因为，未赔偿的原因或者是不存在侵权损害，或者是受害人放弃权利，或者是受害人还没有行使权利；但无论是何种原因，其结果都是赔偿义务机关没有支付赔偿费用，因此，也无从谈起向公务员追偿。

（三）公务员有故意或重大过失

为了体现追偿制度的价值目标，我国规定，只有在行政机关工作人员以及受委托的组织和个人对公民、法人和其他组织的侵权损害行为有故意或者重大过失时，才承担追偿责任，这是国家行使追偿权的主观条件。所谓故意，是指行使行政职权的工作人员在执行行政职务、行使行政权力、实施侵权行为时，主观上认识到自己的行为违法并可能造成行政管理相对人合法权益的损害，但仍希望或者放任这种结果的发生，并最终导致了损害后果的发生；所谓重大过失，是指行使行政职权的工作人员在行使行政职权时，不但没有达到其身份上或职务上的特殊要求，而且未能预见和避免普通人均能预见或避免的事情，以致发生了损害后果。

国家赔偿法把对行政机关工作人员的追偿限定在故意或重大过失的范围内，是有道理的。在现代社会中，行政管理事务错综复杂，技术性和专业性很强，加上行政自由裁量权的存在，行政职权的行使本身就存在着危险性。这就不可能要求每个行政机关工作人员凡事都能作出准确无误的判断而不出现一点差错。因此，国家赔偿法允许工作人员在一定的限度内对于其出现的差错不负责任。这样规定有利于保护行政机关工作人员的合法权益免受不合理的侵害，同时也有利于提高行政机关工作人员的积极性和主动性，促进国家公共利益的实现。

（四）应符合有关的时效和程序要求

为了促使行政机关及时行使职权，也为了保护行政机关工作人员的利益，行政机关在行使追偿权时，还须遵守有关的时效和程序要求。现行法律没有对行政追偿的时效如何计算作出规定。有观点认为，行政追偿的开始时间应该从赔偿义务机关支付赔偿费用时开始计算。[①] 我们认为，应从应该予以赔偿的生效决定作出之日起开始计算。原因如下：第一，在生效决定作出之日，赔偿义务机关已经明确知道应该支付赔偿费用，赔偿义务机关有义务尽早确定是否需要进行追偿；第二，《国家赔偿法》所规定的“行政赔偿义务机关代表国家向行政赔偿请求人支付赔偿费用以后”指的是赔偿义务机关应该予以赔偿的法律关系的确定，而不是事实中具体费用何时支付。对于消灭时效，可以遵循《民法典》关于一般诉讼时效 3 年的规定，因为对于确定应该予以追偿的金额，可以视为行政之债。

只有在具备上述条件时，国家才可以行使追偿权。根据《国家赔偿法》的规定，赔偿义务机关应当责令有故意或重大过失的工作人员或受委托的组织或个人承担部分或全部赔偿责任。这里所使用的“应当”一词，说明了赔偿义务机关必须行使追偿权，而不得放弃。其原因，一是可以避免或减少国家的损失，二是可以起到对行政机关工作人员的教育作用。当然，在具体决定被追偿人应承担多少费用时，要考虑到被追偿人过错的大小及其经济状况，而不能仅以造成的损害后果为标准；特别是对行政机关工作人员确属经济困难的，国家也可以减少乃至免除其追偿责任。在此问题上，奥地利的做法比较合理，其《国家赔偿法》第 3 条规定：如果公务员因重大过失违背法律，则法院可以出于公平合理的理由减轻追偿。

四、追偿关系的主体

（一）追偿人

根据《国家赔偿法》第 16 条的规定，赔偿义务机关赔偿损失后，应当责令有故意或者重大过失的工作人员或者受委托的组织或者个人承担部分或者全部赔偿费用。据此，追偿人应该是赔偿义务机关，具体包括以下种类：（1）行政机关工作人员违法行使职权，侵犯公民、法人或者其他组织的合法权益，造成损害引起赔偿的，该工作人员所在的行政机关为追偿人；（2）法律、法规授权的组织的成员行使权力引发的行政赔偿，被授权的组织是追偿人；（3）受委托的组织或者个人违法行使职权，造成侵权赔偿的，委托的行政机关是追偿人。

（二）被追偿人

被追偿人是指在侵权过程中具有故意或者重大过失，实施了加害行为的行政机关工作人员或者受行政机关委托的组织和个人，具体表现形态有：（1）在执行职务中有故意或者重大过失的工作人员，其中包含法律、法规授权的组织内部有故意或者重大过失的工作人员。（2）行使

---

① 刘志．行政追偿制度研究．中国行政管理，2005（10）．

职权造成相对人损害的受委托的组织或者个人。通说认为，“受委托的组织或者个人需要在行使受委托的职权中存在故意或者重大过失才可能被追究行政追偿责任”。

在实践中，被追偿人的具体情况有以下几种：(1) 在数人共同实施加害行为的情况下，该数人均为被追偿人。在追偿时要根据其过错的大小，分别确定追偿责任。(2) 经过合议的事项造成损害赔偿的，所有参加合议的人都是被追偿人，但对最终决议表示反对的除外。(3) 法律、法规授权的组织内部工作人员行使行政职权造成侵权损害赔偿的，该内部工作人员是被追偿人。(4) 受行政机关委托行使行政职权的组织的内部人员，实施加害行为造成侵权赔偿的，该受委托的组织是被追偿人。该组织在承担了追偿责任后，可以依据组织内部的规定追究直接责任人员的责任。

五、追偿金额的确定

赔偿义务机关有权责令有故意或者重大过失的工作人员或者受委托的组织或个人承担部分或者全部赔偿费用。从世界各国经验看，赔偿义务机关在行使追偿权，确定追偿金额时，一般都遵循下列原则：

1. 追偿金额的范围，以赔偿义务机关支付的损害赔偿金额（包括赔偿金和恢复原状、返还财产所需费用）为限。在行政赔偿案件处理过程中，赔偿义务机关所支付的办案经费、诉讼费用等从行政机关的行政经费中支付，不宜列入追偿范围，如果请求权人放弃部分请求权，而赔偿义务机关也减少支付的，减少的部分不能追偿；如果请求权人全部放弃请求权，而赔偿义务机关全部未给付的，不能追偿。对于赔偿金额的上限，学界普遍没有争议，认为应该以赔偿义务机关付出的金额为限。

2. 如果赔偿义务机关因为自己的过错支付了过多的赔偿金时，对于超额部分无权追偿。

3. 追偿根据主观过错程度的差异区别对待，根据故意和重大过失的差异承担不同比例的追偿责任，同时考虑以下两点：第一，考虑被追偿人的薪金收入；第二，也应该考虑公务员实际收入取得的连续性，允许分期支付赔偿金，并且不应对延期支付赔偿金增加利息。

4. 对于追偿金额的确认。实践中有两种方式：第一种采用的是先确定追偿额度，再根据该人员工资情况确定月份的计算方式。该种方式的追偿金额的确定由以下四步组成：第一，由赔偿义务机关计算出赔偿总额并作为追偿的最高限额；第二，根据责任人员的过错程度，在1%～100%之间确定一个比例作为追偿比例；第三，以赔偿总额乘以追偿比例，计算得出被追偿人员应该承担的被追偿金额；第四，根据被追偿人员的工资收入具体额度，在保留其基本的生活费用后，确定月扣除额；第五，用被追偿金额除以每月扣除额，计算得出扣缴时间。例如，《四川省国家赔偿费用管理办法》（四川省人民政府 2013 年公布）第 13 条规定，赔偿义务机关责令有关工作人员、受委托的组织或个人承担国家赔偿费用或者向有关工作人员追偿国家赔偿费用按以下规定确定：(1) 依照《国家赔偿法》第 16 条规定应当承担 30%直至全部国家赔偿费用；(2) 依照《国家赔偿法》第 31 条规定应当追偿 50%直至全部国家赔偿费用。个人承担或者被追偿的国家赔偿费用不得超过其个人在作出赔偿决定时的当年工资收入的 2 倍。

但在中国各地的实践中还存在另外一种方式，即对于追偿金额的确认采用的是确定月份方式直接计算得出，此种方式的好处在于简便、容易计算，但缺点在于由于对何为“工资”存在不同理解，导致赔偿额度存在较大差异。例如，《安徽省国家赔偿费用管理规定》（安徽省人民政府 1998 年通过）第 15 条规定：赔偿义务机关向责任人员追偿国家赔偿费用的具体标准为：

(1) 因故意造成国家赔偿的，追偿金为本人 18 个月的工资收入；因刑讯逼供或者以殴打等暴力行为或者唆使他人以殴打等暴力行为造成公民身体伤害或者死亡造成国家赔偿的，违法使用武器、警械造成公民身体伤害或者死亡造成国家赔偿的，在处理案件中有贪污受贿、徇私舞弊、枉法裁判行为造成国家赔偿的，追偿金为本人 18 个月的工资收入。(2) 因重大过失造成国家赔偿的，追偿金为本人 12 个月的工资收入。赔偿义务机关向责任人员追偿国家赔偿费用不得超过赔偿义务机关支付的国家赔偿费用总额。工资收入是指造成国家赔偿当月责任人员的职务工资、级别工资、基础工资、工龄工资和职务津贴的总和。

我们认为，第一种方式的计算更为合理，也更加符合部分责任法理的内核。

第二节 刑事追偿

一、刑事追偿的概念

刑事追偿，是指国家向刑事赔偿请求人支付赔偿费用以后，依法责令有故意或者重大过失的司法工作人员承担部分或者全部费用的法律制度。根据《国家赔偿法》的规定，赔偿义务机关赔偿后，应当向有下列情形之一的工作人员追偿部分或者全部赔偿费用：(1) 刑讯逼供或者以殴打等暴力行为或者唆使他人以殴打等暴力行为造成公民身体伤害或者死亡的；(2) 违法使用武器、警械造成公民身体伤害或者死亡的；(3) 在处理案件中有贪污受贿、徇私舞弊、枉法裁判行为的。

二、刑事追偿的条件

根据《国家赔偿法》的规定，刑事赔偿的追偿制度与行政赔偿的追偿制度在追偿范围、条件等方面都有较大差别，在英国等一些国家，实行司法豁免制度，法官不负赔偿责任。在大多数国家，对司法人员的追偿都持比对公务员的追偿更谨慎的态度，范围也相对窄一些。之所以作出此种规定，是因为司法机关执行职务的特点，尤其是刑事诉讼的特点是查明未知事实并对其作出法律上的判断。由于刑事案件本身的客观复杂性，以及执法人员的业务水平存在差异，即使执法人员本身主观上充分尽到注意义务，仍难以避免发生对事实认定的错误或者对法律适用的不当，造成错误刑事责任的追究，而且刑事赔偿中国家追偿权的行使，涉及司法人员的德能勤绩以及声誉和一定的财产利益，所以要严格把握，谨慎运用。为此，包括我国在内的大多数国家对刑事追偿权的构成规定了严格的条件。对于刑事追偿的成立要件，一般认为应该具备以下条件：

1. 赔偿义务机关已向受害人支付了赔偿费用或履行了赔偿义务。赔偿义务机关在向受害人支付赔偿费用或履行赔偿义务之前，追偿权尚不存在，只有支付了赔偿费用或履行赔偿义务后，才能向被追偿人追偿。而国家对受害人不负担赔偿责任，或者尽力使损害赔偿消除，而并未为受害人支付金钱，这种情况下不得向公务人员追偿。

2. 有关司法人员客观上存在“刑讯逼供或者以殴打等暴力行为或者唆使他人以殴打等暴力行为造成公民身体伤害或者死亡的”“违法使用武器、警械造成公民身体伤害或者死亡的”

“在处理案件中有贪污受贿、徇私舞弊、枉法裁判行为”等行为，除此之外，不得向司法人员行使追偿权。

3. 司法人员主观上要有有故意或重大过失。世界上大多数国家都采用故意或重大过失追偿原则。如我国台湾地区“警械使用条例”第10条规定：“……但出于故意之行为，各级政府向行为人追偿。”这就是以故意为追偿之条件。日本《国家赔偿法》第1条第2款规定：“前项情形，公务员有故意或重大过失时，国家或公共团体对该公务员有求偿权。”从我国《国家赔偿法》第31条的内容上看，司法人员受追偿也应当具有该法第16条规定的“故意或者重大过失”的主观特征。关于故意和重大过失的内涵，国内外行政法规均未作出界定，理论上大都是借用刑法学或民法学中的罪过或过错理论来进行阐释的。所谓故意，是指行为人明知自己的行为会发生危害后果，并且希望或放任这种结果的发生的心理态度。所谓过失，就是指怠于或欠缺注意的一种心理状态。重大过失是相对于一般过失而言的。

三、刑事追偿程序

刑事追偿程序，是指刑事赔偿义务机关在追偿对象的参与下，代表国家行使追偿权，实施追偿活动应遵循的有关步骤、方式、时限等的总称。我国《国家赔偿法》没有对刑事追偿程序问题作出规定。而司法部、最高人民检察院和最高人民法院制定的各部门实施国家赔偿法的办法中，对追偿程序也只作了“另行规定”或者“参照其他规定办理”的说明。我们认为，刑事追偿程序应该包含以下几个方面的内容：

1. 立案程序。追偿程序要通过对追偿案件的立案才能启动。赔偿义务机关在处理赔偿案件时，如果发现有符合追偿条件的事实，应当提出追偿意见；复议机关或人民法院赔偿委员会在处理赔偿案件时，如果发现有符合追偿条件的情形，也应当向赔偿义务机关提出追偿建议。赔偿义务机关在认为应当追偿时，即予以立案。

2. 告知及申辩程序。赔偿义务机关对追偿案件予以立案之后，在作出追偿决定之前，应通知有故意或者重大过失的工作人员或受委托的组织和个人，并告知在合理期限内，被追偿人可以发表自己意见和申辩理由。

3. 决定程序，即赔偿义务机关在听取被追偿人的申辩和认清事实的基础上，根据法定的标准确定追偿金额，并就金额的缴纳方式、期限及有关事项作出单方意思表示，并责令被追偿人履行的过程。

4. 救济程序。受国家追偿的个人和组织，在不服刑事赔偿义务机关所作的追偿决定时，依法定途径诉请有权的国家机关对追偿决定进行再审查，并由其作出裁决，从而保护自己的合法权益，监督刑事赔偿义务机关依法行使刑事追偿权。

5. 刑事追偿程序中的几个具体问题：

(1) 追偿人和被追偿人的确定

我国《国家赔偿法》第21条第1款规定：行使侦查、检察、审判职权的机关以及看守所、监狱管理机关及其工作人员在行使职权时侵犯公民、法人和其他组织的合法权益造成损害的，该机关为赔偿义务机关。根据这一规定，我国刑事追偿的追偿人分别是公安机关、国家安全机关、军队保卫部门以及检察机关、审判机关、看守所和监狱管理部门。被追偿人是实施加害行为或者放纵加害行为发生的司法机关工作人员。实践中，被追偿人主要是指：造成损害后果的行为实施者、受委托的组织或者个人、实行首长负责制的司法机关首长、作出决策的司法机构负责人、案件的主要承办人等。

（2）追偿金额的确定

赔偿义务机关有权责令有故意或者重大过失的工作人员或者受委托的组织或者个人承担部分或者全部费用，但在什么条件下全部追偿、什么条件下部分追偿，法律并未作出明确规定。我们认为，确定金额时，应该遵循以下规则：

追偿金额范围以赔偿义务机关支付的损害赔偿金额为最高限度；

赔偿义务机关因为自己的过错造成支付过多的赔偿金额时，对超额部分无权追偿；

追偿金额的大小，应该与过错程度相适应，并且同时考虑被追偿者的薪金收入。

问题与思考

1. 简要回答行政追偿的构成要件。
2. 简要回答行政追偿权的性质。
3. 简要回答行政追偿程序。
4. 简要回答刑事追偿的构成要件。
5. 简要回答刑事追偿程序。

第八章

国家赔偿方式、标准、费用与时效

本章概要

国家赔偿方式分为金钱赔偿、返还财产、恢复原状以及其他方式。

国家赔偿标准是赔付受害人所受损害程度的计赔标准，其主要分为人身侵害赔偿标准以及财产损害赔偿标准。属中央财政划拨经费的部门的国家赔偿费用由中央财政预算，而地方政府的赔偿经费则由各级财政列入财政预算。

国家赔偿费用支付的程序为“先行支付，然后核拨”的方式，即赔偿义务机关首先直接向受害人支付，然后财政部门对赔偿义务机关进行核拨。

国家赔偿时效就是指国家赔偿制度中受害的公民、法人和其他组织向有关国家机关请求赔偿的法定期间。

关键术语

赔偿方式　赔偿标准　赔偿费用　赔偿时效

第一节　国家赔偿方式

一、国家赔偿方式概述

国家赔偿方式，是指国家对国家机关及其工作人员违法行使职权或不依法履行职责的行为承担赔偿责任的各种形式。这种赔偿责任视其行为性质、情节、后果不同而有不同的赔偿方式。国家以何种形式承担国家赔偿责任，对国家和受害人都至关重要，直接影响到国家公务的正常履行和受害人合法权益的保护。所以，国家有必要以法律的形式，规定国家究竟对国家机关和国家机关工作人员违法行使职权的侵权行为，以何种形式承担责任。

由国家作为责任主体的特点所决定，国家赔偿的方式不完全同于我国民法规定的民事责任方式。依据《民法典》的规定，民事责任的具体方式包括：停止侵害，排除妨碍，消除危险，返还财产，恢复原状，修理、重作、更换，赔偿损失，支付违约金，消除影响、恢复名誉以及赔礼道歉十种。但从各国国家赔偿立法来看，国家赔偿的方式多为金钱赔偿和恢复原状两种。以具体的采纳方法为划分标准，主要有以下三种方式：

1. 有的国家和地区采用金钱赔偿为主，恢复原状为辅的方法。例如，在法国，行政法院只能判决行政主体负担金钱赔偿义务，不能判决行政主体采取实际执行行为以恢复物质损害的原状。但行政法院可以在判决行政主体负责赔偿时，指出行政机关如果自愿恢复原状，不用支付赔偿金。行政法院也可以判决行政机关在损害继续存在期间，每天赔偿金额若干，从而达到恢复原状的目的。对身体上的损害和在性质上不可恢复原状的损害，只能判决金钱赔偿。金钱赔偿可以采取本金给付方式和年金给付方式。

2. 有的国家规定可以采用任意选择方式。如美国的《联邦侵权赔偿法》对赔偿的形式，如金钱赔偿、恢复原状等具体形式没有作出明文规定。根据它所确定的根本原则（如最基本的精神是国家赔偿责任在情形、形式和范围方面与私人侵权相等同），国家赔偿的具体形式取决于侵权行为地所在的州的侵权法律的内容，实质上其赔偿的形式属于可以任意选择的形式。

3. 有的国家只规定了以金钱赔偿的方式进行。例如奥地利《国家赔偿法》第 1 条规定："损害赔偿仅以金钱之方法为之。"

在我国《国家赔偿法》的立法过程中，对国家赔偿以何种方式为主的问题，曾出现两种意见：一种认为，国家赔偿应以金钱赔偿为原则，以恢复原状为例外。就行政赔偿而言，如坚持以恢复原状为主的原则，行政机关将因此承担诸多不必要的工作，造成人力、物力的浪费，同时还会影响到行政机关正常的管理活动和行政效率；另一种观点认为，国家赔偿应当是全面赔偿，其目的在于恢复受害人的合法权益，我国的传统和现有体制决定了恢复原状比金钱赔偿更适于填补受害人的损失，恢复受害人的合法权益，如恢复工作、职务、工资级别、户口、住房等往往比金钱赔偿更实际、更重要，因而采用恢复原状为主要赔偿方式更有利于保护受害人。

在综合考虑了以上两种意见的基础上，《国家赔偿法》基于便于计算、简便易行的原则，在第 32 条规定："国家赔偿以支付赔偿金为主要方式。能够返还财产或者恢复原状的，予以返还财产或者恢复原状。"根据这一规定，国家遇有损害赔偿时，一般给予金钱赔偿，只有以其他方式更为简便易行，或只能以其他方式赔偿时，才采用其他形式。这样规定的理由是，国家赔偿要力求做到便捷易行，经济实用，避免引起不应有的人力、物力浪费，导致国家工作人员因花费过多时间、精力进行赔偿损害而贻误公务。例如，行政机关因强行拆除某公民房屋而被判决承担赔偿责任时，如采取恢复原状的方式，行政机关将不得不投入人力、物力来建房。时间、人力、物力的投入，势必会贻误正常履行公务。对此种情形，由行政机关采取金钱赔偿的方式，支付一定额度的赔偿金后，受害人可利用赔偿金自己或委托他人恢复原状。这样，一方面受害人可获得实质性救济，另一方面，行政机关仍可正常执行公务。

二、金钱赔偿

金钱赔偿，是指赔偿义务机关根据法律的规定，把对受害人合法权益造成的损害折抵成一定数额的货币，以向受害人支付货币的方式履行赔偿义务。我国《国家赔偿法》将金钱赔偿作为国家赔偿的主要方式。所谓以金钱赔偿为主，就是除例外情形，绝大部分赔偿应通过货币支付的方式进行。之所以如此，是基于金钱赔偿方式具有以下优点：

1. 金钱赔偿的最大优点是有很强的适应性，几乎各种情况的损害都可适用。无论是对于人身自由、健康、生命的损害，抑或是财产的毁损、灭失，都可以通过计算或估价进行适当的赔偿。

2. 金钱赔偿在具体执行上也比较简便易行。无论损害情况如何复杂、损害结果怎样严重，采用金钱赔偿都可以根据实际损失的价值，按照法定的计算标准给予受害人一定额度的赔偿。这同其他赔偿方式（特别是恢复原状）相比较，在支付手段上显然方便快捷。因此，金钱赔偿一方面可以使受害人的赔偿请求迅速得到满足，另一方面也便于国家机关进行赔偿，摆脱用恢复原状而必须作出的大量复杂、烦琐的具体工作。

当然，金钱赔偿也具有一定的局限性：一方面，金钱赔偿的广泛适用容易诱使拜金主义繁衍；另一方面，某些损害如精神损害，无法以金钱衡量，因此金钱赔偿可能无法使受害人满意。

根据我国《国家赔偿法》的规定，金钱赔偿在以下情况下适用：（1）侵害公民人身自由权及生命健康权的；（2）查封、扣押、冻结财产，造成财产损坏或者灭失的，应当依照规定给予金钱赔偿；（3）应当返还的财产损坏，不能恢复原状的，按照损害程度给付相应的赔偿金；（4）应当返还的财产灭失的，给付相应的赔偿金；（5）财产已经拍卖的，给付拍卖所得的价款；（6）吊销许可证和执照、责令停产停业的，赔偿停产停业期间必要的经常性费用开支；（7）对财产权造成其他损害的，按照直接损失给予赔偿。

三、返还财产

返还财产，是指赔偿义务机关把在执行公务中违法取得的受害人的财产归还给受害人。例如，某国家机关被认定为非法没收财产，就应以返还财产的方式对受害人进行赔偿。我国《国家赔偿法》第 36 条第 1 项明确规定："处罚款、罚金、追缴、没收财产或者违法征收、征用财产的，返还财产"。返还财产是一种比较便捷易行的赔偿方式，它既可以使损害得到直接赔偿，有时还可以避免或减少精神损害，比如被非法没收的物品对受害人可能具有特殊的纪念意义，如不返还会给其带来精神上的痛苦。

返还财产的赔偿方式，一般在以下条件下适用：（1）原物存在。这里主要指的是特定物。如果原物已经毁损或丢失，返还也就无从谈起。（2）比金钱赔偿更便捷。如果原物已不在本地或其下落需要查找，则可能不如金钱赔偿方便快捷。（3）不影响公务。如果原物已用于公务活动，返还会影响公务活动，则应以金钱赔偿。

四、恢复原状

恢复原状，是指负有赔偿义务的机关按照受害人的愿望和要求恢复损害发生之前的原本状态。我国《国家赔偿法》第 36 条第 2 项、第 3 项分别规定，"查封、扣押、冻结财产的，解除对财产的查封、扣押、冻结""应当返还的财产损坏的，能够恢复原状的恢复原状"。一般来说，恢复原状与金钱赔偿同是各国国家赔偿常用的基本形式。按照赔偿应当对受害人给予尽可能公正和充分的救济这一原则来说，恢复原状是比较忠实地履行了充分救济的义务的。因此，在实践中，如果被损坏的财产是可以恢复原状的，应当优先适用恢复原状，这既有利于保护受害人的权益，又便于及时解决纠纷。

当然，恢复原状作为我国国家赔偿的一种辅助方式，它的操作比较复杂并且要求具备一定的条件，并非在任何情况下都可以适用。某些损害结果已无法得到恢复，或者难以恢复到原有状态，这时就不适合采用恢复原状的方式。一般来说，恢复原状只有符合下列条件才能适用：

1. 有受害人的请求。当某一侵权损害案件已被有关部门确认应予赔偿的时候，如果受害人认为自己所蒙受的损害应以恢复原状的方式赔偿时，受害人应先行明确提出恢复原状的请求。从国外多数国家的实践来看，大都坚持以请求权人的请求作为采取恢复原状方式赔偿的必要条件。

2. 有恢复原状的可能，即只有受害人受到的财产损害是可以恢复的，才有可能采用恢复原状的赔偿方式。如果被损坏的财产已经没有修复的可能，则不能采用恢复原状的方式。

3. 有恢复原状的必要。被损坏的财产有无修复的必要，应从社会效益、经济效益、所有人的需要等因素综合考虑。如果修复财产从社会经济效益上讲是不合算的，或者所有人已不再需要，则不宜采用恢复原状的赔偿方式。

4. 不会造成违法后果。采用恢复原状方式给予赔偿，是符合法律规定条件的，不会造成违法结果。如果恢复原状的行为带有违法性，并可能造成违法后果，则不能适用恢复原状的赔偿方式。

5. 不影响正常的公务活动。恢复原状在具体操作上程序是比较复杂的。首先要了解需恢复标的的原本状态及其详细情况资料，为最终恢复提供样板。具体的恢复工作，在耗费人力、财力、物力上也会因标的本身的复杂程度而有差异。可见，恢复原状虽然从理论上看是一种较为完全充分的赔偿方式，体现为根本性救济，但从实践中看，由于种种客观因素的限制与条件的制约，其适用范围是比较小的。如果采用恢复原状的赔偿方式会影响到赔偿义务机关公务活动的正常进行，就不应采用这种方式。

五、国家赔偿的其他方式

国家赔偿的方式是从民事赔偿制度中借鉴和引入的，因而，国家赔偿与民事赔偿在赔偿的具体方式上有着相似之处。我国《国家赔偿法》在规定了金钱赔偿、返还财产、恢复原状等方式的同时，还规定了其他赔偿方式。《国家赔偿法》第 35 条规定，有本法第 3 条或者第 17 条规定情形之一，致人精神损害的，应当在侵权行为影响的范围内，为受害人消除影响，恢复名誉，赔礼道歉；造成严重后果的，应当支付相应的精神损害抚慰金。

国家机关及其工作人员对公民违法进行的拘留、拘禁、逮捕、定罪以及所采取的其他限制、剥夺公民人身自由的措施，除了会对公民的人身权造成严重侵害以外，还会对公民造成极大的精神损害，严重地侵犯公民的名誉权和荣誉权。因而，在我国，确立对精神损害——名誉权、荣誉权损害的补救制度具有特殊的现实意义。

根据《国家赔偿法》第 35 条和其他相关规定，具有下列情形之一，并造成公民名誉权、荣誉权损害的，赔偿义务机关应当为受害人消除影响、恢复名誉、赔礼道歉：（1）行政机关违法拘留或者违法采取限制公民人身自由的行政强制措施，侵犯受害人名誉权、荣誉权的；（2）行政机关非法拘禁或者以其他方法非法剥夺公民人身自由，侵犯受害人名誉权、荣誉权的；（3）行使侦查、检察、审判权的国家机关对没有犯罪事实或没有事实证明有犯罪重大嫌疑的人错误拘留，侵犯受害人名誉权、荣誉权的；（4）行使侦查、检察、审判权的国家机关对没有犯罪事实的人错误逮捕，侵犯受害人名誉权、荣誉权的；（5）依照审判监督程序再审改判无罪，原判刑罚已经执行并致受害人名誉权、荣誉权损害的。

第二节　国家赔偿标准

一、国家赔偿标准

国家赔偿标准，是指由国家赔偿法所规定的赔付受害人损害程度的标准，又称结果意义上的国家赔偿范围。我国国家赔偿的标准，就是由《国家赔偿法》所规定的赔付受害人所受损害程度的计赔标准。

一国在确立国家赔偿的标准时，一般需要考虑本国的财力，同时也要考虑国家赔偿法的立法目的。总体来看，各国在其各自赔偿法中在赔偿标准上大致奉行三种不同的标准，即惩罚性标准、补偿性标准、抚慰性原则。这三种原则分别代表了三类不同水平的赔偿标准。

1. 惩罚性标准。惩罚性标准是指赔偿额度标准对侵害方应具有惩罚性。除使侵害方赔偿足以弥补受害人所蒙受损害的费用外，还要付出对自己侵犯他人合法权益的行为应负责任的惩罚性费用。这实际上就是赔偿额等于损失额加上惩罚金额，这一标准下的赔偿额是比较高的，对受害人极为有利。

2. 补偿性标准。补偿性标准是指赔偿额以能够弥补受害人所受的实际损失为原则。即赔偿费用使受害人恢复到受到侵害之前的状态。按照这一原则，赔偿标准也就是等于实际所受损失额。也就是说，赔偿义务机关不仅应该赔偿积极损害，而且应该赔偿消极损害；不仅应该赔偿直接损失，而且应该赔偿间接损失。

3. 抚慰性标准。抚慰性标准是指赔偿额以抚慰受害人为目的而不是赔偿受害人的全部损失。这一原则认为国家赔偿不可能对受害人的实际损失作完全充分的救济，国家机关本身的性质和特征决定国家赔偿只宜作象征性的抚慰，赔偿额只能限制在实际所受损失额的范围之内，虽应尽可能予以赔偿，但并不一定要进行完全充分的弥补。这样这一标准之下的赔偿标准，最高限额限制在实际所受损失额以内，且一般低于它。

我国国家赔偿法究竟应该采取何种标准为妥呢？这要充分考虑我们国家的财力，量力而行。应该说较为理想的是采取补偿性标准，即受害人损失多少赔偿多少。但是国家尚处于经济发展之中，财力有限，承担充分赔偿的责任有困难，因此，我国国家赔偿法在规定赔偿标准时的立法原则是，既要使受害者所受到的损失能够得到适当弥补，也要考虑国家的经济和财力能够负担的状况。这表明我国国家赔偿法中所确定的赔偿标准，基本上是采用抚慰性标准。例如，对违法吊销许可证和营业执照、责令停产停业的，国家赔偿的不是停产停业造成的全部损失，而是停产停业期间必要的经常性费用开支。也就是只赔直接损失，而不是赔间接损失。当然，随着综合国力的提高，我国将会重新修改国家赔偿标准，使之更充分地保护公民、法人和其他组织的合法权益。

明确规定国家赔偿标准，对于赔偿双方当事人来说都有着现实意义。有了明确的赔偿标准，各方可以在法定标准范围之内据理力争，严格依法赔偿。

二、人身权损害赔偿的计算标准

人身权的损害包括侵犯公民人身自由权和侵犯公民生命健康权两类，其损害赔偿计算标准分别为：

（一）侵犯人身自由权的赔偿标准

所谓侵犯公民人身自由权，是指公民人身自由受到限制或在一定期间被剥夺的情形。我国宪法明确了保障公民的人身自由权利，任何国家机关及其工作人员都不得非法限制或剥夺公民的人身自由权利。但在现实中，由于种种因素国家机关及其工作人员违法侵犯公民人身权利自由的现象仍时有发生。国家机关侵犯公民人身自由权的具体表现，包括违法拘留、收容审查、搜查，错误逮捕、错误判决并已执行，违法使用武器、警械造成公民身体伤害的等等。由于上述违法行为使公民的人身自由权利受到侵犯。对于这类违法侵权引起的损害，有关国家机关应负赔偿责任。国家赔偿法对此规定了以下情形：

1. 行政机关及其工作人员违法拘留或者违法采取限制公民人身自由的行政强制措施；

2. 行政机关及其工作人员非法拘禁或者以其他方法非法剥夺公民人身自由；

3. 司法机关及其工作人员违反刑事诉讼法的规定对公民采取拘留措施的，或者依照刑事诉讼法规定的条件和程序对公民采取拘留措施，但是拘留时间超过刑事诉讼法规定的时限，其后决定撤销案件、不起诉或者判决宣告无罪终止追究刑事责任；

4. 司法机关及其工作人员对公民采取逮捕措施后，决定撤销案件、不起诉或者判决宣告无罪终止追究刑事责任；

5. 依照审判监督程序再审改判无罪，原判刑罚已经执行。

我国国家赔偿法未规定侵犯公民人格权的赔偿，如姓名权、肖像权、名誉权、荣誉权等的损害赔偿。但是，如果行政机关违法拘留或者违法采取限制公民人身自由的行政强制措施，非法拘禁或者以其他方式非法剥夺公民人身自由，或者司法机关错拘、错捕、错判，造成受害人名誉权、荣誉权损害的，国家赔偿法规定，应在侵权行为影响的范围内，为受害人消除影响，恢复名誉，赔礼道歉，造成严重后果的，还应当支付相应的精神损害抚慰金。

《国家赔偿法》第 33 条规定："侵犯公民人身自由的，每日的赔偿金按照国家上年度职工日平均工资计算。"如此规定是出于以下的原因：

1. 采用相对固定额度标准，具有计算简单、易于执行的优点。如果采用国外根据特定受害人的经济收入水平计算具体损失额度的方法，则势必会因人而异、情况多样、计算复杂烦琐，容易产生各种矛盾，延误赔偿时间。譬如，如果照此计算的话，不仅首先要了解被害人的日常收入情况，还要根据其收入情况计算被限制人身自由期间所蒙受的实际损失，才能确定最后的具体赔偿数额。这其中很可能会因有关标准依据的不一致导致矛盾的产生，造成拖延赔偿。采用固定的额度标准，则免去了复杂、烦琐的大量计算。无论是谁，也无论其收入情况如何，免遭侵害一日，即赔偿一定数额的赔偿金。如此可以避免矛盾纠缠，迅速对受害实现赔偿。

2. 从我国国家赔偿法的规定可知，相对于国外，我们的赔偿标准是比较低的。原因在于考虑到我国公民的实际收入水平并不高，经济发展因素的制约，国家赔偿能力也比较低，在国家赔偿的具体额度上不可能基点太高。此外，侵犯人身自由权利的违法行为应该说是在各类侵权行为中经常发生的一类，对于这类带有普遍性的侵权行为，如果赔偿额度起始点太高，以后再需调整回旋余地太小，会产生新的矛盾，造成的影响范围也会比较大。

（二）侵犯生命健康权的赔偿标准

生命健康权是公民依宪法享有的基本权利之一。国家保护公民的生命、健康，任何国家机关、任何个人无权非法剥夺公民的生命、健康权。国家赔偿法对侵略公民生命健康权的情形分为两种，并确定了不同的赔偿标准：

1. 侵犯公民健康权造成身体损害的赔偿标准

侵犯健康权造成的身体损害，具体又包含两个方面，即侵犯公民健康权尚未造成致残的伤害的和侵犯公民健康权致残的。对于两者的赔偿标准水平是不同的。对于前者，一般应支付医疗费，以及赔偿因受伤害误工而减少的收入；至于后者，除支付医疗费外，还应赔偿受害人的残疾赔偿金，包括因残疾丧失的可得收入及致残后生活困难所需费用，如安装假肢、生活不能自理的情况下他人的照顾等。残疾赔偿金根据丧失劳动能力的程度确定，如丧失劳动能力后又恢复的，则自恢复之日起，国家不再支付。对于造成全部丧失劳动能力的，对其抚养的无劳动能力的人，还应当支付生活费。

我国国家赔偿法规定，侵犯公民健康权造成身体损害的，赔偿金按下列规定计算：

（1）造成身体伤害的，应当支付医疗费、护理费，以及赔偿因误工而减少的收入，减少的收入每日的赔偿金按照国家上年度职工日平均工资计算，最高额为国家上年度职工年平均工资的 5 倍。

（2）造成部分或全部丧失劳动能力的，应当支付医疗费、护理费、残疾生活辅助具费、康复费等因残疾而增加的必要支出和继续治疗所必需的费用，以及残疾赔偿金。残疾赔偿金根据丧失劳动能力的程度，按照国家规定的伤残等级确定，最高不超过国家上年度职工年平均工资的 20 倍。造成全部丧失劳动能力的，对其扶养的无劳动能力的人，应当支付生活费。

医疗费是受害人身体受到损害后为恢复健康进行医疗的花费。医疗费包括诊查费、化验费、药费、住院费等医疗费用。医疗费的赔偿，应以治疗医院所作的诊断证明和医疗费的单据为凭。凡治疗与损害无关的疾病，或没有转院证明，未经医务部门的批准，另找医院治疗及擅自购买药品的，其费用不应赔偿。

护理费是指受害人因遭受人身损害，生活无法自理，需要他人护理而支出的费用。受害人在遭受国家侵害之前，生活能够自理，无须支出护理费，遭受侵害之后生活不能自理，护理费的支出成为必需，在人身损害与护理费支出之间存在因果关系，国家应该予以承担。

因误工减少的收入，指受害人因身体受伤不能工作而损失的收入。计算误工收入应以治疗单位出具的诊断休息证明书为依据，计算误工日期；减少的收入，每日的赔偿金按照国家上年度职工日平均工资计算，但最高额为国家上年度职工年平均工资的 5 倍。

残疾赔偿金是指因残疾失去的收入和解决致残后的生活困难所需的费用。残疾赔偿金的额度是根据丧失劳动能力的程度确定的。我国国家赔偿法规定了残疾赔偿金的最高额。残疾生活辅助具费，是指因伤致残的受害人为补偿其遭受创伤的肢体器官功能、辅助其实现生活自理或者从事生产劳动而购买、配制的生活辅助器具所需费用。康复费，即受害人为恢复因国家侵权行为而减损的器官功能进行各种康复治疗所支出的费用。继续治疗费，是指损伤经治疗后体征固定而遗留功能障碍确需再次治疗或伤情尚未恢复需二次治疗所需要的费用。

生活费，是指由于侵权致公民全部丧失劳动能力的，对其扶养的无劳动能力的人支付的生活救助费用。生活救济费的额度需参照当地民政部门有关生活救济的规定办理。被扶养的人是未成年人的，生活费给付至 18 周岁止；其他无劳动能力的人，生活费给付至死亡时止。

2. 侵犯公民生命权致人死亡的赔偿标准

在所有侵权损害赔偿中，致人死亡无疑是最为严重的情形，由于它所造成的严重后果及影响，此种赔偿必须慎重合理。就理论而言，对死亡的赔偿应以补偿死者生命如果存续下去所能获得合理的期待利益为限。因此，需根据死者的年龄、健康状况、收入、能力等确定赔偿额。其所包括的具体内容有：丧葬费、死亡赔偿费以及死者生前所扶养无劳动能力或部分丧失劳动能力人的生活救济费等。这些赔偿通常有最高额的限制。

根据我国《国家赔偿法》第 34 条第 1 款第 3 项，造成死亡的，应当支付死亡赔偿金、丧葬费，总额为国家上年度职工年平均工资的 20 倍。对死者生前扶养的无劳动能力的人，还应当支付生活费。

死亡赔偿金与残疾赔偿金不同之处在于，死亡赔偿金是给付受害人亲属的，而残疾赔偿金是给付受害人的。接受死亡赔偿金的受害人亲属，主要指受害人的继承人、与受害人有抚养关系的亲属。我国的《国家赔偿法》规定国家对死亡公民亲属支付死亡赔偿金及丧葬费，两者的总额不得超过国家上年度职工年平均工资的 20 倍。

除了死亡赔偿金，国家还对受害人生前抚养的无劳动能力的人支付生活费。对被抚养人是未成年人的，生活费支付到 18 岁为止；被抚养人属于其他无劳动能力人之列的，生活费给付到该被抚养人死亡为止。

丧葬费具体包括哪些项目，《国家赔偿法》和《民法典》都未见具体规定，司法实践也缺乏统一标准，一般有停尸费、运尸费、火化费、骨灰盒购置费、墓葬费等内容。最高人民法院《关于审理人身损害赔偿案件适用法律若干问题的解释》（2022 年修正）第 27 条直接规定丧葬费按照“受诉法院所在地上一年度职工月平均工资标准，以六个月总额计算”。“受诉法院所在地上一年度职工月平均工资”，是指政府统计部门公布的受诉法院所在地上年度省、自治区、直辖市的职工月平均工资。这一规定能否适用于国家赔偿，有待进一步明确。

致人死亡引起的赔偿实践处理起来是比较复杂的。由于致人死亡给受害者的亲属带来无可挽回的巨大损失，精神上的沉重打击和刺激可能会使整个赔偿过程气氛紧张，如果赔偿标准不进行科学可行的界定，则往往会造成相持不下、久拖不决的局面，所以，致人死亡的赔偿标准必须具有科学合理的法律依据。我国国家赔偿法中没有规定赔偿的最高限额，而是按照具体所需赔偿项目分别确定和加以计算的，即死亡赔偿金、丧葬费以及无劳动能力的人的生活费。

三、财产权损害赔偿的计算标准

国家侵犯公民、法人财产权造成损害的形式主要是指违法罚款、罚金、追缴、没收财产或者违法征收、征用财物的；违法查封、扣押、冻结财产的；违法扣留、吊销许可证和执照、责令停产停业；等等。

对财产的全部赔偿包括实际损失和可得利益的损失。实际损失是指侵权行为造成受害人现有财产的直接减少；可得利益的损失是指侵权行为造成受害人在正常情况下应增加的财产未增加，可得利益的损失又称为间接损失。根据《国家赔偿法》第 36 条的规定，我国采取的是直接损失赔偿的标准。

1. 违法罚款、罚金、追缴、没收财产或者违法征收、征用财产的赔偿

违法罚款、罚金、追缴、没收财产侵犯公民、法人和其他组织财产权的，或者违法征收、征用财产的，应返还财产。这之中涉及返还的，有金钱亦有其他财物。

2. 违法查封、扣押、冻结财产造成损失的赔偿

违法查封、扣押、冻结财产造成财产权侵害的，解除对财产的查封、扣押、冻结。造成财产损坏的，能够恢复原状的恢复原状，不能恢复原状的，按照损害程度给付相应的赔偿金；造成财产灭失的，给付相应的赔偿金。这项规定也只是赔偿直接损失，并不赔偿间接损失。

3. 财产已经拍卖或者变卖的赔偿

拍卖是公开处置财产的一种方式，是指以公平竞争的方式将财产出卖给竞价中最高的出价者。我国于1996年制定了《中华人民共和国拍卖法》(2015年修正)，行政机关和司法机关的拍卖活动应当按照《拍卖法》的规定进行。赔偿义务机关违法对财产予以没收或者查封、扣押、冻结后，如果对财产已经进行了拍卖，原物已经不存在或者已经为他人所有，返还财产已不可能，则应采取金钱赔偿的方式。根据《国家赔偿法》的规定，财产已经拍卖或者变卖的，应给付拍卖或者变卖所得价款。如果变卖的价款明显低于财产价值的，应当支付相应的赔偿金。

4. 违法吊销许可证和执照、责令停产停业的损害赔偿

违法吊销许可证和执照、责令停产停业的，赔偿停产停业期间必要的经常性费用开支。法人或其他组织被吊销了许可证或执照，或者被责令停产停业，停产停业期间原本可得到的利益得不到了，但由于这是间接损失，国家赔偿法根据赔偿直接损失的原则，只赔停产停业期间，该法人或其他组织支付的必要的经常性费用开支。必要的经常性的费用开支，是指企业、商店等在停产停业期间用于维持其生存的基本开支，如水电费、仓储保管费、职工的基本工资等。其中职工的工资按国家统一规定的劳保工资的平均数来计算。由此可见，被责令停产停业或被吊销许可证和执照的企业、法人等，如果国家赔偿它们的损失，也不是赔偿其全部损失，而可能只是赔偿其损失的一部分。

5. 返还执行的罚款或者罚金、追缴或者没收的金钱，解除冻结的存款或者汇款的赔偿

返还执行的罚款或者罚金、追缴或者没收的金钱，解除冻结的存款或者汇款，应当支付银行同期的存款利息。从性质上而言，存款利息损失应该属于间接损失，但由于其具有必然性，所以国家在返还金钱或者解除冻结款时予以支付利益是合理的。此次《国家赔偿法》对利息的赔偿进行了明确规定，是对财产权益保护的重要体现。

6. 对财产权造成其他损害的赔偿

根据《国家赔偿法》的规定，对财产权造成其他损害的，按照直接损失给予赔偿。所谓直接损失，是指因遭受不法侵害而使现有财产直接减少或消灭。《国家赔偿法》作出这样的规定，是为了防止出现法律没有规定的其他国家侵权行为造成公民、法人或其他组织财产权的损害而得不到赔偿的情况。对财产权造成其他损害，可能是什么侵权行为呢？由于这一项规定作为《国家赔偿法》第36条最后一项兜底性的规定出现，所以，应是第36条前几项所未予列举出的侵权行为，如侵犯商标权的行为，侵犯专利权的行为，侵犯公民荣誉权、法人或其他组织的荣誉权的行为。这些侵权行为不但是已经实施的行为，而且是对受害一方的财产权造成损害的行为。如果侵犯上述权利的行为，未构成财产权的侵害，则国家不应负赔偿责任。根据《国家赔偿法》的规定，由于其他违法行为给公民、法人或其他组织财产权造成其他损害的，国家按照直接损失予以赔偿，而不赔偿间接损失或可得利益损失。

第三节　国家赔偿费用

一、国家赔偿费用的来源

国家赔偿费用，也称国家赔偿经费，是指赔偿义务机关依照国家赔偿法的规定向赔偿请求人支付的费用。实行国家赔偿，必须有相应的赔偿费用作保障。如果赔偿费用得不到保证，受害人的损失就得不到及时的救济，国家赔偿就会落空，国家赔偿的目的就难以实现。所以，世界各国对国家赔偿费用都十分重视，在立法中予以明确规定。

尽管现代国家赔偿的理论各有不同，但均确认国家赔偿是一种国家责任形式，即国家对作为其代理人的国家机关承担赔偿费用，因此，国家赔偿费用的最终来源应当是国家，而不是私人或者其他组织，这是与国家作为国家赔偿责任主体的理论相一致的。在实践中，国家赔偿费用一般来源于国库，通过预算列支。但由于管理模式的不同，国家赔偿费用也可能来自其他形式的国有财产或者公共财产。例如，在行政机关向保险机构投保，由保险机构在赔偿案件中向受害人支付赔偿费用的情况下，保险费来自国家拨付的经费，而赔偿费用则来自保险机构的保险金。这种情形虽然不是直接来自国家，但保险金实质上还是国家拨付经费的转化。

二、国家赔偿费用的管理

国家赔偿费用来源于国家的特点，决定了国家赔偿费用的管理不同于民事赔偿费用。后者在赔偿时虽然要适用有关法律，但是法律更为尊重当事人的意思自治，在赔偿上具有更大的自由裁量权。而国家赔偿费用的管理更类似于国有财产的管理，例如，管理机关应按照有关法律规定进行管理，不得任意确定赔偿费用的数额，并且需要有关部门进行监督。

为了保证受害人得到合理适当的救济，防止赔偿义务机关失职或滥施赔偿，各国和地区均采用了不同形式的赔偿费用支出管理方式：

（一）由中央政府统筹编列赔偿预算、统一支付赔偿费用

所有国家赔偿费用，均由中央政府按年编列预算。采用这种方式的有法国、韩国、新加坡等国。在法国，国家从总预算中每年拨给各部一部分预算，各部的预算中留有一部分机动使用的用于赔偿的费用。新加坡的做法是，在总检察署的行政经费上编列 30 万元预算，必要时还可动用政府预算金。如难以拨付或不足支付时，由律政部提请国会拨款支付。韩国法律亦规定：以国家为被告的，由中央政府按年编列预算。在这种方式下，通常由国家根据各项赔偿的大体情况，确定每年所需赔偿费用的基本数，在编列预算时，作为一项专项支出，列入预算收支科目，地方行政所支出的赔偿费用，则从中央财政拨付。这种模式的优点在于，能够保证充分的赔偿经费，避免因地方财政吃紧而给请求权人造成赔偿的拖延，减轻个别机关所受的压力。其缺点在于，各级政府可能会因赔偿费用非自己所出，而掉以轻心，要么为体现政绩而减

少应当赔偿的事项及数额，要么慷国家之慨，滥施赔偿。在这个意义上，各级政府编列预算分别支出则优于中央统筹。

（二）由各级政府分别编列赔偿预算、各自支付赔偿费用

各级政府根据其行政、司法的具体状况，在每年编列预算时，把国家赔偿费用作为一项固定支出列入预算计划。我国台湾地区规定，行政赔偿费由各级政府编列预算支付。这一模式的优点在于，可以引起各级政府的充分重视，避免因不承担赔偿费用而丧失责任心。但其缺点是，地方各级政府经费往往已是捉襟见肘，特别是贫困落后的地区，靠国家财政补贴地区，由其编制赔偿预算并负担支出，必然影响受害人得到切实赔偿。

（三）国家设立专项基金

国家设立专项基金即由国家与赔偿义务机关相结合共同负担赔偿费用，这种方式的特点是赔偿经费一般由各个政府机关自行担负，如超过某一确定数额才由国家承担。例如，美国法律规定：2 500 美元以下的赔偿金由联邦政府机关自己负责，或从行政费中支出，或从活动基金中支出，超过此限的赔偿金，则由国会拨出专款，由财政部拨付。美国国会几十年前就拨出一笔专款用于赔偿，每年稍有增加，目前已达几百亿美元。这种模式的优点在于，由各机关自己支付一定数额的赔偿金，可以增强其责任心，超过一定限度的赔偿由国家专项基金承担，又可以减轻机关压力。同时，该基金会可不断孳息，保证受害人得到有效的赔偿。

（四）由保险机构支付赔偿费用

由于社会保险业的迅猛发展，许多国家在国家赔偿领域引入保险形式解决赔偿金的支付问题。国家赔偿领域的保险分为两种形式：一是公民个人向保险公司投保，一旦被国家机关损害，则可从保险公司取得赔偿金，保险公司又可向侵权的国家机关提出赔偿请求。如法国某些地区和部门就采用这种方式，当公民个人向保险公司投保后，一旦发生侵权损害，则由保险公司向受害人支付赔偿费用。二是由政府向保险公司投保。在美国，有的地方政府向保险公司投保，由保险公司负责赔偿受害人，但有些保险公司不给政府开设保险业务，原因是费用太高。

我国国家赔偿经费的管理采用了上述第二种方式。《国家赔偿法》第 37 条规定：赔偿费用列入各级财政预算。赔偿请求人凭生效的判决书、复议决定书、赔偿决定书或者调解书，向赔偿义务机关申请支付赔偿金。赔偿义务机关应当自收到支付赔偿金申请之日起 7 日内，依照预算管理权限向有关的财政部门提出支付申请。财政部门应当自收到支付申请之日起 15 日内支付赔偿金。赔偿费用预算与支付管理的具体办法由国务院规定。《国家赔偿费用管理条例》第 3 条规定："国家赔偿费用由各级人民政府按照财政管理体制分级负担。各级人民政府应当根据实际情况，安排一定数额的国家赔偿费用，列入本级年度财政预算。当年需要支付的国家赔偿费用超过本级年度财政预算安排的，应当按照规定及时安排资金。"鉴于我国财政实行的是中央和地方分列的体制，《国家赔偿法》实施后，凡属中央财政划拨经费的部门由中央财政预算。地方政府的赔偿经费则由各级财政列入财政预算。具体的列支办法由国务院制定具体的实施细则。

三、国家赔偿的支付

国家赔偿费用的支付是赔偿案件的终结点。我国国家赔偿费用由各级财政列支，由各级财政部门拨款，由赔偿义务机关向赔偿请求人支付。我国1995年《国家赔偿费用管理办法》（已失效）规定，国家赔偿费用由赔偿义务机关先从本单位预算经费和留归本单位使用的资金中支付，支付后再向同级财政机关申请核拨。因此，我国国家赔偿费用原来的支付程序为“先行支付，然后核拨”的方式，即赔偿义务机关首先直接向受害人支付，然后财政部门对赔偿义务机关进行核拨。但是，这种模式引发了诸多问题，严重影响了国家赔偿制度的良性运行。

因此，2012年修订后的《国家赔偿法》第37条明确规定，赔偿请求人凭生效的判决书、复议决定书、赔偿决定书或者调解书，向赔偿义务机关申请支付赔偿金。赔偿义务机关应当自收到支付赔偿金申请之日起7日内，依照预算管理权限向有关的财政部门提出支付申请。财政部门应当自收到支付申请之日起15日内支付赔偿金。这样，有效地避免了“先行支付，然后拨付”所引发的副作用。

根据现行《国家赔偿费用管理条例》第6、7条的规定，申请材料真实、有效、完整的，赔偿义务机关收到申请材料即为受理。赔偿义务机关受理申请的，应当书面通知赔偿请求人。申请材料不完整的，赔偿义务机关应当当场或者在3个工作日内一次告知赔偿请求人需要补正的全部材料。赔偿请求人按照赔偿义务机关的要求提交补正材料的，赔偿义务机关收到补正材料即为受理。未告知需要补正材料的，赔偿义务机关收到申请材料即为受理。申请材料虚假、无效，赔偿义务机关决定不予受理的，应当书面通知赔偿请求人并说明理由；赔偿请求人对赔偿义务机关不予受理决定有异议的，可以自收到书面通知之日起10日内向赔偿义务机关的上一级机关申请复核。上一级机关应当自收到复核申请之日起5个工作日内依法作出决定。上一级机关认为不予受理决定错误的，应当自作出复核决定之日起3个工作日内通知赔偿义务机关受理，并告知赔偿请求人。赔偿义务机关应当在收到通知后立即受理。上一级机关维持不予受理决定的，应当自作出复核决定之日起3个工作日内书面通知赔偿请求人并说明理由。财政部门应当自受理申请之日起15日内，按照预算和财政国库管理的有关规定支付国家赔偿费用。财政部门发现赔偿项目、计算标准违反国家赔偿法规定的，应当提交作出赔偿决定的机关或者其上级机关依法处理、追究有关人员的责任。

根据《国家赔偿费用管理条例》第8条，赔偿义务机关应当自受理赔偿请求人支付申请之日起7日内，依照预算管理权限向有关财政部门提出书面支付申请，并提交下列材料：（1）赔偿请求人请求支付国家赔偿费用的申请；（2）生效的判决书、复议决定书、赔偿决定书或者调解书；（3）赔偿请求人的身份证明。《国家赔偿费用管理条例》第9条规定，财政部门收到赔偿义务机关申请材料后，应当根据下列情形分别作出处理：（1）申请的国家赔偿费用依照预算管理权限不属于本财政部门支付的，应当在3个工作日内退回申请材料并书面通知赔偿义务机关向有管理权限的财政部门申请。（2）申请材料符合要求的，收到申请即为受理，并书面通知赔偿义务机关。（3）申请材料不符合要求的，应当在3个工作日内一次告知赔偿义务机关需要补正的全部材料。赔偿义务机关应当在5个工作日内按照要求提交全部补正材料，财政部门收到补正材料即为受理。

赔偿义务机关应当依照《国家赔偿法》第16条、第31条的规定，责令有关工作人员、受委托的组织或者个人承担或者向有关工作人员追偿部分或者全部国家赔偿费用。赔偿义务机关依照前款规定作出决定后，应当书面通知有关财政部门。有关工作人员、受委托的组织或者个人应当依照财政收入收缴的规定上缴应当承担或者被追偿的国家赔偿费用。

第四节　国家赔偿时效

一、时效制度概述

时效制度就是特定的事实状态经过一定期限后所导致的相应法律后果的制度。时效制度分为取得时效和消灭时效。所谓取得时效就是一定的事实状态经过一定时间的持续而取得的权利；而消灭时效就是一定的事实状态经过一定的时间而导致权利的丧失。时效制度存在的理由主要有以下两点[①]：第一，维护社会秩序的需要。因为非所有人占有他人财产或者权利人不行使权利的事实状态持续经过一定的时间后，即形成相对确定的社会秩序，对此法律自有维护的必要，否则必然影响到社会的安定。第二，方便案件的处理。因为法院对于年代久远的案件，常常因为证据材料的灭失而难以查明事实，此时如果以时效替代证据，对于时效已经届满的案件，一律确认其权利取得或消灭，则可避免当事人举证的困难，也可以方便法院对于纠纷的处理。

国家赔偿的时效一般就是指国家赔偿制度中受害的公民、法人和其他组织向有关国家机关请求赔偿的法定期间。我国《国家赔偿法》第 39 条规定："赔偿请求人请求国家赔偿的时效为两年，自其知道或者应当知道国家机关及其工作人员行使职权时的行为侵犯其人身权、财产权之日起计算，但被羁押等限制人身自由期间不计算在内。在申请行政复议或者提起行政诉讼时一并提出赔偿请求的，适用行政复议法、行政诉讼法有关时效的规定。"在国家赔偿制度中，除了请求权时效之外，还有一些特别时效。这主要有：(1) 申请复议的时效。就是赔偿请求人对刑事赔偿义务机关逾期不履行赔偿义务或者对赔偿的方式、项目、数额有异议的，或者赔偿义务机关作出不予赔偿决定的，请求上一级重新审查并作出决定的时效。对此，《国家赔偿法》第 24 条第 1、2 款规定："赔偿义务机关在规定期限内未作出是否赔偿的决定，赔偿请求人可以自期限届满之日起三十日内向赔偿义务机关的上一级机关申请复议。赔偿请求人对赔偿的方式、项目、数额有异议的，或者赔偿义务机关作出不予赔偿决定的，赔偿请求人可以自赔偿义务机关作出赔偿或者不予赔偿决定之日起三十日内，向赔偿义务机关的上一级机关申请复议。"(2) 申请赔偿决定的时效。即赔偿请求人申请人民法院赔偿委员会作出赔偿决定的时效。《国家赔偿法》第 25 条中规定：赔偿请求人不服复议决定的，可以在收到复议决定之日起 30 日内向复议机关所在地的同级人民法院赔偿委员会申请作出赔偿决定。第 24 条第 3 款规定：赔偿义务机关是人民法院的，赔偿请求人可以依照本条规定向其上一级人民法院赔偿委员会申请作出赔偿决定。(3) 行政赔偿诉讼的时效，即在行政赔偿诉讼中，赔偿请求人提出行政赔偿诉讼的时效。《国家赔偿法》第 14 条规定：赔偿义务机关在规定期限内未作出是否赔偿的决定，赔偿请求人可以自期限届满之日起 3 个月内，向人民法院提起诉讼。赔偿请求人对赔偿的方式、

---

① 柳经纬．关于时效制度的若干理论问题．比较法研究，2004 (5).

项目、数额有异议的，或者赔偿义务机关作出不予赔偿决定的，赔偿请求人可以自赔偿义务机关作出赔偿或者不予赔偿决定之日起 3 个月内，向人民法院提起诉讼。

二、时效的起算和期间

国家赔偿制度中的时效主要是指消灭时效，也就是赔偿请求人不行使请求权的状态。换言之，只有存在权利人享有请求权而怠于履行的事实，方可适用消灭时效，也只有在具备这种事实状态时，时效期间才开始计算。因此，权利人怠于行使请求权的事实状态应该符合以下要求：首先，有请求权存在。其次，权利人能够行使权利。也就是只有在权利人能够行使请求权时，法律才使其承担怠于行使权利的不利后果，如果权利人因为客观原因不能行使请求权，法律就不能使其承担不利后果。最后，权利人怠于行使请求权。以上就是确定消灭时效起算规则的基础，也是确定消灭时效中止和中断规则的基础。

三、时效的中断和中止

国家赔偿请求权时效的中断事由大致有两种：一种是权利人行使权利，因为在时效进行过程中，如果权利人积极行使国家赔偿请求权，则时效就发生中断，已经经过的时效期间归于无效，待中断的事由消除后，重新计算期间。另一种是义务的确认。也就是在时效进行过程中，如果义务人通过一定的方式使请求权关系再次确定，则时效也发生中断。

使权利人承担消灭时效完成的不利后果，是因为权利人怠于行使权利，但是如果权利人并非怠于行使权利，而是由于客观原因而不能行使相关权利，则就不能使权利人承担消灭时效完成的法律后果。在这种情况下，时效期间就应该中止，待中止的事由消除后，时效期间继续计算。我国《国家赔偿法》第 39 条第 2 款规定：赔偿请求人在赔偿请求时效的最后 6 个月内，因不可抗力或者其他障碍不能行使请求权的，时效中止。从中止时效的原因消除之日起，赔偿请求时效期间继续计算。

问题与思考

1. 我国采用了何种国家赔偿标准，结合实际情况谈谈其主要存在哪些问题？
2. 结合实际谈谈我国国家赔偿费用管理中存在哪些缺陷？
3. 为何国家赔偿中要设立时效制度？

第九章

国家补偿制度

本章概要

国家补偿制度是现代法治国家一项特别重要的法律制度，其关系到对国家权力的规制和对公民合法权益的保护。学习国家补偿，应该从国家补偿的概念与特征开始，系统了解国内外国家补偿的发展历史及有关国家补偿理论基础的诸多学说，对国家补偿进行必要的分类，并在此基础上分析总结国家补偿的构成要件。在国家补偿理论和实践中，行政补偿是其主要构成部分，所以我们很有必要从行政补偿的范围、方式、标准及程序等方面对行政补偿进行重点讨论分析。

关键术语

国家补偿　行政补偿　公共负担平等说　特别牺牲说　结果责任说　社会协作说　事先补偿　事后补偿　直接补偿　间接补偿　金钱补偿　实物补偿　完全补偿说　适当补偿说　正当补偿说　主动补偿程序　依申请补偿程序

第一节　国家补偿概述

一、国家补偿的概念与特征

国家补偿是指国家机关及其工作人员在管理国家和社会公共事务的过程中，因合法行使职权行为给公民、法人或其他组织的合法权益造成了损失，由国家依法给予补偿的法律制度。

国家补偿具有以下特征：

1. 国家补偿的前提是致害行为为国家机关及其工作人员的合法职权行为。非职权行为侵权造成的损失，由民事立法进行规制。国家机关及其工作人员违法行使职权侵犯了公民、法人或者其他组织的合法权益造成的损失，则适用国家赔偿，由国家对受害人所受损失承担赔偿责任。而国家机关及其工作人员合法行使职权侵犯了公民、法人或者其他组织的合法权益造成的损失，才适用国家补偿，由国家对受害人所受损失承担补偿责任。所以国家补偿的前提就是致害行为必须为国家机关及其工作人员的合法职权行为。

2. 国家补偿的主体是国家。国家是一个抽象的概念，特殊的主体。但是国家同时也是一个责任实体，须对其自身行为承担相应责任。

国家对自身行为承担相应责任的典型代表就是国家对国家机关及其工作人员违法行使职权侵犯了公民、法人或者其他组织的合法权益造成的损失承担赔偿责任，以及国家对国家机关及其工作人员合法行使职权侵犯了公民、法人或者其他组织的合法权益造成的损失承担补偿责任。所以国家补偿的主体就是国家，由国家承担国家补偿责任，受害人依法可以要求国家对其合法职权行为造成的损失承担补偿责任。

3. 国家补偿的对象是公民、法人和其他组织的合法权益损失。国家补偿制度的主要功能就是对受害人的损失进行补救，因而国家承担补偿责任就必须以特定受害人的损失结果的存在为首要条件，没有损失结果的存在自然也就没有进行国家补偿的必要。国家补偿所针对的对象就是公民、法人和其他组织的合法权益损失。

4. 国家补偿须涉及公共利益。国家补偿一般须涉及公共利益，这在各国的国家补偿立法和实践中都已得到了普遍的认可和运用。如我国《宪法》第10条第3款规定：“国家为了公共利益的需要，可以依照法律规定对土地实行征收或者征用并给予补偿。”第13条规定：“公民的合法的私有财产不受侵犯。国家依照法律规定保护公民的私有财产权和继承权。国家为了公共利益的需要，可以依照法律规定对公民的私有财产实行征收或者征用并给予补偿。”私人的合法权益受法律保护，包括国家在内的任何主体都不得随意侵犯。国家只有在为公共利益需要的前提下，才可以为牺牲特定私人合法权益的行为，而国家补偿制度则是专门为这一情形所设计和运用的。

5. 国家补偿必须以损失的发生与合法职权行为之间具有因果关系为要件。国家补偿的构成要件之一就是国家机关及其工作人员的合法职权行为的行使与受害人的损失结果之间具有因果关系。并非所有的国家机关及其工作人员的合法职权行为行使都会引致国家补偿的产生，事实上，只有极少数的国家机关及其工作人员的合法职权行为行使会导致国家承担补偿责任。而国家是否需要对其合法职权行为承担补偿责任，关键就是看国家合法职权行为的行使是否引起了特定公民、法人和其他组织的合法权益损失，即国家的合法职权行为与特定公民、法人和其他组织的合法权益损失之间是否具有因果关系。

6. 国家补偿的范围广泛、方式多种多样、标准具有弹性、程序灵活多变。国家补偿的范围既应包括直接损失，也应包括间接损失；既应包括财产损失，也应包括人身损失；既应包括物质损失，也应包括精神损失。而国家补偿在方式上既有直接补偿的方式，如金钱补偿、恢复原状、返还财产、实物补偿，也有间接补偿方式，如解决农转非指标、优先安排就业、减免税费、授予特权等。国家补偿的标准原则一般认为是正当补偿，正当补偿原则要求国家在给予受害人补偿时应该综合考虑国家侵害行为的法律目的、侵害行为的形态、受侵害利益的性质及程度等因素来进行公正、合理的补偿。而对是否公正、合理的判断又与社会经济发展水平、政治文明程度、法治建设情况等有密切联系。由此可见，国家补偿的标准具有弹性，并非固定统一。国家补偿的程序则主要有事先补偿程序与事后补偿程序以及主动补偿程序与依申请补偿程序之分，国家根据不同情形，既可以在损害发生之前对受害人进行事先补偿，也可以在损害发生之后对受害人进行事后补偿；既可以由国家主动对受害人所受损害进行补偿，也可以由受害人向国家提出补偿申请后才由国家对受害人所受损害进行补偿。

与国家补偿联系最为紧密的就是国家赔偿。国家补偿与国家赔偿在很长一段时间之内是混合在一起，没有特殊区别。国家补偿虽早于国家赔偿而存在，但国家补偿却长时间依附于国家赔偿制度之中，经历了相当长的一段时期的发展才逐渐从国家赔偿中独立和分离出来。为了更加清楚地认识和把握国家补偿的概念和特征，我们很有必要对国家补偿与国家赔偿制度进行比较。国家补偿与国家赔偿两者之间的区别主要有：

第一，两者的引起原因不同。国家补偿是国家的合法行为致害而引起的，即国家对国家机关及其工作人员的合法行为造成的公民、法人或其他组织的合法权益损失承担补偿责任。而国家赔偿则是国家的违法行为致害而引起的，即国家对国家机关及其工作人员的违法行为造成的公民、法人或其他组织的合法权益损失承担赔偿责任。

第二，两者的性质不同。国家补偿是国家对特定的公民、法人或者其他组织所受损失的填补，是国家为遭受特别损失的公民、法人或者其他组织提供补救，以达到其与普通民众之间的利益平衡，国家补偿并不意味着对国家机关及其工作人员行为的否定和谴责。而国家赔偿在性质上就是国家对国家机关及其工作人员违法行使职权的行为而承担的一种法律责任，具有否定和谴责的含义。

第三，两者适用的原则不同。国家补偿适用无过错责任原则，国家承担补偿责任不问行为人是否有过错或是否有过失，只看是否存在损失结果及损失结果是否是国家合法职权行为引起的。国家赔偿则适用过错责任原则，国家承担赔偿责任的构成要件之一就是行为人存在过错或过失，行为人没有过错或过失就不存在国家赔偿责任的承担。

第四，两者承担责任的方式不同。国家承担赔偿责任的方式是以金钱赔偿为主，辅之以返还财产或恢复原状。而国家承担补偿责任的方式相比之下则较为灵活多样，除有金钱补偿、恢复原状、返还财产和实物补偿四种直接补偿方式之外，还有许多间接补偿方式，如解决农转非指标、优先安排就业、减免税费、授予特利等。

第五，两者承担责任的时间要求不同。国家承担赔偿责任是以损失的实际发生为前提条件，只有先有了损失，才能谈赔偿问题。而国家承担补偿责任则既有在损失发生之前进行事先补偿，又在损失发生之后进行事后补偿。

第六，两者的承担责任范围不同。国家赔偿的责任范围要小于国家补偿的责任范围。国家并非对所有的侵权行为都承担赔偿责任，对国防、外交等国家行为，一般都不承担赔偿责任。而国家补偿责任的承担则没有类似的例外。

第七，两者承担责任的程度不同。国家赔偿对公民、法人或者其他组织合法权益的救济程度不如国家补偿充分。国家赔偿针对的损害主要是受害人的人身权和财产权损害，且一般是直接损害。而国家补偿就没有类似的限制。

第八，两者承担责任的资金来源不同。国家赔偿的资金一般来源于“责任人”，即侵权机关，当然最终都是由国家财政承担责任。而国家补偿资金主要来源于“受益人”，即受益人在其所受利益中要拿出一部分来用于对受害人的补偿。

第九，两者适用的程序不同。国家补偿一般适用行政程序，当然，对补偿产生争议就可适用司法程序进行救济。而国家赔偿一般适用司法程序，但是，我国《国家赔偿法》中规定了行政机关先行处理程序，而事实上行政机关先行处理程序亦具有准司法性质。此外，国家赔偿一般是需要受害人的申请才能启动赔偿程序，赔偿义务机关多处于被动位置；而国家补偿中，补偿义务机关可以主动对受害人所受损害进行补偿。

第十，两者的纠纷解决途径不同。国家赔偿纠纷的解决方式主要有两种：复议和诉讼。对此《国家赔偿法》有明确的、具体的规定。国家补偿的纠纷解决方式除复议和诉讼外还有裁决等。

二、国家补偿的历史演进

学习国家补偿，就必须了解国家补偿的历史演进历程。只有熟知国家补偿的历史，才能更好地理解国家补偿制度，把握国家补偿立法和实践发展状况，发现国家补偿立法和实践存在的问题，并对国家补偿制度进行不断的完善和发展。

任何制度的产生和发展都不是偶然的，都是在一定的社会政治、经济条件下孕育、发展起来的，国家补偿制度也是如此。自从有了国家的存在，就有国家补偿的需要。但事实上，国家补偿制度的建立要远远晚于国家的产生，直到资产阶级大革命胜利之后国家补偿制度才得于确立。国家补偿制度的产生和发展，是人类社会物质文明和精神文明进化到一定历史阶段的产物，也是法制文明发展到一定阶段的产物。国家补偿制度的确立是人类社会文明、民主和法治进步的重要标志。

考察人类发展历史，我们知道，在前资本主义时期，国家主权、国家利益至高无上、不受限制，国家享有豁免权，不承担任何责任。国家不论在何种情况下侵犯私人的合法权益，都无须赔偿或补偿。即使是国家给予了赔偿或补偿，那只不过是统治者施恩于民，是统治阶级仁慈、爱民的表现。资产阶级大革命胜利之后，在民主制度的要求下，国家主权、国家利益至高无上理念日趋淡化，国家责任豁免也逐渐失去政治理论基础，国家对私人进行补偿也就逐渐出现。事实上，国家补偿的存在要早于国家赔偿，但国家补偿与国家赔偿两者在很长一段时间之内混合在一起，没有特殊区别。而由于国家赔偿的发展得到的重视更多，发展也就更快，国家补偿也就不得不长时间依附于国家赔偿制度，经历了相当长的一段时期的发展才逐渐从国家赔偿中独立和分离出来。

国家补偿制度最早出现在法国。法国在 1789 年的《人权宣言》中宣布：“财产是神圣不可侵犯的权利，除非当合法认定的公共需要显示必要时，且在公共预先补偿的条件下，任何人的财产不得受剥夺。”1799 年，法国根据《人权宣言》精神颁布了第一个行政机关对因实施公共事业而受到损失的人给予补偿的法律，初步建立了以无过错责任为特征的损失补偿制度。随后，1804 年的《法国民法典》第 545 条规定：“任何人不得被强制出让其所有权；但因公用，且受公正并事前的补偿时，不在此限。”这一条文强调的是对私人所有权的保护，除非是出于公共利益需要，且得到了公正和事前的补偿，任何人的财产都不得被强制征收。可以说，1789 年的《人权宣言》和 1804 年的《法国民法典》正式确立了国家补偿的基本原则，在法国建立了国家补偿制度。

在德国，1793 年《普鲁士法典》第 75 条就确立了国家承担补偿责任的原则，即为了公共利益需要，个人在必要时应该牺牲其合法权利以成就公共利益，而私人对为公共利益所作出的特别牺牲，有权要求国家给予补偿，国家对此也必须承担补偿责任。《普鲁士法典》确立的这一原则在此后德国法院的诸多判例中得到了充分的体现和进一步的发展充实。到魏玛宪法时期，《魏玛宪法》第 153 条第 2 款明确规定：“公用的征用，仅限于裨益于公共福利及有法律根据时，始得行之。为公用的征用，除联邦国家有特别规定外，应予以适当补偿。有关补偿的金额，如发生争议，除联邦法律有特别规定外，可向通常法院提起诉讼。”而 1949 年《德国基本法》对《魏玛宪法》修改后在该法第14条第3款规定："为公用的征用，只可裨益公共的福利始得行之。为公用的征用，仅限于依据规定补偿的方法和程度的法律，或只有依照法律上的根据始得实行。对补偿的规定必须公正地衡量公共以及关系人的利益。有关补偿金额，如发生争议，可向通常法院提起诉讼。"

继法、德之后，日本、美国、英国等国家也制定了大量有关国家补偿的法律，建立了国家补偿制度。《日本国宪法》第29条第3款规定："因公用征收及公用限制对私人造成财产上的特别损失时，必须予以正当补偿，不允许国家或者公共团体不予补偿而收取私人的财产或者对私人的财产实行限制。"美国《联邦宪法第五修正案》规定："任何人不得非经由法律正当程序即被剥夺生命、自由和财产；私有财产不得未获公正补偿即遭占取。"而英国则制定了《土地补偿法》和《城市规划法》，对土地征用的补偿作了较详尽的规定，包括土地征用补偿原则、补偿范围和标准、土地征用补偿的估价日期、补偿争议的处理等。

当前，绝大多数文明国家都在宪法或宪法性法律中对国家补偿进行了规定，建立了国家补偿制度。国家合法行为侵犯私人的合法权益须给予补偿已成普遍性的法律规则。

在中国，漫长的封建历史就是一段人治的历史。在这种人治社会之中，统治者享有生杀大权，普通民众的最基本的权利都无法保障，更何谈国家补偿。中国正式改变观念，学习西方法律制度始于清末，但是在此后近半个世纪的时期内，中国社会一直处于动荡不安之中，中国法律制度的学习和建设有所进步但相当有限。在这段时期内，国家补偿鲜有提及，更不可能作为一种制度确立并实施。一般认为，中国关于国家补偿的立法始于1944年1月颁布的《陕甘宁边区地权条例》，该条例规定："由于建筑国防工事，兴修交通道路，进行改良市政工作以及举办其他公共利益为目的而经边区政府批准的事业，政府得租用、征用或以其他土地交换任何人民或团体所有的土地。"新中国成立后，国家补偿制度得到了初步的发展，零星出现了一些关于国家补偿制度的立法，例如，1950年11月政务院颁布的《城市郊区土地改革条例》第14条明确规定："国家为市政建设和其他需要征用私人所有的农业土地时，须给予适当代价，或以相等之国有土地调换之。对耕种该项土地的农民亦给以适当的安置，并对其他该项土地上的生产投资（如凿井、植树等）及其他损失，予以公平合理的补偿。"1953年11月政务院颁布的《关于国家征用土地办法》则对国家征用土地的补偿标准和程序作了具体规定。1958年1月的《国家建设征用土地办法》又对国家为建设征用土地的补偿程序和范围作了具体规定。1962年9月中共中央制定的《农村人民公社工作条例修正草案》规定：不许无代价地调用劳动力、生产资料和其他物资。如果因为建设或其他需要必须征用社员的房屋，应该严格执行国务院有关征用民房的规定，给予补偿，并且对迁移户作妥善的安置。但是，好景不长，刚刚开始起步发展的国家补偿制度就被"文化大革命"的浪潮所吞没。

党的十一届三中全会以后，中国的民主法制建设日新月异，国家补偿制度也在此背景下得到了越来越多的重视和发展，关于国家补偿的立法大量涌现，其中涉及国家补偿制度的法律、法规、规章主要有：《中华人民共和国土地管理法》《中华人民共和国城市房地产管理法》《中华人民共和国农村土地承包法》《中华人民共和国戒严法》《中华人民共和国消防法》《中华人民共和国防洪法》《中华人民共和国防震减灾法》《中华人民共和国煤炭法》《中华人民共和国矿产资源法》《中华人民共和国矿山安全法》《中华人民共和国文物保护法》《中华人民共和国野生动物保护法》《中华人民共和国公路法》《中华人民共和国国防法》《中华人民共和国森林法》《中华人民共和国种子法》《中华人民共和国水法》《中华人民共和国草原法》《中华人民共和国农业法》《中华人民共和国渔业法》《中华人民共和国外资企业法》《中华人民共和国归侨

行补偿。然而，当这种负担落到某一个别公民头上时，它就变成一种特别的牺牲了，也就需要进行补偿了。[①] 事实上，特别牺牲说是基于法的公平正义理念而产生的。国家对一般民众进行的一定的内在的、社会的限制，其结果是使全体社会成员都遭受同等的、必要的损失，符合法的公平正义理念。而国家对个别民众的特殊限制，其结果就是使得个别民众遭受了额外的损失，作出了特别牺牲，对于此类特别牺牲，自然应当由国家进行补偿，将个别民众作出了特别牺牲转嫁由全体社会成员共同承担，只有这样才符合法的公平正义理念。

（三）结果责任说

结果责任说为日本学者所主张。日本学者认为，国家赔偿是以过失责任主义为基础，由国家对违法且有过错的公权力造成的损失予以赔偿。在此赔偿理论和制度之下，若致害行为不违法，行为人也没有过错，那么国家就不承担赔偿责任。由此可见，国家赔偿制度无法为受害人提供全面有效的救济保护。为弥补这一不足，日本学者引进了“结果责任说”。结果责任说主张，无论致害行为是合法还是违法，也不管行为人有没有过错，只要行为所导致的损害为一般社会观念所不允许，国家就必须承担补偿责任。国家承担补偿责任的根据在于其给私人带来了无法回避的危险。鉴于国家承担补偿责任不问故意或过失之类主观上的归责事由，其也被称为无过错责任。[②]

（四）社会协作说

社会协作理论由法国著名学者狄骥所首创，他认为社会协作关系是一切社会赖以存在的客观事实。人必须生活于社会中，由此得出一个基本的社会规范，即每个人的行为不得违反社会协作关系，他应当根据他的能力和地位来维持和促进社会协作关系。这个基本规范决定其他一切社会规范。每一个人不论其为统治者或被统治者，不论其能力大小如何，从事的职业如何，根据社会协作关系都负有上述两种义务：不违反社会协作关系并促进社会协作关系的发展。但任何人不能由于他的意志作用而享有权利。每个人的法律地位根据其履行社会协作关系的功能而定，当其行为符合社会协作关系时受到法的保护，否则无效。[③] 后来社会协作关系理论被用来解释说明国家补偿的理论基础问题。社会协作说认为，人与人之间存在着社会协作关系，这种社会协作关系是国家和法律的基础，社会成员在必要时应当为维持和促进社会协作关系，即为社会的存在和发展牺牲其部分权利和自由，而社会应以其整体的力量保障其成员的存在和发展，也就必须对社会成员所牺牲的那部分权利和自由给予补偿。

（五）社会保险说

社会保险说是将民事保险原理引申运用到行政法领域来解释说明国家补偿问题。该学说认为，国家是全社会的保险人，社会成员都是投保人，社会成员给国家纳税等行为就是投保行为，国家与全体社会成员之间也因此形成了保险关系。所以当社会成员遭受意外损失时，国家作为保险人就应当给投保人提供保险，支付保险金。根据社会保险说，社会成员不论何种原因致使其合法权益遭受损失都可以向国家寻求救济。而对于合法公权力给社会成员造成的损失，

---

① 周汉华，何峻．外国国家赔偿制度比较．北京：警官教育出版社，1992：189.

② 南博方．日本行政法．杨建顺等译．北京：中国人民大学出版社，1988.

③ 王名扬．法国行政法．北京：中国政法大学出版社，1989：762.

国家自然就应该承担责任，给予受害人补偿。

（六）人权保障说

人权保障说认为，保障人权是民主法治国家的基本职能之一，如果公民、法人或其他组织的合法权益受到他人的不法侵害，国家就有责任保障受害人能够依法追究侵权人的责任、对侵权人予以惩罚来弥补受害人所受损失。而如果公民、法人或其他组织的合法权益受到国家侵害时，国家同样有责任保障受害人依法要求国家承担责任来弥补受害人所受损失，而这也就自然要求国家对此损失进行补偿。

（七）既得权保护说

既得权保护说以自然法为基础。该学说认为，国家之所以应该对合法的公权力行为给受害人造成的损害给予补偿，是因为宪法和法律保障公民的既得权利。公民的合法既得权利，自然属于宪法和法律绝对保障之内容，即使国家出于公共利益的需要，使公民的合法既得权利蒙受一定的损害，国家也应该对此损害给予补偿以保障公民的合法既得权利。

（八）恩惠说

恩惠说的前提条件是承认国家权力与社会公共利益的优越性、至上性。该学说本质上是否认国家补偿制度，认为国家没有补偿受害人的必要。持该学说者一般认为个人没有与国家对抗的理由，国家出于公共利益的需要，完全可以征收或征用人民的财产。国家在此种情况下之所以给予受害人补偿，完全是国家体恤人民的体现，国家的补偿行为就是国家对人民的恩惠之举。

（九）社会职务说

社会职务说否认天赋人权学说，认为人人都是社会的一分子，都需要扮演一定的社会角色、担任一定的社会职务、承担一定的社会责任，国家是为了人尽其责才赋予个人相应的权利。个人享有的权利事实上是其实现社会职务的手段，所以某些社会成员的权利被侵害后，可能会妨碍其继续履行其社会职务。为了排除这种可能存在的妨碍，国家才对社会成员被侵害的权利给予补偿。

（十）危险责任说

危险责任说起源于法国，该学说也是将民事法律中的基本理论引申运用到行政法领域来解释说明国家补偿制度。在民事法律中，某民事主体为自身利益而将他人利益置于某种危险之中，该民事主体就应该对此危险给对方造成的损失承担赔偿责任。这一理论引申运用到国家补偿之中就是：国家为公共利益的需要而将个别或部分私人的合法权益置于危险之中，国家就应该对此危险给私人造成的损失承担补偿责任。

（十一）不当得利说

不当得利说认为，享受公共利益的是全体社会成员，而如果对此公共利益作出牺牲的是个别或部分社会成员，则享受公共利益的全体社会成员就从作出牺牲的个别或部分社会成员处获得了不当得利。为了公平正义，全体社会成员就应通过国家补偿的方式将这一不当得利返还给作出牺牲的是个别或部分社会成员。

以上各种理论学说对国家为什么对国家机关及其工作人员合法行使职务行为给公民、法人或其他组织的合法权益造成的损失给予补偿进行了解释说明，这些解释说明因其理论前提、研究角度和出发点等不同而差别迥异。比较上述十一种学说，有的学说已经逐渐被学者们所否认和摒弃，如恩惠说等。有的学说则被普遍认为存在片面性而对国家补偿理论基础缺乏足够的说服力，如结果责任说、社会协作说等。而在此之中，最为完善和最被认可的当属公共负担平等说，该学说在当前各个国家补偿立法实践及理论研究中都得到了充分运用和体现，已成为关于国家补偿理论基础的通说。

四、国家补偿的种类

国家补偿根据不同的标准可以进行不同的分类，对国家补偿的种类进行研究，弄清国家补偿的种类的基本内容，不仅有助于对国家补偿的一般概念的认识和理解，而且也有利于把握各类国家补偿的具体特征。关于国家补偿，较为常见和极具意义的分类主要有：

（一）立法补偿、行政补偿和司法补偿

根据造成损害的职权行为作出的机关及其性质的不同，国家补偿可分为立法补偿、行政补偿和司法补偿这三种类型。立法补偿，是指国家对合法的立法行为给公民、法人或其他组织造成的特别损害给予补偿。行政补偿，是指由于行政机关及其工作人员的合法行使职务行为给公民、法人或其他组织造成损失的，由国家对该损失承担补偿责任。司法补偿，是指国家对合法的司法行为给公民、法人或其他组织合法权益造成的损失予以补偿。在现代国家中，国家政府权力一般都分为立法、行政和司法三种，相应的国家机关也分为立法机关、行政机关、司法机关。因此，将国家承担补偿责任分为立法补偿、行政补偿和司法补偿也就顺理成章了。但是长期以来，在国家补偿的立法和实践过程中，立法补偿和司法补偿鲜有提及和发生，国家补偿最为常见的就是行政补偿，以至于在许多场合下，国家补偿与行政补偿的概念没有严格的区别，几乎是等同使用。中国当前仍旧如此。然而，随着社会的发展和制度的不断健全与完善，不少国家已逐渐将合法立法行为及合法司法行为造成的损害纳入国家补偿的范围之内。立法补偿和司法补偿已经不仅限于理论层面，正日益为国家补偿实践所关注和重视。

（二）主动补偿与依申请补偿

根据国家补偿的程序的启动方式和具体补偿程序的不同，国家补偿可分为主动补偿和依申请补偿两种类型。主动补偿，是指国家补偿义务机关依法主动对受害人所受损害实施补偿，主动补偿是国家补偿中最为常见的一种补偿类型。如《归侨侨眷权益保护法》第13条第2款规定："依法征用、拆迁归侨、侨眷私有房屋的，建设单位应当按照国家有关规定给予合理补偿和妥善安置。"依申请补偿，是指国家补偿义务机关依当事人的申请对受害人所受损害实施补偿的一种补偿类型。如国务院《水生野生动物保护实施条例》第10条规定："因保护国家重点保护的和地方重点保护的水生野生动物受到损失的，可以向当地人民政府渔业行政主管部门提出补偿要求。经调查属实并确实需要补偿的，由当地人民政府按照省、自治区、直辖市人民政府有关规定给予补偿。"主动补偿与依申请补偿主要区别有三点：一是主动补偿与依申请补偿的程序启动主体和方式不同，主动补偿的程序启动主体是国家补偿义务机关；主动补偿是国家

补偿义务机关主动启动国家补偿程序对受害人的损失予以补偿。依申请补偿的程序启动主体是申请人，一般情况下是受害人本人；依申请补偿是国家补偿义务机关应受害人的申请对受害人所受损失给予补偿。二是主动补偿与依申请补偿的具体补偿程序不同。对此，本章第三节在行政补偿的程序部分将有详细论述。三是主动补偿一般针对的是可以预见的损失，补偿一般发生在损失之前；依申请补偿一般针对的是无法预见的损失，补偿一般发生在损失之后。

（三）事先补偿与事后补偿

根据补偿与实际损失发生的时间的先后顺序的不同，国家补偿可分为事先补偿与事后补偿两种类型。事先补偿，是指在合法职权行为行使之前就知道职权行为的行使必然会给特定的私人的财产或人身造成损失，而出于公共利益的需要，该职权行为又必须实施，则国家须对私人财产或人身可以预见的损失进行事先补偿。事后补偿，是指在职权行为行使之前无法预见或难以预见是否会对私人财产或人身造成损失，而在该职权行为行使过程中又确实给特定的私人的财产或人身造成了损失，则应该对受害人进行事后补偿。事先补偿与事后补偿的不同之处主要体现在以下三个方面：一是事先补偿适用于对损失的发生可以事先预见的情形，而事后补偿适用于对损失的发生无法事先预见的情形。二是事先补偿的补偿金额与实际损失的出入比较大，而事后补偿的补偿金额与实际损失在正常情况下应该是一致的。三是事先补偿在补偿程序上一般适用主动补偿程序，由国家补偿义务机关事先主动对受害人可以预见的损失予以补偿；而事后补偿在补偿程序上一般适用依申请补偿程序，一般是受害人在损失发生之后申请国家补偿义务机关对其损失给予补偿。

（四）全部损失补偿与部分损失补偿

根据受害人从国家补偿义务机关处获得的补偿与受害人实际损失的大小关系的不同，国家补偿可分为全部损失补偿与部分损失补偿两种类型。在各国的国家补偿立法和实践过程中，对国家补偿采用的补偿标准原则不尽相同，主要有完全补偿原则、适当补偿原则、正当补偿原则等。将不同的国家补偿标准原则运用到具体的国家补偿实践中，产生的结果从总体上来看却只有两种，一种结果就是国家补偿义务机关对受害人全部损失都给予补偿，另一种结果就是国家补偿义务机关只对受害人的部分损失予以补偿。所以说，全部损失补偿就是指受害人从国家补偿义务机关处获得的补偿等于或者大于受害人实际遭受的损失，受害人的全部损失得到了补偿。部分损失补偿则是指受害人从国家补偿义务机关处获得的补偿少于实际遭受的损失，受害人仅有部分损失得到了补偿。在国家补偿中，关于国家给予受害人补偿时应该是对受害人的全部损失进行补偿还是仅就部分损失予以补偿一直存在争议，不同的补偿标准学说对此都有不同的看法和解释。我们认为，国家补偿中，全部损失补偿应为常态，部分损失补偿只有在特定的情形下才可以使用。因为只有这样，才能更好地规范约束公权力主体的公权力行为，减少国家对普通民众的侵害，从而有利普通民众的合法权益的保护。

（五）直接补偿与间接补偿

根据国家给予补偿的具体方式的不同，国家补偿可以分为直接补偿与间接补偿两种类型。

直接补偿，是指国家以金钱或实物的方式直接填补受害人所受损害的补偿方式。直接补偿的方式主要有：金钱补偿、恢复原状、返还财产、实物补偿。如我国《民法典》第 117 条规定：为了公共利益的需要，依照法律规定的权限和程序征收不动产或者动产的，应当给予公平、合理的补偿。又如我国《公路法》第 31 条规定：因建设公路影响铁路、水利、电力、邮电设施和其他设施正常使用时，公路建设单位应当事先征得有关部门的同意；因公路建设对有关设施造成损坏的，公路建设单位应当按照不低于该设施原有的技术标准予以修复，或者给予相应的经济补偿。

间接补偿是指国家以授予受害人某种特殊权利或利益的方式间接填补受害人遭受的损害的补偿方式。间接补偿的方式更为多种多样，比较常见的有：解决农转非指标、优先安排就业、减免税费、授予特利等。如《长江三峡工程建设移民条例》第 54 条规定：国家对专门为安置农村移民开发的土地和新办的企业，依法减免农业税、农业特产农业税、企业所得税。又如我国《消防法》（2021 年修正）第 50 条规定："对因参加扑救火灾或者应急救援受伤、致残或者死亡的人员，按照国家有关规定给予医疗、抚恤。"在具体的补偿过程中，直接补偿与间接补偿需要结合使用，但是应以直接补偿为主，间接补偿为辅。因为直接补偿补偿效果直接快捷，更有利于受害人合法权益的保护。

（六）财产损失补偿与人身损失补偿以及物质损失补偿与精神损失补偿

根据国家补偿针对的损失对象的不同，国家补偿一方面，可以分为财产损失补偿与人身损失补偿：财产损失补偿是指国家依法对受害人所受财产损失实施补偿，人身损失补偿则是指国家依法对受害人所受人身损失给予补偿；另一方面，可以分为物质损失补偿与精神损失补偿：物质损失补偿是指国家对受害人所受物质损失承担补偿责任，精神损失补偿则是指国家对受害人所受精神损失承担补偿责任。国家补偿制度建立以来，主要是对财产权损失和物质损失进行补偿。但是，毋庸置疑的是，受害人的人身损失和精神损失亦应得到补偿。我们应该逐步关注和重视国家补偿中的人身损失补偿和精神损失补偿。

（七）其他具体补偿种类

根据国家补偿针对的具体事项的不同，在我国现阶段，国家补偿可以分为：国家征收或征用土地的补偿；国家征收或征用私有财产的补偿；行政主体合法公务行为造成损失的补偿；基于信赖保护原则的补偿；公民主动协助执行公务损失的补偿；高度危险性工程的补偿；军事训练、军事演习造成损失的补偿；等等。

第二节　国家补偿的构成要件

国家补偿的构成要件，是指国家承担国家补偿责任所应具备的必要条件。换句话说，国家补偿的构成要件是指国家在什么情况下应当给予受害人补偿，受害人符合哪些条件才能依法要求取得国家补偿。国家补偿的构成要件是国家补偿制度中十分重要的问题，它为受害人对其所受损害能否要求国家补偿提供了基本的判断标准，是补偿义务机关处理国家补偿案件的主要依据，也是我们理解、把握国家补偿的重要理论工具。

构成要件，是"法律构成要件"的简称，是指一定法律效果发生的前提条件，分为一般构成要件和特别构成要件。通常讨论的构成要件就是"一般构成要件"或称"基本构成要件"，本节亦是如此。国家补偿的构成要件与民事侵权的构成要件、国家赔偿的构成要件有着密切的联系，对国家补偿的构成要件的研究分析应借鉴我国民法中的民事侵权构成要件理论和国家赔偿法中的国家赔偿构成要件理论。在我国民法理论中，侵权行为的构成要件，是指在构成侵权行为所必须具备的因素，只有同时具备这些因素，侵权行为才能成立。一般认为侵权行为的构成要件包括：侵权行为、损害事实、侵权行为与损害事实之间有因果关系、行为人主观过错四个方面。而根据国家赔偿法的有关规定，国家赔偿的构成要件主要有以下四项：(1) 侵权行为主体要件，侵权行为主体必须是国家机关或者其工作人员以及法律、法规授权的组织；(2) 侵权行为要件，致害行为必须是执行职务的行为且执行职务的行为必须违法；(3) 损害结果要件，国家机关及其工作人员违法行使职权侵犯了公民、法人或者其他组织的合法权益并造成了损害；(4) 侵权行为与损害结果之间具有因果关系。对照民事侵权构成要件理论和国家赔偿构成要件理论，再结合国家补偿的固有特性，本书认为，国家补偿的构成要件理应包括以下四个方面：(1) 合法行为，引起国家补偿的原因行为必须是国家机关及其工作人员的合法职权行为；(2) 具有公益目的，国家机关及其工作人员实施合法职权行为的必须具有公益目的；(3) 损失结果，国家机关及其工作人员的合法职权行为侵犯了公民、法人或者其他组织的合法权益并造成了损害；(4) 因果关系，即国家机关及其工作人员的合法职权行为的行使与受害人损失结果之间具有因果关系。

一、合法行为

国家补偿是与国家赔偿相对应的概念，两者都是对国家机关及其工作人员侵犯了公民、法人或者其他组织的合法权益造成的损害提供救济。国家机关及其工作人员违法行使职权侵犯了公民、法人或者其他组织的合法权益造成的损害，适用国家赔偿，由国家对受害人所受损害承担赔偿责任。而国家机关及其工作人员合法行使职权侵犯了公民、法人或者其他组织的合法权益造成的损害，适用国家补偿，由国家对受害人所受损害承担补偿责任。

由此可见，合法行为，即国家机关及其工作人员合法行使职权行为，是国家补偿构成的必要条件之一。这一构成要件包含有两项内容：一是引起国家补偿的原因行为必须是国家机关及其工作人员行使职权行为，非职权行为侵权造成的损害，由民事立法进行规制。二是该行使职权行为必须是合法的，国家机关及其工作人员违法行使职权行为造成的损害属于国家赔偿法讨论的范围。

当然，并非所有的国家机关及其工作人员合法行使职权行为都会引致国家补偿的产生，事实上，只有极少数的国家机关及其工作人员合法行使职权行为会导致国家承担补偿责任。因为合法行使职权行为仅是国家补偿的构成要件之一，国家补偿要成立，尚需具备其他三个要件，即具有公益目的、损失结果和因果关系。

二、具有公益目的

具有公益目的是国家补偿的构成要件之一，这在各国的国家补偿立法和实践中都已得到了普遍的认可和运用。法国 1789 年的《人权宣言》中宣布："财产是神圣不可侵犯的权利，除非当合法认定的公共需要显示必要时，且在公共预先补偿的条件下，任何人的财产不得受剥夺。"

1804年《法国民法典》第545条又规定："任何人不得被强制出让其所有权；但因公用，且受公正并事前的补偿时，不在此限。"

而1793年《普鲁士法典》第75条就已经明确个人作出牺牲的前提条件就是为了公共利益。德国《魏玛宪法》第153条第2款又规定："公用的征用，仅限于裨益于公共福利及有法律根据时，始得行之。"后1949年《德国基本法》第14条也规定："为公用的征用，只可裨益公共的福利始得行之。"此外，《日本国宪法》第29条第3款以及美国《联邦宪法第五修正案》都规定了对私人财产的征收或征用需以公用为前提。值得特别一提的是，我国《宪法》第10条第3款规定：国家为了公共利益的需要，可以依照法律规定对土地实行征收或者征用并给予补偿。第13条规定：公民的合法的私有财产不受侵犯。国家依照法律规定保护公民的私有财产权和继承权。国家为了公共利益的需要，可以依照法律规定对公民的私有财产实行征收或者征用并给予补偿。

"具有公益目的"即为"具有公共利益目的"。但是，关于如何界定"公共利益"及"是否具有公共利益目的"则一直是一个难题，也是当下争论较大的一个热点问题，理论上如此，实践中亦是如此。"公共利益"这个概念极其抽象，具有特别强的主观性，内容很不明确。单从字面上理解，"公共利益"是与"私人利益"相对应的概念，是为社会全体成员或大多数人所共同享有的利益。但这种"单纯"的解释面对纷繁复杂的具体社会现象时就缺乏足够的说服力，无法给人们作出明确的判断提供必要的标准。关于"是否具有公共利益目的"的争议，比较具有代表性的两个案例是：一个案例就是在20世纪20年代，美国要修帝国大厦，需要拆迁二三百户当地商户，遭到强烈反对。拆迁方认为其拆迁行为具有公共利益目的，当地商户应予以配合。但是被拆迁的当地商户认为，我们是小商小贩，代表的是小商贩的私人商业利益，你们盖帝国大厦，也是商业大楼，充其量是大商贩，代表的是大商贩的私人商业利益，根本就不存在公共利益目的。争吵到最后的结果是，政府认为在纽约盖一个帝国大厦，就是要把它当成纽约的标志性建筑，这就涉及纽约的形象和美国的形象，具有社会影响和国际影响，也就具有公共利益目的。另一个案例也是在美国，美国最大的制药厂辉瑞药厂要在康涅狄格州一座小镇上设一个药厂，遭当地居民反对。镇政府认为，决定在本镇设立药厂涉及公共利益，但是当地居民认为设立药厂不具有公共利益目的，药厂只是商业需要，其仅有的是辉瑞药厂的私人商业利益。争议中美国联邦最高法院奥康纳大法官出来说话了，他认为：这个镇失业现象比较严重，财政困难，设立药厂可以使很多人就业，增加镇财政收入，这也是为了当地居民的利益，所以也可以说是社会公共利益需要。①

从以上两个案例，我们不难发现，是否"具有公共利益目的"真的是特别难于确定。因此，我们认为，我们没有必要也不可能对"公共利益"及"是否具有公共利益目的"提供一个绝对的统一的判断标准，我们应该针对不同的情形作具体的分析判断，而在进行判断的过程中，以下几个因素是必须予以考察的方面：（1）是否具有合法性、合理性，若缺乏基本的合法性、合理性就不存在为公共利益的可能了；（2）是否符合社会和经济发展的管理和方向；（3）是否与国家的发展目标相一致；（4）受益对象是绝大多数还是极少数；（5）效益是大于损害还是小于损害，等等。

---

① 2007年4月22日，著名法学家江平就重庆"钉子户"拆迁事件受《经济观察报》采访时也谈到了这两个有关"公共利益"的案例。

三、损失结果

损失结果是国家承担补偿责任的构成要件之一，国家补偿制度的主要功能就是对受害人的损失进行补救，因而任何补偿责任的承担都必须以损失结果的存在为首要条件，没有损失结果的存在自然也就没有进行国家补偿的必要。

损失是指受害人的合法权益受到的不利后果。只有符合某些特性的损失才能引起国家补偿，即损失结果要成为国家补偿的构成要件，必须具备一定的特征：(1) 损失必须是现实的、确定的。任何虚构的、主观臆造的、不确定的损失都不能引起国家补偿，引起国家补偿的损失结果必须是现实发生的、确定存在的事实。当然，损失必须是现实的、确定的并不是说国家不能对受害人未来的损失进行补偿，如果受害人未来的损失是可以预见的，损失的大小也是可以评估计算的，则国家可以而且应该对此类损失进行事先补偿。(2) 损失必须是特定的。损失的特定性是指损失必须是特定的主体在特定的情形下所遭受的。一方面，损失一般为少数人所遭受的，不是一般的社会大众所遭受的；另一方面，损失是在特定的情形下产生的，一般是在法律规定的特定情形下产生的。(3) 损失必须是可以估量计算的，即损失必须是通过一定的技术方法和手段可以得到估量计算，对不可估量计算的损失进行补偿在技术上是不可能的。(4) 损失针对的是合法权益，引起补偿的损失必须是侵犯合法权益造成的损失，对非法权益的侵犯，任何情况下都没有补偿的必要，因为非法权益本身就得不到社会的承认和法律的保护，如拆除违章建筑就没有补偿的必要。

损失的形态是多种多样的，有财产损失，也有人身损失；有物质损失，也有精神损失；有直接损失，也有间接损失；等等。国家提供补偿的损失范围理应包括所有形态的损失。

四、因果关系

国家补偿的另一构成要件就是因果关系，因果关系就是指损失结果必须是国家机关及其工作人员的合法职权行为造成的，即国家机关及其工作人员合法行使职权行为与受害人的损失结果之间具有因果关系。其中，国家机关及其工作人员合法行使职权行为是原因，受害人的损失是结果。

因果关系的引起与被引起的原因结果关系，其中引起的为原因，被引起的是结果，原因一般发生在结果之前。因果关系的确认比较复杂，在国家补偿中，要把握国家机关及其工作人员合法行使职权行为与受害人的损失结果之间是否具有因果关系，要解决的一个特别重要的问题就是我们对因果关系采取什么样的态度，持何种观点。学界关于因果关系的学说主要有：(1) 条件说，该说认为，没有前因就没有后果，凡引起结果发生的条件都具有同等的价值，皆为结果发生的原因。因此，只要结果的发生与行为之间有逻辑上的联系，就为有因果关系。(2) 原因说，该说认为，引起结果发生的多个条件，并非都是原因，只有对结果的发生具有重要影响的条件才是原因，才能与结果之间构成因果关系。(3) 相当因果关系说，这一观点认为事物之间的因果关系是客观的，独立于人的意识之外的，不以人的意志为转移的。但是人们对因果关系的认识要受制于人类的知识水平。人们对事件之间的因果联系的判断只能是在现有的认知条件和信息状况下作出一个大致的判断。相当因果关系说经常使用的判断公式就是：如果没有甲行为，就不会有乙结果，如果有甲行为则通常发生乙结果。则甲、乙之间存在因果关系。比较以上三种因果关系学说，我们认为应采用第三种学说，即相当因果关系说。因此，作为国家补偿的构成要件之一的因果关系：（1）必须具有客观性。作为客观现象之间引起与被引起的关系，它是客观存在的，不以人们主观意志为转移。（2）必须具有特定性。该因果关系只能是国家机关及其工作人员合法行使职权行为与受害人的损失结果之间的引起与被引起的关系。（3）具有时间序列性。国家机关及其工作人员合法行使职权行为发生在先，受害人的损失结果发生在后，二者的时间顺序不能颠倒。（4）因果关系是有条件的。国家机关及其工作人员合法行使职权行为要能够引起受害人的损失结果必须具备一定条件。（5）该因果关系一般只是直接因果关系，特定条件下也可以包括间接因果关系。（6）该因果关系既有一因一果，也有一因多果、多因一果和多因多果等。

第三节　行政补偿

一、行政补偿的范围

行政补偿的范围，是指国家在何种情况下应给予受害人行政补偿，它是国家承担行政补偿责任的范围，也是受害人依法取得行政补偿的范围。行政补偿的范围是进行行政补偿所要解决的首要问题。遗憾的是，我国当前没有一部统一的法律、法规对行政补偿的范围进行规定，有关行政补偿的范围的规定分散于各个单行法律、法规之中，而且这些规定极不规范。所以，我们很有必要对我国现有的行政补偿的范围内容进行梳理总结和探讨分析，以求这一领域的发展和完善。

（一）行政补偿的行为范围、事项范围和权益范围

行政补偿的范围应从以下三个方面来探讨分析，即为行为范围、事项范围和权益范围。

1. 行为范围

引起行政补偿的行为为合法行政行为或以公益为目的的行政事实行为，在这一点的认识上，学界基本上不存在分歧。[①] 但是当前争议较大的就是，合法行政行为是否包括合法的抽象行政行为，即合法的抽象行政行为所引起的损失是否应该给予受害人行政补偿。本书认为，抽象行政行为有其固有的特殊性，一方面，要求对所有的合法抽象行政行为所造成的损失都给予行政补偿在当前看来不太现实；另一方面，若将所有的合法抽象行政行为所造成的损失都排除在行政补偿的范围之外则明显对受害人不公，也违背了行政补偿制度的本意。故而，正确的态度应该是，我们应该逐步将合法抽象行政行为所造成的损失纳入行政补偿的范围之内，但对于合法抽象行政行为所造成的损失进行补偿，在补偿标准、方式和程序上都应与其他补偿有别。

2. 事项范围

行政补偿的事项范围要探讨的是对哪些具体事项承担补偿责任。在行政补偿制度建立初

---

① 需要特别说明的是，也有学者对此持不同观点，如王太高所著《行政补偿制度研究》（北京大学出版社 2004 年版）中认为“（行政补偿）原因行为不包括行政事实行为”（128 页）。

期，行政补偿的事项范围比较狭窄，比如，法国主要有两个方面：公用征收补偿和公用征调补偿；在德国则分为征收补偿、准征收补偿、特别负担补偿和征收性侵害补偿等。① 但是，随着社会的不断发展和行政活动手段的日益丰富，行政补偿的事项范围也必然日益扩大。所以说，行政补偿的事项范围应处于不断发展和变动之中，因此，对其进行穷举性列举没有必要也不具可能性。

3. 权益范围

行政补偿的权益范围是指对哪些权益损失应给予补偿。当下，争议的热点问题就是：对人身权损失和精神损失是否应承担补偿责任？行政补偿制度建立以来，主要是对财产权损失和物质损失进行补偿。但是，毋庸置疑的是，合法行政行为或以公益为目的的行政事实行为可能会侵害相对人的人身权，也可能使相对人遭受精神损失。对此人身权损失和精神损失是否应给予补偿，答案应该是肯定的，但至于如何补偿确实值得我们进行探讨分析。

（二）我国当前行政补偿的范围

根据现行法律和行政补偿实践活动，我国当前行政补偿的范围主要包括：

1. 国家征收或征用土地的补偿

我国的土地分为国家所有和集体所有。国家为公共利益需要，可以依法将属于集体所有的土地征收为国有或依法定程序强制征用集体土地，但应给予集体组织一定的补偿。如《宪法》第 10 条第 3 款规定：国家为了公共利益的需要，可以依照法律规定对土地实行征收或者征用并给予补偿。《土地管理法》（2019 年修正）第 2 条第 4 款规定：国家为了公共利益的需要，可以依法对土地实行征收或者征用并给予补偿。《民法典》第 117 条规定：为了公共利益的需要，依照法律规定的权限和程序征收、征用不动产或者动产的，应当给予公平、合理的补偿。

2. 国家征收或征用私有财产的补偿

公民的合法私有财产受法律保护，不受任何非法侵害。只有财产的所有权人才能对其财产行使占有、使用、收益和处分的权利。但是国家基于公共利益的需要，仍旧可以对公民的私有财产实行征收或者征用，但是必须给予补偿。如《宪法》第 13 条规定：公民的合法的私有财产不受侵犯。国家依照法律规定保护公民的私有财产权和继承权。国家为了公共利益的需要，可以依照法律规定对公民的私有财产实行征收或者征用并给予补偿。《民法典》第 245 条规定：因抢险、救灾、疫情防控等紧急需要，依照法律规定的权限和程序可以征用组织、个人的不动产或者动产。被征用的不动产或者动产使用后，应当返还被征用人。组织、个人的不动产或者动产被征用或者征用后毁损、灭失的，应当给予补偿。

国家征收或征用私有财产主要有两种情况：第一种是在正常情况下，国家出于发展等需要，征收或征用私有财产并给予补偿。如政府因国家建设、城市改造等的需要，可对现存建设用地上的房屋进行拆除并对房屋的所有人或使用人进行安置且给予一定经济补偿。《城市房地产管理法》（2019 年修正）第 6 条规定：为了公共利益的需要，国家可以征收国有土地上单位和个人的房屋，并依法给予拆迁补偿，维护被征收人的合法权益；征收个人住宅的，还应当保障被征收人的居住条件。具体办法由国务院规定。国务院《国有土地上房屋征收与补偿条例》第 2 条规定：为了公共利益的需要，征收国有土地上单位、个人的房屋，应当对被征收房屋所

---

① 青锋，张水海．大陆行政补偿制度的历史、现状与发展趋势，论文网 http：//www. thesis. cn.

有权人给予公平补偿。第二种是在非正常情况下，国家出于安全等需要，征收或征用私有财产并给予补偿。如国家进入紧急状态或出现重大灾情、疫情，为确保国家安全和公共利益等需要而依法强制取得或使用私有财产并给予补偿。《戒严法》第17条规定：根据执行戒严任务的需要，戒严地区的县级以上人民政府可以临时征用国家机关、企业事业组织、社会团体以及公民个人的房屋、场所、设施、运输工具、工程机械等。在非常紧急的情况下，执行戒严任务的人民警察、人民武装警察、人民解放军的现场指挥员可以直接决定临时征用，地方人民政府应当给予协助。实施征用应当开具征用单据。前款规定的临时征用物，在使用完毕或者戒严解除后应当及时归还；因征用造成损坏的，由县级以上人民政府按照国家有关规定给予相应补偿。国务院《重大动物疫情应急条例》第33条规定：国家对疫区、受威胁区内易感染的动物免费实施紧急免疫接种；对因采取扑杀、销毁等措施给当事人造成的已经证实的损失，给予合理补偿。紧急免疫接种和补偿所需费用，由中央财政和地方财政分担。

3. 行政主体合法公务行为造成损失的补偿

行政机关及其工作人员在执行公务过程中，虽无任何违法行为，但也可能对相对人或他人合法权益造成损害，对此，国家应承担相应的补偿责任。比较常见的有，公安警察在执行公务过程使用枪械可能伤及他人。如《人民警察使用警械和武器条例》第15条规定：人民警察依法使用警械、武器，造成无辜人员伤亡或者财产损失的，由该人民警察所属机关参照《国家赔偿法》的有关规定给予补偿。

4. 基于信赖保护原则的补偿

信赖保护原则，是指当行政相对人对行政行为形成值得保护的信赖时，行政主体不得随意撤销或者废止该行为，否则，必须合理补偿相对人信赖该行为有效存续而获得的利益。信赖保护原则发端于德国，源于法律安定性原则和民法中的诚信原则。信赖保护原则日益重要，已成为行政法基本原则之一，在信赖保护原则之下，行政行为合法成立生效后，行政机关不得擅自变更或废止，只有在该行为所依据的法律、法规、规章被修改或废止，或者该行政行为所依据的客观情况发生重大变化，为公共利益需要，有权机关才可依法定程序变更或废止该行政行为。而该行政行为变更或废止给相对人带来的损失行政机关应予补偿。如《行政许可法》（2019年修正）第8条规定：公民、法人或者其他组织依法取得的行政许可受法律保护，行政机关不得擅自改变已经生效的行政许可。行政许可所依据的法律、法规、规章修改或者废止，或者准予行政许可所依据的客观情况发生重大变化的，为了公共利益的需要，行政机关可以依法变更或者撤回已经生效的行政许可。由此给公民、法人或者其他组织造成财产损失的，行政机关应当依法给予补偿。

5. 公民主动协助执行公务损失的补偿

公民主动协助执行公务是值得提倡和鼓励的行为，其有利于社会的健康发展和中华传统美德的弘扬。但是，公民在主动协助执行公务过程中，也可能使自己的财产或人身遭受一定的损害，对于此类损失，理应由国家承担补偿责任。我们知道，类似行为在民法中被定义为“好意施惠行为”并确定了由受益人负补偿责任原则，故对应而言，行政法中对因此类行为所遭受的损害确立行政补偿责任很有必要。如《人民警察法》第34条第2款规定：公民和组织因协助人民警察执行职务，造成人身伤亡或者财产损失的，应当按照国家有关规定给予抚恤或者补偿。

6. 高度危险性工程的补偿

国家为了公共利益需要，经常组织实施高度危险性工程及相关活动，此类工程和活动特别容易致使一定区域内的公民、法人和其他组织的合法权益遭受重大损失，如核电站的修建运行，高度危险化学物品的生产、运输和储存等。对于因国家组织实施的高度危险性工程及相关活动造成的损失，国家无疑应承担补偿责任。

7. 军事训练、军事演习造成损失的补偿

国家为了国防安全等公共利益，必然要进行军事训练、军事演习，有时甚至是实弹演习，军事训练、军事演习组织方应尽可能采取措施使其训练、演习不干扰普通民众的正常生活，但是部队进行军事训练、军事演习也经常会不可避免地导致相应区域内部分个人、组织的财产损失，甚至人身伤害。对于此类损失，国家应承担补偿责任。

当然，需要说明的是，上述列举的只是当前存在的极其重要和极具代表性的行政补偿类型，其并未穷尽行政补偿的范围。

二、行政补偿的方式

行政补偿的方式，是指国家承担行政补偿责任的具体形式，由于损害的性质、情节及程度不同，国家承担行政补偿责任的具体形式也不尽相同。而行政补偿采取何种方式，直接影响到行政补偿的质量、效果，影响到受害人的权益的保护，因而需要合理设计安排。

（一）行政补偿方式的分类

从各国行政补偿的立法和实践情况来看，行政补偿的方式主要有直接补偿和间接补偿两种补偿方式。直接补偿，是指以金钱或实物的方式直接填补受害人所受损害的行政补偿方式。这种补偿方式的优点在于补偿效果直接、快捷，补偿义务机关的给付行为一次完成，无须借助受害人的行为即可完成补偿。间接补偿，是指以授予受害人某种特殊权利或利益的方式间接填补受害人遭受的损害的行政补偿方式。这种补偿方式在补偿效果上是间接的，补偿需要受害人作出相应行为才能实现补偿效果，所以补偿的整个过程相对较长。

1. 直接补偿

直接补偿的方式主要有：金钱补偿、恢复原状、返还财产、实物补偿。

（1）金钱补偿。金钱补偿，是指补偿义务机关以货币形式支付补偿金，补偿受害人所受损害的一种补偿方式。补偿金一般为本国货币。金钱补偿是行政补偿中最为常见的补偿方式，采取金钱补偿方式的优点在于：第一，金钱补偿简单、直接、快速，有利于补偿义务机关作出补偿，也有利于受害人的损害得到及时补偿。第二，金钱补偿适用性强，无论是财产权损害还是人身权损害，也不管是物质损害还是精神损害，都可以采用金钱补偿的方式予以补偿，这是其他任何补偿方式所无法做到的。第三，金钱补偿可操作性强，便于执行实施。常采用金钱补偿方式对受害人的损害进行补偿的情形主要有：1）对损害进行恢复原状在事实上已不具可能，只能采取金钱补偿的方式进行补偿，如对受害人的精神损害的补偿等。2）恢复原状虽有可能，但是恢复原状的代价太大或无法达到预期的效果，应采取金钱补偿的方式进行补偿。3）恢复原状完全可能，但是法律没有强制规定必须采取恢复原状的补偿方式，而且受害人也不愿意采用恢复原状的方式，则可以采取金钱补偿的方式进行补偿。

（2）恢复原状。恢复原状，是指补偿义务机关对受害人所受损害的财产进行修复，使其恢复到受损害之前的状态的一种补偿方式。恢复原状是行政补偿中比较常见的补充方式之一，采用恢复原状的补偿方式的优点在于可使对受害人的保护更为周全。但是采用恢复原状的补偿方式需要满足一定的条件：第一，受害人所受损害在事实上存在恢复的可能。第二，对受害人所受损害进行恢复原状的难度不大、代价不高，比金钱补偿更经济可行。第三，对受害人所受损害进行恢复原状不妨碍公务的执行。

（3）返还财产。返还财产，是指补偿义务机关将取得的财产返还给受害人的一种补偿方式。返还财产一般是指返还原物，且一般是特定物。返还财产也是行政补偿中比较常见的补充方式之一，返还财产补偿方式的最大优点就是能使受害人所受的损害完全恢复到受害之前。采用返还财产的补偿方式也需要具备一定的条件：第一，原物存在且完好，原物不存在就没有返还财产的可能，若原物存在但是已受毁损，能够修复的，应该先对原物进行恢复原状在将原物返还，如果修复不具可能，则不宜采取返还财产的补偿方式。第二，进行返还财产比金钱补偿更便捷、经济。第三，返还财产不影响公务的执行。

（4）实物补偿。实物补偿，是指补偿义务机关给予受害人同等条件或者性能的实物以弥补受害人损失的一种补偿方式。实物补偿方式的采用在特定的情形下很有必要，比其他补偿方式更有效。因为国家采取征收、征用或其他方式取得相对人的财产中，有些财产可能就是相对人的生活生存必需品。对于相对人此类财产损失，若及时返还财产、恢复原状不具可能，就宜进行实物补偿。因为只有这样才能保障受害人的基本生活不受破坏，生存不受威胁。实物补偿方式在现实生活中运用的最多的就是城市房屋拆迁中进行的房屋安置。

2. 间接补偿

间接补偿的方式更为多种多样，比较常见的有：

（1）特殊政策优惠，如解决农转非指标、优先安排就业、减免税费等。

（2）授予受害人某种能给其带来特定利益的特许权利。

（3）特别照顾，如在晋级晋职、休假休养、增加工资等方面给予特别照顾。

（二）我国行政补偿中采取的补偿方式

我国行政补偿立法和实践中采取的补偿方式主要有：

1. 直接补偿方面

（1）金钱补偿。如《民法典》第117条规定：为了公共利益的需要，依照法律规定的权限和程序征收或征用不动产或动产的，应当给予公平、合理的补偿。《土地管理法》（2019年修正）第48条第2款规定：征收土地应当依法及时足额支付土地补偿费、安置补助费以及农村村民住宅、其他地上附着物和青苗等的补偿费用，并安排被征地农民的社会保障费用。

（2）恢复原状。如《公路法》第31条规定：因建设公路影响铁路、水利、电力、邮电设施和其他设施正常使用时，公路建设单位应当事先征得有关部门的同意；因公路建设对有关设施造成损坏的，公路建设单位应当按照不低于该设施原有的技术标准予以修复，或者给予相应的经济补偿。该法第44条规定：任何单位和个人不得擅自占用、挖掘公路。因修建铁路、机场、电站、通信设施、水利工程和进行其他建设工程需要占用、挖掘公路或者使公路改线的，建设单位应当事先征得有关交通主管部门的同意；影响交通安全的，还须征得有关公安机关的同意。占用、挖掘公路或者使公路改线的，建设单位应当按照不低于该段公路原有的技术标准予以修复、改建或者给予相应的经济补偿。

（3）返还财产。如《防洪法》第45条规定：在紧急防汛期，防汛指挥机构根据防汛抗洪的需要，有权在其管辖范围内调用物资、设备、交通运输工具和人力，决定采取取土占地、砍伐林木、清除阻水障碍物和其他必要的紧急措施；必要时，公安、交通等有关部门按照防汛指挥机构的决定，依法实施陆地和水面交通管制。依照前款规定调用的物资、设备、交通运输工具等，在汛期结束后应当及时归还；造成损坏或者无法归还的，按照国务院有关规定给予适当补偿或者作其他处理。取土占地、砍伐林木的，在汛期结束后依法向有关部门补办手续；有关地方人民政府对取土后的土地组织复垦，对砍伐的林木组织补种。

（4）实物补偿。如《城市房地产管理法》第6条规定：为了公共利益的需要，国家可以征收国有土地上单位和个人的房屋，并依法给予拆迁补偿，维护被征收人的合法权益；征收个人住宅的，还应当保障被征收人的居住条件。具体办法由国务院规定。《国有土地上房屋征收与补偿条例》第2条规定：为了公共利益的需要，征收国有土地上单位、个人的房屋，应当对被征收房屋所有权人给予公平补偿。又如《煤炭法》第18条第1款规定：煤矿建设使用土地，应当依照有关法律、行政法规的规定办理。征用土地的，应当依法支付土地补偿费和安置补偿费，做好迁移居民的安置工作。

2. 间接补偿方面

（1）解决农转非指标。如《长江三峡工程建设移民条例》第12条规定：因三峡工程建设和移民迁建，土地被全部征收并安置在第二产业、第三产业或者自谋职业的农村移民，经本人同意，由有关县、区人民政府批准，可以转为非农业户口。

（2）优先安排就业。如《长江三峡工程建设移民条例》第53条规定：国家在三峡库区和三峡工程受益地区安排的建设项目，应当优先吸收符合条件的移民就业。

（3）减免税费。如《长江三峡工程建设移民条例》第54条规定：国家对专门为安置农村移民开发的土地和新办的企业，依法减免农业税、农业特产农业税、企业所得税。

（4）给予医疗、抚恤。如《人民警察法》第34条第2款规定：公民和组织因协助人民警察执行职务，造成人身伤亡或者财产损失的，应当按照国家有关规定给予抚恤或者补偿。《消防法》第50条规定：对因参加扑救火灾或者应急求援受伤、致残或者死亡的人员，按照国家有关规定给予医疗、抚恤。

（5）国家项目资金照顾。如《长江三峡工程建设移民条例》第51条规定：国务院有关部门和湖北省、重庆市人民政府及其有关部门在安排建设项目、分配资金时，对三峡库区有关县、区应当优先照顾。

总结以上行政补偿方式，我们发现，我国行政补偿立法和实践中的行政补偿方式纷繁复杂、多种多样。许多具体补偿方式极具特色，但是也有些补偿方式正逐渐退出历史舞台，没有存在的意义，还有的立法中对行政补偿的方式的规定过于笼统、不具体，缺乏可操作性，需要改进。值得注意的是，我们在具体设计安排对某项损害事项进行行政补偿的方式时，一定要把握以下两个原则：第一，行政补偿方式应以直接补偿为主，间接补偿为辅，以金钱补偿方式为主，其他补偿方式为辅。第二，针对不同的损害性质、情节及程度，在行政补偿方式的采用上应该灵活、务实，可以多元化、多样化，补偿方式可以多种多样，也可以多种方式结合使用。

三、行政补偿的标准

行政补偿标准，是指行政补偿义务机关给予受害人行政补偿的准则和尺度，行政补偿标准的高低直接决定着受害人的救济程度以及行政补偿制度的实施效果。

（一）有关行政补偿标准的学说

总结国内外行政补偿立法实践状况和理论研究成果，有关行政补偿标准的学说可归纳为以下几种：

1. 完全补偿说

持此种观点的学者认为，行政补偿中，对受害人所受损失应进行客观计算并按其金额进行补偿，补偿的效果要使受害人在受补偿后与其受损害前处于同一状态。即为“补偿必须将不平等还原为平等，即对于所产生的损失的全部进行补偿”①。完全补偿说为19世纪的德国所使用。

2. 适当补偿说

该学说认为，补充不一定要求全额补偿，在许多情况下，要求使得受害人在受补偿后与其受损害前处于同一状态在事实上是不具可能性的。对受害人所受损失的补偿，应该充分考虑衡量受害人所受损失的实际情况、侵犯受害人权益的公共需要程度以及国家财政的支付能力等方面因素来进行确定并给予受害人适当的补偿即可。适当补偿原则为德国《魏玛宪法》所首创，日本的实务界亦多采用之。

3. 正当补偿说

正当补偿说，又称公正补偿说或公平补偿说。该学说正日益成为行政补偿标准的通说，正当补偿说是从完全补偿说和适当补偿说等学说中发展而来，事实上是对各种学说的概括总结和继承发展，完全补偿说侧重于保护受害人利益，适当补偿说则侧重于保护社会公共利益，而正当补偿是在受害人利益与社会公共利益之间进行衡量后的作出的判断。在正当补偿原则下，对受害人的补偿应该根据不同的情形，可给予受害人完全补偿，或适当补偿、相应补偿、合理补偿，但是补偿必须客观、公正、正当。日本的田中二郎博士认为：何为正当的补偿，必须考虑承认具体的权利侵害的法律目的以及侵害行为的形态，以及受侵害利益的性质及程度，依照当时可以予以补偿的社会一般观念，从社会性正义的视角出发，来判断、决定是否在客观上是公正、合理的。②

除以上三种学说之外，常见的还有相应补偿说、合理补偿说。但是，事实上相应补偿说、合理补偿说与适当补偿说在本质上没有区别，它们的对应学说均为完全补偿说，相应补偿说、合理补偿说与适当补偿说三者只是在侧重点和关注问题的角度上有所区别而已。

（二）国外行政补偿标准立法及实践情况

考察各主要国家行政补偿标准立法及实践情况，我们发现，国外行政补偿标准主要来自于宪法和有关征收法律的规定，经过不断的总结发展，各主要国家在行政补偿标准上基本上都确

---

① 桥本公直．宪法上的补偿和政策上的补偿//成田赖明编．行政法的争点．东京：有斐阁，1980：177．转引自杨建顺．日本行政法通论．北京：中国法制出版社，1998：605.

② 田中二郎．新版行政法．上卷（全订第二版）．东京：弘文堂，1976：217．转引自杨建顺．日本行政法通论．北京：中国法制出版社，1998：607.

立了正当补偿原则。

在德国，行政补偿标准经历了从完全补偿到适当补偿，再到正当补偿的演变。19 世纪的德国所采用的是完全补偿原则，德国《魏玛宪法》又首创了适当补偿原则，《魏玛宪法》第 153 条第 2 款规定："公用的征用，仅限于裨益于公共福利及有法律根据时，始得行之。为公用的征用，除联邦国家有特别规定外，应予以适当补偿。有关补偿的金额，如发生争议，除联邦法律有特别规定外，可向通常法院提起诉讼。"1949 年《德国基本法》则确立了正当补偿原则，该法第 14 条第 3 款规定：为公用的征用，只可裨益公共的福利始得行之。为公用的征用，仅限于依据规定补偿的方法和程度的法律，或只有依照法律上的根据始得实行。对补偿的规定必须公正地衡量公共以及关系人的利益。有关补偿金额，如发生争议，可向通常法院提起诉讼。

在行政法母国法国，也将行政补偿标准原则确立为正当补偿原则。法国《公用征收法典》第一部分第一编规定"补偿金额必须包括产生的全部直接的、物质的和确定的损失在内"。《法国民法典》第 545 条规定："任何人不得被强制转让其所有权，但因公用并在事前受公正补偿时，不在此限。"

在日本，宪法上规定征收补偿的标准是正当补偿，《日本国宪法》第 29 条第 3 款规定：因公用征收及公用限制对私人造成财产上的特别损失时，必须予以正当补偿，不允许国家或者公共团体不予补偿而收取私人的财产或者对私人的财产实行限制。

在美国，《联邦宪法第五修正案》规定：任何人不得非经由法律正当程序即被剥夺生命、自由和财产；私有财产不得未获公正补偿即遭占取。

（三）我国行政补偿标准

我国当前立法中行政补偿标准的规定较为混乱，宪法中没有确立行政补偿标准的基本原则，而各单行法律的规定则千差万别，过于随意。总结、梳理我国现行法律中关于政补偿标准的规定，具体有以下几种情况：

1. 未对补偿标准进行具体规定的

如《宪法》第 10 条第 3 款规定：国家为了公共利益的需要，可以依照法律规定对土地实行征收或者征用并给予补偿。《宪法》第 13 条规定：公民的合法的私有财产不受侵犯。国家依照法律规定保护公民的私有财产权和继承权。国家为了公共利益的需要，可以依照法律规定对公民的私有财产实行征收或者征用并给予补偿。《防洪法》第 7 条第 3 款规定：各级人民政府应当对蓄滞洪区予以扶持；蓄滞洪后，应当依照国家规定予以补偿或者救助。《野生动物保护法》第 14 条规定：因保护国家和地方重点保护野生动物，造成农作物或者其他损失的，由当地政府给予补偿。补偿办法由省、自治区、直辖市政府制定。

2. 规定"给予一定的补偿"的

如国务院农业部等《乡镇企业负担监督管理办法》第 17 条规定：在发生严重自然灾害、重大事故等紧急情况时，当地人民政府为抢险救灾向乡镇企业征用人力、财力、物力的，应依法给予一定的经济补偿。法律法规另有规定的，从其规定。

3. 规定"给予适当补偿"的

如《国防法》(2020 年修订）第 48 条规定：国家根据动员需要，可以依法征用组织和个人的设备设施、交通工具、场所和其他物资。县级以上人民政府对被征收征用者因征收征用所造成的直接经济损失，按照国家有关规定给予公平、合理的补偿。国务院《关于加强和改善文物工作的通知》第 2 条中规定：尽量减轻由于保护遗址给当地群众生产、生活造成的负担，必要时采取适当方式给予补偿……

4. 规定“给予合理补偿”的

如《归侨侨眷权益保护法》第 13 条规定：国家依法保护归侨、侨眷在国内私有房屋的所有权。依法征用、拆迁归侨、侨眷私有房屋的，建设单位应当按照国家有关规定给予合理补偿和妥善安置。《建制镇规划建设管理办法》第 32 条规定建制镇规划区内的房屋因建制镇建设需要征用拆迁时，建设单位应当给予房屋所有人合理补偿，并对房屋使用人予以妥善安置。《电力供应与使用条例》（2019 年修订）第 16 条规定：供电企业和用户对供电设施、受电设施进行建设和维护时，作业区域内的有关单位和个人应当给予协助，提供方便；因作业对建筑物或者农作物造成损坏的，应当依照有关法律、行政法规的规定负责修复或者给予合理的补偿。

5. 规定“给予相应补偿”的

如《农村土地承包法》（2018 年修正）第 17 条第 4 项规定：承包地被依法征收、征用、占用的，有权依法获得相应的补偿。《戒严法》第 17 条规定：根据执行戒严任务的需要，戒严地区的县级以上人民政府可以临时征用国家机关、企业事业组织、社会团体以及公民个人的房屋、场所、设施、运输工具、工程机械等。在非常紧急的情况下，执行戒严任务的人民警察、人民武装警察、人民解放军的现场指挥员可以直接决定临时征用，地方人民政府应当给予协助。实施征用应当开具征用单据。前款规定的临时征用物，在使用完毕或者戒严解除后应当及时归还；因征用造成损坏的，由县级以上人民政府按照国家有关规定给予相应补偿。

6. 规定“按现值补偿”的

如国务院水利部等《占用农业灌溉水源、灌排工程设施补偿办法》第 9 条规定：由国家财政投资建设的项目，需占用农业灌溉水源、灌排工程设施的，按照水利工程的现值，由占用单位负责补偿。

7. 规定“按损害程度补偿”的

《公路法》第 45 条规定：跨越、穿越公路修建桥梁、渡槽或者架设、埋设管线等设施的，以及在公路用地范围内架设、埋设管线、电缆等设施的，应当事先经有关交通主管部门同意，影响交通安全的，还须征得有关公安机关的同意；所修建、架设或者埋设的设施应当符合公路工程技术标准的要求。对公路造成损坏的，应当按照损坏程度给予补偿。

8. 规定了补偿具体计算标准的

《土地管理法》（2019 年修订）第 48 条规定：征收土地应当及时足额支付土地补偿费、安置补助费以及农村村民住宅、其他地上附着物和青苗等的补偿费用，并安排被征地农民的社会保障费用。

在这种缺乏行政补偿标准基本原则的行政补偿体系下，我国行政补偿实践中对行政补偿标准的把握可谓是五花八门，行政补偿义务机关的补偿缺乏统一标准。行政补偿标准规定和执行方面的不足，影响到我国的行政补偿制度在现实生活中价值和意义。当前存在的主要问题有：第一，行政补偿立法中缺乏对行政补偿标准原则的规定，特别是《宪法》中没有明确行政补偿标准及其原则，因而各单行法中对行政补偿标准也就没有一个统一遵循的标准原则，所以整个行政补偿标准比较混乱。第二，行政补偿义务机关执行行政补偿标准时随意性过大，在损害基本相同的情形下经常会出现差额悬殊的补偿金额。第三，补偿标准普遍过低，难以弥补受害人的损失，有时甚至使得受害人的基本生活陷入困境。

因此，要改变当前行政补偿标准存在的问题，首要问题就是要确立我国的原则，应该在宪法中确立行政补偿标准的正当补偿原则，并在此基础上清理我国行政补偿立法中关于行政补偿标准的相应规定。

四、行政补偿的程序

行政补偿的程序，是指行政补偿的实行步骤、方式、顺序、手续和时限的总称。其既是补偿义务机关提供、给予补偿时必须遵循的步骤、方式、顺序、手续和时限，也是被补偿人接受、取得补偿所应当遵循的步骤、方式、顺序、手续和时限。行政补偿作为一种公权力行为，其作出的整个过程必须遵守法律规定的程序。只有这样，才能够规范约束行政补偿义务机关的补偿行为，以确保行政补偿的依法有效进行，从而保障被补偿人合法权益，以实现行政补偿制度的目的和价值。

行政补偿程序包括行政补偿的行政程序和行政补偿的救济程序。补偿义务机关与被补偿人在进行行政补偿过程中首先应当遵循政补偿的行政程序，按法律规定的行政程序来处理行政补偿事项、进行行政补偿活动。在行政补偿的行政程序过程中或结束后，行政补偿的被补偿人认为自己的实体权利或者程序权利被非法侵犯的，可以启动行政补偿的救济程序来保护自己的合法权益。因此可见，行政补偿的行政程序和行政补偿的救济程序的关系是：行政程序是救济程序的必经的前置程序，而救济程序不是行政补偿的必经程序。

（一）行政补偿的行政程序

由于引起行政补偿的原因的多样性，针对不同类型的行政补偿，行政补偿的行政程序也会有较大的区别。因此，我们有必要对行政补偿的行政程序进行分类，主要有两种分类方法：一种是将行政补偿的行政程序分为事先补偿程序与事后补偿程序，另一种则是将行政补偿的行政程序分为主动补偿程序和依申请补偿程序。

1. 事先补偿程序与事后补偿程序

国家机关及其工作人员合法行使职权可能给私人财产或人身造成一定的损失，而这之中有的是可以预见的，有的则是不可预见的。当职权行为合法行使之前就知道职权行为的行使必然会给特定的私人的财产或人身造成损失，而出于公共利益的需要，该职权行为又必须实施，则国家须对私人财产或人身可以预见的损失进行事先补偿，否则该职权行为不得实施。此类情况多出现在公用征用方面。但是另外一些职权行为，在该职权行为行使之前无法预见或难于预见是否会对私人财产或人身造成损失，而在该职权行为行使过程中又确实给特定的私人的财产或人身造成了损失，则应该对受害人进行事后补偿。如公安警察在执行公务的过程中使用枪械误伤他人就适用事后补偿程序。

2. 主动补偿程序和依申请补偿程序

（1）主动补偿程序。

行政补偿中，行政补偿义务机关依法主对对受害人所受损害实施补偿是进行行政补偿最常见的一种方式。行政补偿的主动补偿程序主要有以下几个步骤：

1）发出补偿通知。补偿通知应告知受害人有关补偿的事由、补偿的依据、补偿的范围、补偿的方式、补偿的金额及具体计算标准和方法等。此外，补偿通知还应告知受害人在行政补偿过程中可以享有的具体权利及行使方式、时限等。

2）协商。行政补偿义务机关与受害人在补偿通知的基础上对行政补偿具体事宜进行平等协商，主要是行政补偿义务机关听取受害人的意见及建议，答复受害人提出的意见及建议，向受害人解释说明行政补偿的各项法律制度规定等。这其中在特定情况下可能对补偿所涉及标的进行委托评估。

3）与受害人达成协议或行政补偿义务机关单方面作出决定。在协商之后，行政补偿义务机关应与受害人就行政补偿事宜达成补偿协议，若双方无法达成补偿协议，则行政补偿义务机关可根据法律的规定及补偿通知的内容等就补偿单方面作出决定。

（2）依申请补偿程序。

有些行政补偿，特别是许多事后进行补偿的，须依当事人的申请才得以进行。依申请补偿的申请人必须是合法权益遭受损害的公民、法人或其他组织，若作为申请人的公民死亡则可由其继承人或其他近亲属行使申请权利，作为申请人的法人或其他组织终止则由其继受主体行使申请权。依申请补偿的基本程序为：

1）受害人提出补偿申请，一般应采取书面形式，申请书须写明申请补偿的事实经过、具体的补偿要求及理由依据等。

2）受理，受害人提出补偿申请后，被申请机关在对申请人的申请进行初步审查（主要是对申请书进行形式审查）后作出受理与否的决定。

3）审查和调查，被申请机关受理后，应该对申请人申请中的申请事实、补偿要求及理由依据等作必要的审查和调查，在此之后作出初步的补偿意见。

4）协商，被申请机关在审查和调查所掌握的信息的基础上就受害人补偿申请与受害人进行平等协商。对双方有重大分歧且涉及专业技术的事项，一般要进行委托评估。

5）与申请人达成协议或被申请机关单方面作出决定。协商后，要么申请人与被申请机关就申请补偿事宜达成补偿协议，要么由申请机关就申请人的补偿申请单方面作出决定，该决定可能是不予补偿，也可能是给予与申请人申请要求不同的补偿。

（二）行政补偿的救济程序

行政补偿的救济程序的启动，是因为受害人对行政补偿义务机关作出的补偿决定不服，认为行政补偿义务机关的补偿决定侵犯了自己的合法实体权利或程序权利。行政补偿的救济程序又有行政救济程序和司法救济程序。行政补偿的行政救济程序主要有裁决和复议，行政补偿的司法救济程序则为诉讼。

1. 裁决

行政补偿过程中，如果受害人和行政补偿义务机关经过一系列协商后就补偿相关事宜无法达成一致，或者存在其他重大分歧，则可依法申请有权机关进行裁决。对裁决不服的，还可以提起行政诉讼。如《国有土地上房屋征收与补偿条例》第26条规定："房屋征收部门与被征收人在征收补偿方案确定的签约期限内达不成补偿协议，或者被征收房屋所有权人不明确的，由房屋征收部门报请作出房屋征收决定的市、县级人民政府依照本条例的规定，按照征收补偿方案作出补偿决定，并在房屋征收范围内予以公告。补偿决定应当公平，包括本条例第二十五条第一款规定的有关补偿协议的事项。被征收人对补偿决定不服的，可以依法申请行政复议，也可以依法提起行政诉讼。"

2. 复议

行政补偿立法中，鲜有提及对行政补偿不服可以申请行政复议，但是依据《行政复议法》和国务院《行政复议法实施条例》的有关规定和精神，结合行政补偿的固有特性，对行政补偿不服的可以依法提请行政复议。

3. 诉讼

诉讼是所有纠纷的最终救济途径，行政补偿也不例外。对行政补偿不服，一般情况下可以直接提起诉讼，当然，受害人也可以先寻求其他救济手段，在得不到满意结果后再提起诉讼。但是，特定情况下，法律规定行政补偿争议产生之后，必须先经过裁决等才能进入诉讼程序。

（三）国外行政补偿程序的发展情况

国外对行政补偿程序进行规定比较具体和完善的是法国和日本。

法国公用征收立法中规定了严格的公用征收程序。该程序分为两个阶段，即行政阶段和司法阶段。其中，行政阶段需要解决两个问题：一是审批公用征收的目的，二是确定可以转让的不动产。该阶段又包含四个程序：事先调查、批准公用目的、具体位置调查和可以转让决定。这四个程序完成之后就进入司法阶段，司法阶段由专门的公用征收法庭管辖受理，司法阶段又有两个独立的程序：移转所有权的裁判程序和确定补偿金程序，其中后者的具体程序为：确定补偿权利人、协商补偿金额、法庭审理、判决，不服第一审判决可以上诉，付清补偿金和取得占有。①

日本的公用收用程序为：（1）事业准备；（2）事业认定；（3）调查报告的制作；（4）收用委员会的裁决；（5）不服申诉或诉讼，如对收用委员会的裁决（与损失补偿有关的除外）不服，可以提出不服申诉，对补偿不服可提出诉讼。②

（四）我国行政补偿程序的发展情况

我国立法和实践中长期以来就是重实体、轻程序。行政补偿程序更是未受到应有的关注和重视，大多数行政补偿立法中对行政补偿程序没有作任何规定，只有极少数涉及行政补偿程序方面的规定。对行政补偿程序作出规定的立法主要有：

一是规定主动补偿程序的。如《归侨侨眷权益保护法》第 13 条第 2 款规定：依法征用、拆迁归侨、侨眷私有房屋的，建设单位应当按照国家有关规定给予合理补偿和妥善安置。

二是规定依申请补偿程序的。如《水生野生动物保护实施条例》第 10 条规定：因保护国家重点保护的和地方重点保护的水生野生动物受到损失的，可以向当地人民政府渔业行政主管部门提出补偿要求。经调查属实并确实需要补偿的，由当地人民政府按照省、自治区、直辖市人民政府有关规定给予补偿。

三是规定行政补偿的救济程序的。如《国有土地上房屋征收与补偿条例》第 26 条规定："房屋征收部门与被征收人在征收补偿方案确定的签约期限内达不成补偿协议，或者被征收房屋所有权人不明确的，由房屋征收部门报请作出房屋征收决定的市、县级人民政府依照本条例的规定，按照征收补偿方案作出补偿决定，并在房屋征收范围内予以公告。补偿决定应当公平，包括本条例第二十五条第一款规定的有关补偿协议的事项。被征收人对补偿决定不服的，可以依法申请行政复议，也可以依法提起行政诉讼。"

四是对行政补偿的行政程序和救济程序都规定得比较详细的。如《土地管理法实施条例》（2021 年修订）第 31 条规定：征收土地申请经依法批准后，县级以上地方人民政府应当自收到

---

① 王名扬．法国行政法．北京：中国政法大学出版社，1989：374-396.

② 杨建顺．日本行政法通论．北京：中国法制出版社，1998：471-474.

批准文件之日起15个工作日内在拟征收土地所在的乡（镇）和村、村民小组范围内发布征收土地公告，公布征收范围、征收时间等具体工作安排，对个别未达成征地补偿安置协议的应当作出征地补偿安置决定，并依法组织实施。省、自治区、直辖市应当制定公布区片综合地价，确定征收农用地的土地补偿费、安置补助费标准，并制定土地补偿费、安置补助费分配办法。地上附着物和青苗等的补偿费用，归其所有权人所有。社会保障费用主要用于符合条件的被征地农民的养老保险等社会保险缴费补贴，按照省、自治区、直辖市的规定单独列支。申请征收土地的县级以上地方人民政府应当及时落实土地补偿费、安置补助费、农村村民住宅以及其他地上附着物和青苗等的补偿费用、社会保障费用等，并保证足额到位，专款专用。有关费用未足额到位的，不得批准征收土地。

在这种不规范的立法体系下，我国行政补偿程序在法律文本上没有占据到其应有的位置，其在实践中也就必然被忽视，从而我国行政补偿过程中行政补偿义务机关没有统一规范，受害人合法权益得不到保护的事情时有发生也就不难理解了。

问题与思考

1. 何为国家补偿？其具有哪些特征？
2. 试述国内外国家补偿的发展演进历程。
3. 简述公共负担平等说。
4. 简述事先补偿与事后补偿的联系与区别。
5. 试述国家补偿的构成要件。
6. 行政补偿的直接补偿方式有哪些？
7. 简述正当补偿说。
8. 简述主动补偿程序和依申请补偿程序的具体程序步骤。

参考文献

1. David Foulkes. Administrative Law. Butterworths，1982
2. 刘嗣元，石佑启编著．国家赔偿法要论．北京：北京大学出版社，2005
3. 杨小君．国家赔偿法律问题研究．北京：北京大学出版社，2005
4. 夏勇．人权概念起源．北京：中国政法大学出版社，1992
5. 管欧．中国行政法总论．台北：蓝星打字排版有限公司，1981
6. 马怀德主编．国家赔偿问题研究．北京：法律出版社，2006
7. 房绍坤，毕可志编著．国家赔偿法学．北京：北京大学出版社，2004
8. 高家伟．国家赔偿法．北京：商务印书馆，2004
9. 王名扬．法国行政法．北京：中国政法大学出版社，1988
10. 哈特穆特·毛雷尔．行政法学总论．高家伟译．北京：法律出版社，2000
11. 王名扬．美国行政法．北京：中国政法大学出版社，1995
12. 高家伟．国家赔偿法学．北京：工商出版社，2000
13. 周汉华，何峻．外国国家赔偿制度比较．北京：警察教育出版社，1992
14. 曹竞辉．国家赔偿法之理论与实务．台北：新丰文出版公司，1981
15. 诚仲模．行政法之基础理论．台北：三民书局，1983
16. 王名扬．英国行政法．北京：中国政法大学出版社，1987
17. 许崇德，皮纯协主编．新中国行政法学研究综述．北京：法律出版社，1991
18. 应松年主编．国家赔偿法研究．北京：法律出版社，1995
19. 皮纯协，冯军主编．国家赔偿释论．北京：中国法制出版社，1994
20. 王利明．侵权行为法归责原则研究．北京：中国政法大学出版社，1992
21. 张树义主编．国家赔偿法使用手册．北京：法律出版社，1994
22. 胡建淼主编．国家赔偿法教程．杭州：浙江人民出版社，1994
23. 皮纯协，胡锦光．行政法与行政诉讼法教程．北京：中国广播电视大学出版，1996
24. 张正钊主编．国家赔偿制度研究．北京：中国人民大学出版社，1996
25. 皮纯协主编．国家赔偿法释论．北京：中国法制出版社，1994
26. 姜明安主编．行政法与行政诉讼法．北京：高等教育出版社，北京大学出版社，1999
27. 廖义男．国家赔偿法．台北：三民书局，1996
28. M. P. 赛夫．德国行政法——普通法的分析．周伟译．台北：五南图书出版公司，1991
29. 江必新．国家赔偿法原理．北京：中国人民公安大学出版社，1994
30. 罗豪才主编．行政法学．北京：中国政法大学出版社，1989

31. 中宣部宣传教育司，人事部公务员管理司，司法部法制宣传司组织编写．公务员依法行政读本．北京：中国政法大学出版社，2001
32. 罗豪才，应松年主编．行政法学．北京：中国政法大学出版社，1996
33. 黄杰，白钢主编．国家赔偿法及配套规定新释新解（新编本）．北京：人民法院出版社，2001
34. 皮纯协，冯军主编．国家赔偿法释论（修订本）．北京：中国法制出版社，1996
35. 肖峋．中华人民共和国国家赔偿法的理论与实用指南．北京：中国民主法制出版社，1994

图书在版编目(CIP)数据

国家赔偿法/胡锦光,余凌云主编.3版.—北京:中国人民大学出版社,2017.5
新编21世纪法学系列教材
ISBN 978-7-300-23996-5

Ⅰ.①国… Ⅱ.①胡…②余… Ⅲ.①国家赔偿法-中国-高等学校-教材 Ⅳ.①D921.6

中国版本图书馆CIP数据核字(2017)第021561号

新编21世纪法学系列教材
总主编 曾宪义 王利明
国家赔偿法(第三版)
主 编 胡锦光 余凌云 吴 鹏
Guojia Peichang Fa

出版发行 中国人民大学出版社
社 址 北京中关村大街31号 **邮政编码** 100080
电 话 010-62511242(总编室) 010-62511770(质管部)
010-82501766(邮购部) 010-62514148(门市部)
010-62515195(发行公司) 010-62515275(盗版举报)
网 址 http://www.crup.com.cn
经 销 新华书店
印 刷 北京密兴印刷有限公司 **版 次** 2008年7月第1版
开 本 787mm×1092mm 1/16 2017年5月第3版
印 张 11.25 **印 次** 2025年11月第17次印刷
字 数 279 000 **定 价** 32.00元

《　　　　　　》※任课教师调查问卷

为了能更好地为您提供优秀的教材及良好的服务，也为了进一步提高我社法学教材出版的质量，希望您能协助我们完成本次小问卷，完成后您可以在我社网站中选择与您教学相关的1本教材作为今后的备选教材，我们会及时为您邮寄送达！如果您不方便邮寄，也可以申请加入我社的**法学教师QQ群：436438859（申请时请注明法学教师）**，然后下载本问卷填写，并发往我们指定的邮箱（cruplaw@163.com）。

邮寄地址：北京市海淀区中关村大街31号中国人民大学出版社806室收

邮　　编：100080

再次感谢您在百忙中抽出时间为我们填写这份调查问卷，您的举手之劳，将使我们获益匪浅！

基本信息及联系方式：※

姓名：________ 性别：________ 课程：________________

任教学校：________________ 院系（所）：________________

邮寄地址：________________ 邮编：________________

电话（办公）：________ 手机：________ 电子邮件：________

调查问卷：※

1. 您认为图书的哪类特性对您选用教材最有影响力？（　　）（可多选，按重要性排序）

A. 各级规划教材、获奖教材　　B. 知名作者教材

C. 完善的配套资源　　D. 自编教材

E. 行政命令

2. 在教材配套资源中，您最需要哪些？（　　）（可多选，按重要性排序）

A. 电子教案　　B. 教学案例

C. 教学视频　　D. 配套习题、模拟试卷

3. 您对于本书的评价如何？（　　）

A. 该书目前仍符合教学要求，表现不错，将继续采用

B. 该书的配套资源需要改进，才会继续使用

C. 该书需要在内容或实例更新再版后才能满足我的教学，才会继续使用

D. 该书与同类教材差距很大，不准备继续采用了

4. 从您的教学出发，谈谈对本书的改进建议：________________

____

____

选题征集：如果您有好的选题或出版需求，欢迎您联系我们：

联系人：黄　强　联系电话：010-62515955

索取样书：书名：________________________

书号：________________________________

备注：※ 为必填项。